プロローグ行政法

金井 洋行・新田 浩司

［増補改訂版］

Prologue administrative law

八千代出版

増補改訂版はしがき

旧版の刊行から今日までの５年間、大学の講義の場を中心に本書を利用していただくことができたことを感謝申し上げる。

旧版刊行の直後に新行政不服審査法が施行され、急遽「補遺」を付けることで対処してきたが、同法の運用も本格的に始まり、本書においても旧法あるいは他分野との関連を含めて、全面的な書き直しが必要となった。また、新しい判例も増加し、それにともなって学習用の判例集である有斐閣の『行政判例百選』も新しい版（第７版）に変わり、補正が必要となっていた。そこで、この機に旧版において抜けてしまっていた項目や説明が不十分な事項について増補も試みることにした。初版同様、平易な記述と理解しやすい内容を心がけたが、それが果たされていることを祈るばかりである。

ここ数年の間に、ゴミ屋敷や廃棄物処理のような近隣・地域の問題から気候変動に伴う自然災害や新規の感染症の猛威のような地球規模の問題まで行政に託される課題は多様化し巨大化している。このような状況下で行政法に課せられた使命もいっそうの重みを増しているように思われる。アメリカ法学の泰斗ロスコウ・パウンドは、ニュー・ディール後のアメリカ行政法の創世期 1942 年の全米法曹協会での講演で、「効率性と個人的権利の間の合理的な均衡が自由のために支払わなければならない対価である」と言っている。彼は、現代の経済社会が要求する効率性、迅速性、円滑性の充足と近代以降公法が使命としてきた個人の自由と権利の保障という２つの命題の葛藤と克服を背負わされている行政法の宿命を明晰に見抜いていたのである。

本書の改訂にあたっては、初版同様に八千代出版森口恵美子社長、編集担当御堂真志さんに多大な尽力を賜った。改めて深謝申し上げる次第である。

2021（令和 3）年 1 月

金 井 洋 行
新 田 浩 司

はしがき

本書は、行政法の入門書として、大学の講義あるいは公務員試験、各種試験を目指す受験生などを対象に、平易な記述を心がけ、それぞれの章末には関連するコラムを載せ、判例も可能な限り引用して、できるだけ初学者にも理解しやすいような内容にしようと留意した。

本文でも触れているように行政法という法律は存在しないのだが、実は私たちの生活に密接に関わっている法令も多い。これらの行政に関する諸法令を行政法と総称しており、ちなみに、我が国においては法令の約３分の２が行政法である。

本書で扱う行政法は、そもそも行政法とは何か、どのような組織で行われているか、どのような活動を行っているか、そして行政活動による損害の補塡と救済はどのようになされるのか、をその内容としている。行政法には民法のように総則規定がないため学説がその代役を務めている。

社会の進展に伴い、行政法も制定あるいは改正されてきた。1993（平成5）年には行政手続法が制定され、2004（平成16）年の行政訴訟法改正では、教示制度の設置、取消訴訟の原告適格要件の緩和や出訴期間の延長がなされてきた。また、2014（平成26）年には、現行法を全面改正する行政不服審査法が成立した。本書ではこのような新しい制度についても可能な限りフォローしている。

ところで、著者らは、大学院において共に行政法を専攻した先輩、後輩の間柄である。恩師はすでに鬼籍に入られているが、本書を著者の共通の恩師である、川原謙一博士、林修三先生と梅木崇先生の御霊前に捧げる。

最後に、本書の出版を快諾していただいた八千代出版森口恵美子社長、編集担当御堂真志さんには、ひとかたならぬご尽力を賜った。ここに篤く御礼申し上げる。

2015（平成27）年３月

金井洋行
新田浩司

目　次

法令の示し方等

1　引用の多い法令について、カッコ内で条文番号を示す場合は、以下のように略称した。

日本国憲法　→　憲
大日本帝国憲法　→　明憲
刑法　→　刑
民法　→　民
民事訴訟法　→　民訴
国家行政組織法　→　行組
内閣法　→　内
裁判所法　→　裁
会計検査院法　→　会検
公職選挙法　→　公選
地方自治法　→　自治
国家公務員法　→　国公
地方公務員法　→　地公
行政手続法　→　行手
行政事件訴訟法　→　行訴
行政代執行法　→　代執
行政不服審査法　→　行審
出入国管理及び難民認定法　→　出難
行政機関の保有する個人情報の保護に関する法律　→　行政機関個人情報保護
行政機関の保有する情報の公開に関する法律　→　情報公開
国家賠償法　→　国賠
警察官職務執行法　→　警職
土地収用法　→　収用
河川法　→　河川
狂犬病予防法　→　狂犬
消防法　→　消防
感染症の予防及び感染症の患者に対する医療に関する法律　→　感染
精神保健及び精神障害者福祉に関する法律　→　精神

風俗営業等の規制及び業務の適正化等に関する法律　→　風営
都市計画法　→　都計

2　判例の引用は、通常の例に従っている。
（例）最高裁判所大法廷判決（決定）→最大判（決)、東京地方裁判所判決→東京地判、大審院判決→大判
また、「大」、「昭」、「平」は、「大正」、「昭和」、「平成」を、数字は判決ないし決定の出された年月日を示す。

3　判例集の引用については、以下のように略記する。
最高裁判所民事判例集→「民集」、最高裁判所刑事判例集→「刑集」、最高裁判所裁判集民事→「集民」、大審院民事判決録→「民録」、高等裁判所判例集→「高裁判例集」、訟務月報→「訟月」、行政事件裁判例集→「行集」、交通事故民事裁判例集→「交民集」、判例時報→「判時」、判例タイムズ→「判タ」と略記。
（例）「民集 10.5.100」→最高裁判所民事判例集第 10 巻第 5 号 100 頁、「判時 1000.1」→判例時報 1000 号 1 頁の意味。

4　判例・法令の引用の場合を除き、年号については、原則として西暦により表示し、必要に応じて（　）内に元号を記した。

5　なお、事件名については、よく使われるものは年月日の前に記している。また、判例の出典については、本書巻末の判例索引に掲載している。また、学習の便宜のために、行政判例百選（第 7 版）掲載番号を記している。

6　著書・新著の引用については、通常の方法に従うが、引用は必要最小限度にとどめており、学習のために、参考文献を掲載している。

7　引用の多い参考文献は、略称を用いた。
田中二郎『新版行政法上巻〔全訂第 2 版〕』（弘文堂　1974 年）→田中

序　章

私たちと行政法とのかかわり合い

第1節　行政と国民

私たちは日常生活において、行政と様々な方法でかかわっている。そして、それらの行政活動は、行政が勝手に行っているのではなく、原則として法律に従って行われている。

例えば、上下水道の使用は、水道法、下水道法に、鉄道やバスの利用は鉄道事業法、道路運送法に、自治体への住民登録は住民基本台帳法に、国民健康保険への加入は国民健康保険法に、自動車運転免許交付や交通取締りは道路交通法に、犬を飼う際の登録は保健所法に、パスポート発券業務は出入国管理及び難民認定法に、災害救助は自衛隊法、災害救助法、警察法等にそれぞれ基づき行われている。このような根拠となる法律を行政法と総称している。

現在、我が国の法律は約1900を数えるが、そのうち、約3分の2が行政法に分類される。しかしながら、行政法という特別の法律は存在しない。ある法律が行政法に分類されるのは、その法律が、行政法に共通する性質を持っているためである。そして、個別の行政法規においては、用語の統一性等が図られているとはいい難く、法令上の用語と講学上の用語（学問上の用語）とが必ずしも一致するものでもない。それは、いわゆる行政通則法が存在しないためであり、用語も統一されていない現状で、行政通則法の代わりに学説（学者、研究者などの解釈）がその役割を果たしている。行政法に共通する性質を整理、分類、解釈し用語を統一し行政通則法の役割を果たすのが学説である。学説は、実際の裁判における法文解釈においても参考とされている。

例えば、許可・特許・認可・免許は、法令上の用語として広く使われているが、それらの用語が、すべての法令上で、同じ意味で使われているものではない。しかし、ある法令の中に使われている法律用語が、別の法令では異なった意味で使われているというようなことは、決して望ましいものではない。そのため、法令の解釈をめぐる混乱を避けるために、法令上の用語とは別に、講学上の用語として統一した意味内容の用語を設ける必要がある。

行政活動が行う様々な行政活動を行政作用というが、その中で行政行為はその中心的役割を持つ。行政行為に分類される行政作用は、立法上は行政処分、許可、認可等様々な用語が使用されている。

憲法や民法や刑法などは、単一の法典が存在するため、それぞれの法典を解釈すればよいが、行政法学では行政法規全般に通ずる、行政通則法というような単一の行政法典が存在しないことは、行政法を学ぶ者にとって困難を伴う。

大学における行政法の講座では、行政法総論において個々の行政法を理解するための基礎概念および学説や判例を通じて種々の行政法の共通性について体系的に学び、行政法各論においては、個別の行政法について共通する分野ごとにその主要な法律について学ぶことが一般的である。

行政法は、司法試験を始めとする各種国家試験あるいは公務員試験の出題科目であり、また、国や地方公共団体の行う行政活動を行う上での根拠となるものであり、すべての公務員が身につけなければならない知識である。さらには、日々行政と接する機会の多い国民にとっても必須の知識といえる。

さて、行政法を取り巻く状況は、大きく変わっている。まず、国の仕組みを中央集権から地方分権へ変えようという動きがあり、近年中央（国）から地方（都道府県、市町村）へと権限委譲が進み、地方自治法改正（機関委任事務の廃止、法定受託事務の新設）により、国と地方の役割がより明確になった。地方分権一括推進法、市町村合併特例法による市町村合併により、約3000あった自治体が約300程度に集約された。

また、行政改革も進み、中央省庁等改革法に基づく省庁再編成が行われ、国の行政組織は現在1府12省庁へ再編されている。そして、許認可を扱う規制行政についての規制緩和も進み、特殊法人や公社、公団の民活民営化、国立大学の独立法人化等も進められた。これらに関する法律の多くが行政法に分類される。

現代社会における様々な事象や流動的行政需要に対応するために行政手段の多様化が図られ、行政指導、要綱、協定などの法律によらない行政も多用されるようになっている。一般的には行政活動を行うためには根拠規定が必要とされるが、それは国民の代表者で構成される立法府が制定することが原則である。しかし立法府は臨機応変に対応することが困難であり、立法府の事務の増大を招くことにもなり、行政指導や行政立法、行政計画などの非権力的手法により迅速かつ公正な行政活動が行われるようになっているのが、現状である。

政令、省令による行政、通達による行政により迅速かつ適正な行政活動が行われるようになった反面、それらは直接私人に対する拘束力はないが、間接的に私人の権利に対し重大な影響を及ぼし、法律によらず実質的に私人の権利利益を制限している。

行政指導や通達は担当者の裁量に委ねられることになり、結果的に官僚の権限が肥大化するようになり、それは、一方において公務員の不祥事の温床となり、贈収賄、官官接待等が多発するようになっている。

行政指導なども法的規制の対象とすべきであるとの声が高まり、行政手続法の制定へとつながっている。

第2節　行政法とは何か

行政法とは、行政関係諸法の総称であり、行政法という単一の法規は存在しない。しかしながら、その性質により、行政法は、行政権の主体である国および公共団体の機関の組織、権限、機関相互の関係などの、「行政に関する組織」と、国・公共団体と国民の間の公法上の法律関係に関する「行政作用」および、行政活動による国民の被った財産上の損害補填や違法・不当な行政活動を是正するための「行政救済」に関する法の３種類に大別できる。

行政法学は、これらの法規を研究対象とする学問であり、行政法総論は、個々の法規を解釈する上で必要な公行政を支配する、一般的な法原理をその対象とする。これらの法原理は、抽象的な概念であり、それ自体は無味乾燥なものとなりがちである。しかしながら、国や公共団体の行政と私たち国民（住民）の日常生活とは密接に関連しており、行政に関する事例は、日常生活の中に数多く見出すことができる。

また、憲法15条２項は、「すべて公務員は、全体の奉仕者であつて、一部の奉仕者ではない」と規定していることから、現代の行政の目的、行政の使命は、国民に対するサービスであるといって過言ではない。賄賂や接待でもてなす、一部の者のために公務員は存在するのではなく、時の権力者だけのために存在するものでもない。すべての公務員は、主権者である国民に対し平等に奉仕しなければならない。

ところで、行政法学と似たような名称の学問に行政学があるが、行政学とは、広義には、現行行政制度の利害・得失を考察し、一定の理想に照らし、これに適合する改善を研究する学問であり、狭義には、過去における行政の変遷、現在における行政の実際および将来における行政の可能性を考察し、内外の国家および公共団体における行政を比較対照し、一般的な社会的法則を発見する学問であると説明される（広辞苑第七版より）。

それに対して、行政法規解釈を中心とする行政法学は、明らかに異なる。行政法学は行政法を対象とする学問であるが、そのためには、行政法規に共通する性質を明らかにし、行政法を定義付けなければならない。

行政法の習得に当たっては、行政法に独特の基本的な原理や概念を用いた理論操作を、できる限りの注意を払って精確に把握することに努めなければならない。

私たちには日常の行政の活動や裁判の中などに存在している具体的な事例に関心を持ち、法的には何が問題か、それに対してどういう解決方法があるのか等について普段から意識していることが求められよう。

《コラム》ドイツ行政法学者　オットー・マイヤー

行政法学の目的は、行政の出発点で、あらかじめ積極的に行政の特質を明らかにして、行政法の解釈に問題が生じたとき、その特質から解釈の指針を見出そうとするものである。

行政法学者は数多いがその中でも、オットー・マイヤー（Otto Mayer、1846-1924）は、ドイツ行政法学の父と呼ばれ、彼の学説は、戦前、美濃部達吉（1873-1948）、佐々木惣一（1878-1965）によって紹介され、明治憲法下の日本の通説的な地位を占め、さらに、日本国憲法下の行政法学説にも重大な影響を与え、日本の行政法学の礎ともなった。

1895年に『ドイツ行政法 *Deutsches Verwaltungsrecht*』の初版を著したが、ワイマール憲法制定後に公刊された第3版に初出する言葉が有名である。

つまり第1次世界大戦敗戦後勃発したドイツ革命により帝政ドイツが崩壊し、ワイマール共和国となったが、そこで、彼は、「憲法は変わっても行政法は変わらない」（Verfassungsrecht vergeht, Verwaltungsrecht besteht.）との言葉を残している。この言葉のように、国家体制が変わってもその後のドイツ行政法学は、彼の研究の基礎の上に展開していったのである。

ひるがえって我が国においては、国会体制が大きく変わったため、戦前と戦後では、行政法もまた大きく変わらざるをえなかったが、その基礎部分には、彼の行政法学が依然として残っている。もっとも、戦後移入された英米行政法の影響も大きくなっており、行政手続法も制定されるなど、行政法学も多様化しているのが現状である。

第1章

行政法の基礎

第1節　行政法の意義と対象

1　権力分立制と行政

国家権力が一つの機関に集中すると、権力は強大化し市民の人権を抑圧するおそれがある。そのため近代ヨーロッパにおいては、憲法を制定し権力の分立を図ろうとした。

ジョン・ロック（John Locke, 1632-1704）は、『政府二論（市民政府論）』（1690年）において、国家権力を立法権と執行権（行政権）に分類し、立法権優位の制度の採用を唱えた。

また、モンテスキュー（Charles-Louis de Montesquieu, 1689-1755）は、『法の精神』（1748年）の中で立法権・執行権・裁判権に分類し、異なる機関に担当させる三権分立制を唱えた。これらは、それぞれの権力を複数の機関が分担することにより、それぞれを抑制と均衡の関係におこうとする考え方である。また、フランス人権宣言16条は、「権利の保障が確保されず、権力の分立が定められていない社会は、憲法をもつものではない」と規定しており、基本的人権の保障に加え、権力分立の制度が近代憲法の2大原理であるとしている。

この三権分立制を採用した近代憲法において、行政の概念は立法、司法と対比される形で成立したものである。国家の行う様々な活動のことを、国家作用というが、それらは行政作用、立法作用、司法作用に分けられる。行政法はこのうち行政作用に関する法である。

2　行政の定義─行政とは何か？─

日本国憲法でも三権分立制を採用しており、立法権は国会に（憲41条）、司法権は裁判所に（同76条）、行政権は内閣（同65条）に属するとしている。このうち行政権を行使する国家作用を行政作用というが、この「行政」とは何か、どのような特色を持つのであろうか。

学説は行政について様々な定義付けを試みているが、これには消極説と積極説の2つの学説がある。まず、消極説であるが、立法とは、国民の権利義務に関する、一般的な規範を制定する作用、つまり法規定立作用である。司法とは、国民の権利義務に関し、具体的に生じた紛争について当事者からの争訟の提起に基づいて、独立の機関が解決を図る作用、つまり、争訟裁断作用であると明確に定義付けできる。そして、行政とは、国家作用のうち、これらの立法と司法を除いたものをいう。これは控除説と称され、通説的見解である。

これに対して、積極説は、行政の具体的な内容や特質を明確にしようと試みるものであり、行政とは法の下に積極的に公益の実現を目的として営まれる能動的な社会形成作用であるとする。田中二郎博士は、「行政は、法の下に、法の規制を受けながら、現実具体的に国家目的の積極的実現をめざして行われる全体として統一性をもった継続的な形成的国家活動」（田中、24頁）であるとするが、これも積極説に該当する。積極説は、行政の一面の特質を明らかにしているが、現代の行政作用は、かならずしも公益のみを目的としているものではないという批判がある。

3　日本国憲法下における行政

(1)　明治憲法下の行政と日本国憲法下の行政

明治憲法下では、国家の統治権は国家元首である天皇に専属し、文武官を任命した（1条「万世一系ノ天皇之ヲ統治ス」、4条「天皇ハ元首ニシテ統治権ヲ総攬シ……」、10条「天皇ハ……文武官ヲ任免ス」）。明治憲法下において、行政とは、国家の利益のために、国民（臣民）の権利・自由を制約する公権力の作用であるといえよう。

これに対して、日本国憲法下の行政は、憲法前文は、「……国政は、国民の厳粛な信託によるものであつて、その権威は国民に由来し、その権力は国民の代表者がこれを行使し、その福利は国民がこれを享受する」と規定する。つまり、この規定によれば、すべての国家作用は、国民の代表者によって、国民共通の福利のために実施されるべきものである。さらに、憲法15条2項では、公務員は、(国民) 全体の奉仕者であると規定するが、これは、公務員の携わる行政活動が、主権者である国民に対する奉仕 (サービス) であることを意味するといえよう。換言すれば、日本国憲法下における行政とは、公共の利益すなわち、国民共通の利益を実現するための、公衆一般への奉仕(サービス) 活動であるといえよう。これに対して、旧憲法下の公務員は、天皇に対する無定量の忠誠を誓い、官吏服務紀律1条は、「凡ソ官吏ハ天皇陛下及天皇陛下ノ政府ニ対シ忠実勤勉ヲ主トシ法律命令ニ従ヒ各職務ヲ尽スヘシ」と規定していた。これに対し、この規定に代わって制定された国家公務員法は、96条1項で「すべて職員は、国民全体の奉仕者として、公共の利益のために勤務し、且つ、職務の遂行に当つては、全力を挙げてこれに専念しなければならない」と規定している。

そして、現代行政は、福祉などのいわゆる給付行政が、福祉国家政策の展開に伴って増大しているのが特徴である。

(2) 規制行政と給付行政—夜警国家から福祉国家へ—

自由主義国家においては、行政の市民社会への介入は、原則として排除されてきた。このような国家においては、主要原則として、アダム・スミス(Adam Smith, 1723-1790) のいう、自由放任主義 (レッセ・フェール、laissez-faire) が採られ、契約自由の原則、民事不介入の原則などの諸原則が形成された。このような社会においては、行政活動は、規制行政 (秩序維持行政、警察行政、権力行政) が主であり、公共秩序の維持、危険の除去、あるいは財政作用つまり租税の徴収などがその活動の主な目的であった。国家はさながら、夜警のような役割を果たせば良かったのである。このような国家を夜警国家という。

これに対して、現代社会においては、自由放任の行き過ぎが多方面に見られることとなった。すなわち、産業構造の高度化、人口の都市集中、地域社会の相互扶助機能の希薄化等に伴い、市民の自給自足性が喪失し、燃料、水、食料等すべて自分では賄えない丸裸の個人が社会に放り出されることにより、公行政への依存が強まり、そのために、国家の積極的介入が要請されるようになった。行政による積極的な国民の生存の確保が求められるようになったのである。つまり、「ゆりかごから墓場まで」という言葉で象徴されるように、何から何まで行政が与えなければならなくなったのである。このような国家を福祉国家という。

これは生存権の保障（憲25条）からの要請である。しかし、いわゆる給付行政の比重が大きくなると、国民の国家に対する依存度が高まり、結果的に行政活動の肥大化を招くようになる。例えば、交通通信施設、文化教育施設、保健福祉施設等の整備、あるいは、公的扶助・社会保健制度の拡充、青少年・老人対策、あるいは母子家庭など生活弱者の保護などが行政において大きな負担となってくる。給付行政の増大は、結果的に大きな政府を招来する。

(3)　行政に対する意識の変化

前述のように「憲法は変わっても行政法は変わらない」という言葉に反し、実際には我が国は憲法が変わり、行政法も変わった。すなわち、戦前のドイツ法型の行政法から英米法型への変化である。

国家性善説に立つドイツ法的思想は、国家（行政）の無謬（むびゅう＝理論や判断にまちがいがないこと）性が前提であり、この立場に立てば、国家（君主）は誤りを侵すことはない。それゆえ、行政活動により、国民が何らかの不利益を被っても、国家には何らの責任もなく、旧憲法下では、国家による損害賠償制度は存在しなかった。

これに対し、国家性悪説に立つ英米法的思想は、国家は誤りを侵すことが当然と考え、国民はその誤りを正すことが可能であり、日本国憲法17条は「何人も、公務員の不法行為により、損害を受けたときは、法律の定めるところにより、国又は公共団体に、その賠償を求めることができる」と定め、これを受けて国家賠償法が制定されている。

また、戦前の行政訴訟は、ドイツ法に倣い、行政事件は行政裁判所が管轄することとされ（明憲61条）、さらに抗告訴訟中心主義・制限的列挙主義・訴願前置主義という制約があった。それに対し、日本国憲法は、行政に対する司法統制を強化するために、行政裁判所を廃止して、司法裁判所に行政訴訟をも担わせることにした。

4　行政法の3本柱

すでに見てきたように、行政法とは、行政関係諸法の総称であり、民法や刑法など他の法律のように「行政法」という単一の法律は存在しない。日本の法律の約3分の2が行政法に属する。この行政法には、①行政組織法、②行政作用法（行政手続法も含む）、③行政救済法という3つの法分野がある。

また、法の規律する内容が、行政の内部か外部かという基準により、行政内部法（行政組織法）と行政外部法（行政作用法、行政手続法＋行政救済法）に分けられる（図表1-1）。

(1)　行政組織法

国や地方公共団体は行政活動の担い手であるが、これらを、行政主体という。行政組織法では、行政主体の人的組織（公務員）、物的組織（公物）および組織を支配する法原理を扱う。

行政組織はその権限により、行政庁、補助機関、諮問機関、執行機関などに分けられるが、行政庁（大臣、委員会、知事、市町村長など）が最も重要な行政機関である。

行政組織法には、国家行政組織法、地方自治法、国家公務員法、地方公務員法などがある。

《図表1-1　行政組織の作用・反作用》

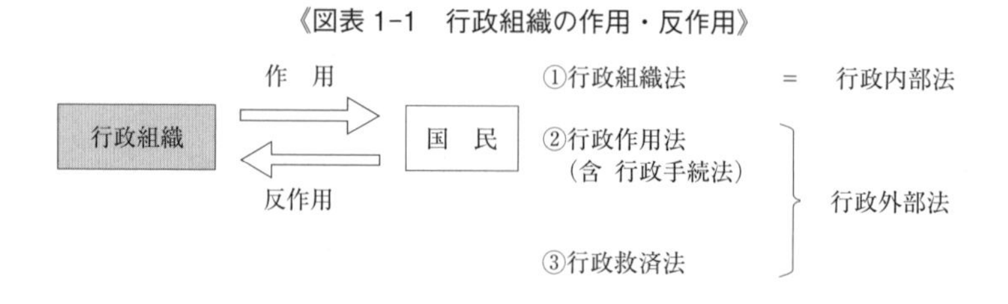

(2)　行政作用法（行政手続法を含む）

行政作用法は、国や地方公共団体が行っている様々な行政活動に関係する。行政作用は、さらに行政立法、行政計画、行政行為、行政強制、行政罰、行政指導、行政契約などに分類される。

なお、行政作用を行う場合の手続も重要である。つまり、行政の意思形成過程について、行政が保有する情報を誰でも知りうる制度を設け、行政活動の透明性を高め、国民・住民に対する説明責任を果たすことにより、公正で、民主的な行政運営が可能となる。そのために、行政手続法や、行政手続条例が制定されている。

(3)　行政救済法

行政作用は、違法なものであれ適法なものであれ、国民の権利利益に様々な影響を及ぼす。そのため、行政の側からすれば、結果的に国民の権利利益に影響を及ぼした行政作用への対応方法が問題となり、一方の国民の側からすれば、いかにすれば行政に対抗し自らの権利利益を守ることができるかが問題となる。

行政作用から国民が被った損害を埋め合わせる制度として、損失補償制度および国家賠償制度と、違法な行政作用を是正する制度として、行政不服審査、行政事件訴訟制度がある。具体的には、国家賠償法、行政不服審査法、行政事件訴訟法なとが制定されている。

5　行政の分類

行政と一口にいっても、行政は様々な活動を行っており、色々な分類が可能である。以下それらの分類について説明する。

形式的意味の行政と実質的意味の行政という分類において、形式的意味の行政とは、行政を行う機関の区別により定義する概念であり、行政とは（行）政府が行う一切の作用である。実質的意味の行政とは、国家作用の内容（作用それ自体の性質）によって定義した行政の概念であり、内容（実質）において立法・司法とは区別された意味での行政である。

積極行政と消極行政という分類において、積極行政とは、行政の積極的活動であり、行政が積極的に行動するような行政領域である。消極行政とは、行政の消極的活動であり、行政が行動しないこと、すなわち、行政ができる限り自己の積極的判断・行動を抑制するような行政領域である。

権力行政と非権力行政という分類において、権力行政とは、各種の営業の許可のように相手方に対して法的に優越的地位に立って行う行政活動であり、非権力行政とは、住宅・学校の建設のように法的に対等な地位に立って行う行政活動である。

侵害的行政と授益的行政という分類において、侵害的行政とは、各種免許の取消のように国民の権利利益を剝奪、制限したりする行政であり、授益的行政とは、生活保護のように国民に何らかの形で、権利利益を与える行政である。

規制行政と給付行政という分類において、規制行政とは、交通規制、建築規制のように私人の権利・自由を制限することによって秩序を維持したり、危険をあらかじめ防止するなどの目的を達成する行政活動であり、給付行政とは、生活保護等各種の公的扶助のように国民の健康で文化的な生活を確保することを目的とする活動である。

第2節　行政法の基本原理

1　法治主義と行政

(1)　法治主義

三権分立が法治主義の前提である。これには、法律による行政（Gesetzmigkeit der Verwaltung）と法の支配（rule of law）という2つの流れがある。

行政は、法によるコントロールの下に行政活動を行う。行政が国民の権利義務にかかわる活動をする場合には、法律に従わなければならない。

一般に、行政が法律に従うとは、行政の相手方の私人や下級職員、あるいは、行政そのものが法律に従うことである。そして、行政が法律に反した場合に、立法（議会への市民参加）および司法（裁判）による事前、事後のコントロールがなされることになる。

法治主義には、大陸法型と英米法型がある。まず、大陸法型（ドイツ、フランス）である法律による行政（Gesetzmigkeit der Verwaltung）であるが、法律による行政の原理では、行政権が優位する。すなわち支配する君主が立法権、司法権に対して優位に立つ。そして、その特徴は、まず、私人の権利義務を左右する決定をする行政行為を行うことができること、強制執行などの義務履行の強制ができる行政強制の原則、司法裁判所のほかに、行政裁判のみを扱う行政裁判所があること、そして、法を公法、私法という２つの法に分類し、その中で公法を適用する等が挙げられる。

次に、英米法型（イギリス、アメリカ）である法の支配（rule of law）であるが、法の支配においては、司法権が優位する。君主（国王）の権力といえども法に服する。そして、市民活動の自由を確保する。イギリスにおいてマグナ・カルタ（大憲章）、権利請願、権利章典等により形成された概念である。その特徴としては、司法強制の原則つまり裁判所の判断に基づき、私人の権利義務、身体、財産に強制を加えることや、公正中立な機関において適正手続（due process）により私人の権利利益を守ること等が挙げられる。

このように、英米法の法の支配（rule of law）は、その理念として法の内容の実質的適正を重視するのに対して、大陸法の法律による行政の原理（Prinzip der gesetzmaessigen Verwaltung）は、これを重視せず、いわゆる形式的法治主義を重視するにとどまるとされてきた。

しかし、今日では、法律による行政の原理も法律の内容的適正をも要求する実質的法治主義を採ると考えられており、両者に本質的な差異はないといえよう。

(2)　法律による行政の原理の内容

法律による行政原理は、さらに、法律の法規創造性、法律の（行政に対する）優越、法律の留保に分類される。まず、①法律の法規創造性とは、私人の権利義務に関する定め（＝法規）は、法律の制定によらなければならないということである。②法律の（行政に対する）優越とは、法律がある場合には、行政はこれに反することができないということである。③法律の留保とは、法律の根拠（法律の授権）がなければ、行政機関は活動できないということであり、どのような事項が法律に留保されているのか。法と行政の関係をめぐり、行政が独自の判断と責任で活動できる範囲をどこまで認めるかである。これに対しては、学説の対立がある。

もっとも、法律の関与しない領域もある。すなわち、権力性のない事実行為で相手方の協力を促し、行政目的を達しようとするものであり、行政指導、通達等は、法律の根拠は不要である。しかしながら、国民の権利利益に直接かかわらない事柄でも、国民の生活に重大な影響を及ぼす通達も多く存在してきたため、後述する行政手続法を制定することにより、行政指導を定義付け、一定の法的ルールに従って行うことが求められるようになった。

(3) 法律の留保に関する学説

法律の留保の解釈については、どこまで法律の根拠を必要とされるのかで学説が分かれる。

侵害留保説とは、一般的に私人の権利自由を侵害する行政（侵害行政）については、法律の根拠を必要とするが、国民に利益を与える行政（授益行政）は、法律の根拠なく積極的に行われるべきであるとする。税金の徴収のように行政が個人の自由と財産を侵害する行為についてのみ法律の根拠を必要とする。そして、侵害的行政活動（国民の自由ないし財産を制限すること等）以外の行政作用（補助金の交付等）では法律の授権がなくとも、行政は、独自の判断で自由に活動できると考える説であり、これが通説である。

全部留保説とは、すべての行政活動について法律の根拠を必要とする。非権力的な行政作用を含めすべての公行政の作用には、具体的な作用法上の根拠つまり、明文の法律の根拠が必要であると考える説である。

権力留保説とは、権力的な行為形式の行政活動には法律の根拠が必要と考える説である。これは行政行為等の権力的な行為形式で活動するときに、侵益的つまり私人の利益を侵害するものであろうと、受益的つまり私人に利益を与えるものであろうと、法律の授権を必要とすると考える説であり有力説である。

本質（重要事項）留保説とは、国民の自由・平等にかかわる重要事項については法律の根拠が必要と考える説である。

社会留保説とは、社会保障の分野、すなわち、憲法25条の生存権、26条の教育権、27条の勤労の権利義務、28条の労働基本権に係る領域について法律の根拠とする、と考える説であり、侵害行政のみならず社会権の確保を目的として行われる給付行政にも法律の根拠が必要とされる。

このほか、行政活動は、法の一般原理に従う必要がある。法の一般原則には、平等原則、比例原則、信義則などがあるが、これらについては第8章で詳述する。

2 行政法の特質

行政法は、行政の目的を実現するために制定され、以下のような特質を有するために、他の法分野、特に民法などの私法法規と区別される。

行政法の特質は、まず、権力性があることである。つまり行政作用を行う行政主体は、国民または住民に対して行政目的の迅速かつ的確な実現をめざして、一方的、優越的立場で法的規律を行い、命令強制することができる。例えば、消防法3条は、「消防署長その他の消防吏員は……命ずることができる」と規定する。なお、この権力性の認められる関係を、権力関係または支配関係と呼び、本来的公法関係ともいう。これに対する概念が、非権力関係であるが、これは、さらに、管理関係（役務提供関係、伝来的公法関係）と私経済関係に分けられる。

次に公益優先性があること。つまり、行政主体は、基本的には相手方と対等の立場で行政作用を行うが、公物の管理、国有・公有財産の管理処分などのように、公共の福祉実現の観点から私的利益の調整を超えて、特殊な法的規律が行われることがある。

3 行政法の存在形式（法源）―行政法の淵源―

法は、憲法、法律、命令、条例、条約などの成文法と、慣習法、判例法、条理などの不文法に大別される（図表1-2）。わが国は制定法を中心とする成文法主義を採用している。

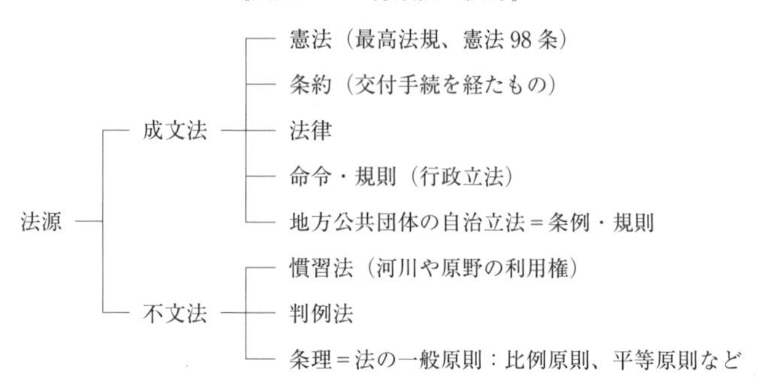

《図表 1-2　行政法の法源》

まず、成文法には、憲法、法律、命令、地方自治体の条例・規則、条約等があるが、形式的効力からみると、憲法、法律、命令、条例・長の規則、委員会規則等の優劣関係がある。

次に不文法であるが、慣習法とは、多年の慣習が一般国民の法的確信を得て、法規範として承認されたものであり、官報による法令の公布、閣議の決定方法等がその例である。また、判例法とは、法律の合憲性が問題となる場合、法律が一義的明確性を欠いている場合、または一般条項の解釈を必要とする場合等に裁判規範として有用である。条理とは、ものの考えや道理あるいは社会通念のことであり、法の欠缺（けんけつ）を補う裁判規範である。

4　行政上の法律関係（行政法関係）

行政上の法律関係すなわち行政法関係とは、広義では、行政主体相互の関係または機関相互の関係と、行政主体とその相手方（国民、私人、行政客体）の間の法律上の関係をいう。前者は行政組織関係であり、後者は行政作用関係である。

また、狭義では、行政作用関係が行政上の法律関係であり、行政作用法関係は、さらに公法関係と私法関係に分けられるが、私法関係とは、私人相互間の関係と同様の法的規律に服する行政法関係であり、公法関係とは、特殊な法的規律の適用を受ける行政法関係である。

この中で、行政法学の対象は、公法関係のみであり、私法関係は、私法学に委ねられる。これが行政公法論である。

《コラム》行政法と行政学

本章で述べたように行政法学において行政が何を意味するかについての定説はない。行政法と同じように行政を対象とする学問に行政学があるが、行政学とは、行政活動について考察する学あるいは公的な官僚制組織の活動について考察する学であるといわれ、19世紀末のアメリカ発祥の、政治学の新しい領域である。

行政学者の松村岐夫は、「行政学は、国家の任務の中で、政策の執行を委ねられた行政システムと、その担当者である公務員集団の活動を説明することを目的としている」(『行政学教科書　現代行政の政治分析〔第2版〕』2004年、有斐閣)。

ところで、行政法学者の柳瀬良幹は、「行政法の学問も行政学もともに行政ということをいうにしても、そのいう行政というものの性質は両者において全く違い、従つて又それについて求める知識も両者において全く違つているからである。すなわち重ねて言えば、前者においていう行政というものは、その性質は一つの観念で、従つてその求める知識はそれの論理的意味及び他の観念との間の論理的関連であるに反し、後者においていう行政というものは、その性質の性質は一つの事実で、従つてその求める知識はそれの事実的性質及び他の事実との間の因果関係である。(中略) 右の二つの学問が結びつき得る如きことのある筈のないことは明かと言わなければならぬ。即ち右の如きは、全く行政法の学問も行政学もともに行政ということをいう点だけを見て、その各々がいう行政というものが何であるかも、又各々がそれについて知ろうとするところの何であるかも全く考えない、一の速断又は皮相の見と言うべきもので、人は注意してこのような俗見に惑わされないことが肝要である」という(『元首と機関』有斐閣、1969年、264頁以下)。

第2章

行政法上の法関係

第1節　公法と私法（行政法の範囲）

1　公法・私法の区分に関する問題の歴史的背景
―司法裁判所と行政裁判所―

旧憲法（大日本帝国憲法、明治憲法）下では、行政事件に関する裁判をするために、司法裁判所とは別に行政裁判所という特別裁判所が設けられていた。そのため、公法事件は行政裁判所が、私法事件は司法裁判所が担当していた。それゆえ、公法と私法とを区分する意義があった。

すなわち、行政法には私人間の法律関係に適用されるのと同様の性質を持つものがある一方で、租税の賦課徴収のように、行政に固有の性質を有する法があり、これを公法と呼んでいる。行政法は「行政に関する国内公法」のみを指すとしてきた。

公法と私法を区別する基準については、公益・私益を区別の基準とする利益説（目的説）、国家と私人との権力関係を規定する法が公法であり、（私人間の）対等な関係を規定する法が私法であるとする権力説、少なくとも一方の当事者が国または（地方）公共団体である法律関係を規律する法が公法であり、私人間の法的関係を規律する法が私法であるとする主体説、折衷説などの見解があるが、公法と私法を区別する実益・必要性は、①行政法学の体系化、②裁判手続上の二分（民事訴訟法、行政事件訴訟法）、③実体法上の性質などが挙げられる。

旧憲法61条は、「行政官庁ノ違法処分ニ由リ権利ヲ傷害セラレタリトスルノ訴訟ニシテ別ニ法律ヲ以テ定メタル行政裁判所ノ裁判ニ属スヘキモノハ司法裁判所ニ於テ受理スルノ限ニ在ラス」と定め、行政裁判所が設置されていた。

これに対し、現行憲法（日本国憲法）では、特別裁判所の設置は禁じられている。すなわち、76条1項は、「すべて司法権は、最高裁判所及び法律の定めるところにより設置する下級裁判所に属する」。また、2項は、「特別裁判所は、これを設置することができない。行政機関は、終審として裁判を行ふことができない」と規定する。それゆえ、現在では、公法と私法を分ける意義は薄れているといってよい。ちなみに、終審でなければ、行政裁判所の設置は可能であるという意見もある。

しかしながら、行政法学と民法などの私法学の守備範囲を決定するという観点から、私法学にカバーされない、行政に特有の法現象を説明するために、公法と私法とを分かつ意味があると考えられる。

2　公法と私法の区別

行政法とは、行政に関するすべての法を指し、公法、私法を含む。公法とは、行政に関する法のうち、権力の発動に関わる法および公益的色彩が濃厚な法であると説明される。ちなみに公法と私法の間に位置する中間法（社会法、経済法、労働法等）も存在する。

それに対し、私法とは、私人間の法律関係に適用されるのと共通の性質を持つ法であり、例えば民法、商法による委託契約、売買契約などがある。

公法、私法を区分する必要性の理由は、まず、裁判手続の違いが挙げられる。つまり、公法上の法律関係に関する訴訟は行政事件とされ、行政事件訴訟法により審理される。そして、公法関係と私法関係の内容の本質的相違があるので、公法関係は権力性、公益優先性を有し、私法上の法律関係とは異なる扱いがなされる。

このような公法、私法を区分する必要性に対しては、以下のような批判がある。まず、公法上の法律関係に関する訴訟には、行政事件訴訟法が適用されるが、行政事件訴訟法の大部分は、行政の公権力の行使にあたる行為（行政処分）の当否を争う抗告訴訟（取消訴訟など）であり、それ以外の訴訟の扱いは、民事訴訟と異ならない。つまり、行政事件訴訟法7条は、「行政事件訴訟に関し、この法律に定めがない事項については、民事訴訟の例による」と定める。

権力性・公益優先性等は、現憲法においては、国民主権、基本的人権の尊重の立場からの制約がある。例えば、「私有財産は、正当な補償の下に、これを公共のために用ひることができる」（憲29条3項）として財産権を制限している。なお、国や公共団体が経営的立場（営利目的）で営む公共事業（交通事業、公営住宅）は、私的自治の原則に委ねることは適切ではない。

さらに、公法と私法の区別は、行為形式の最終の法効果にのみ着目しており、その効果を発生させるプロセス、すなわち行政手続に考慮が払われていないという批判もある。

第2節　行政上の公法関係

1　権力関係と管理関係

権利主体相互間に生ずる法律上の関係を、法律関係という。行政法関係とは、行政法によって規律される法律関係のことであり、行政法上の法律関係ともいう。

行政主体が公権力の主体として国民に対して行う土地収用、各種の規制作用等を権力関係という。権力関係（支配関係）は、国または公共団体が、法律上、優越的な意思の主体となって相手方である私人に対するものであり、本来的な公法関係ともいう。また、公権力の行使とは、行政庁が私人に対して、法律に基づく一方的な計画、命令、給付、一定の法律関係の形成、指導、強制を行う活動の総称である。根拠規定を欠く場合や根拠規定に違反する公権力の行使は、違法となり、効力を生じない。

これに対して、財産権の主体として行う公企業の経営、公物の管理等を、管理関係といい、権力関係でないという意味で非権力関係ともいう。また、管理関係は、伝来的な公法関係ともいい、国または公共団体が公的事業また

《図表 2-1　法律関係》

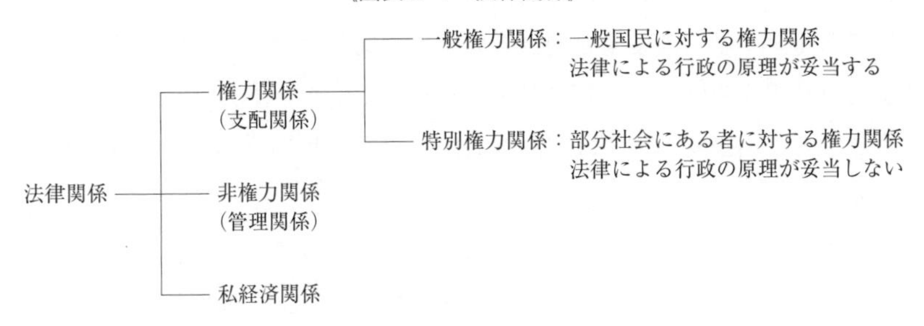

は公的財産の管理主体として私人に対するものである。なお、物品の購入や建築請負契約（政府契約）などは、私経済関係であるので私法、特に民法が適用され、行政法の対象とはならない。

2　一般権力関係と特別権力関係

権力関係はさらに、一般権力関係と特別権力関係に分けられる。まず、一般権力関係とは、人が国民や住民としての地位において、国または地方公共団体の一般統治権に服することにより当然に成立する関係である。また、特別権力関係とは、人が特別の成立原因、すなわち、①伝染病院への強制入院などの直接の法律上の定め、②国公立学校への入学など自らの同意に基づくもの、③公務員の勤務関係など国または地方公共団体の特別な包括的支配権に服する関係、である。

特別権力関係概念の特色としては、特別の関係に立つ行政上の法律関係では、法律の根拠に基づかずに公権力を発動することが可能であり、法治主義によらず基本的人権を制限できる。そのため、一般権力関係における法秩序の維持を任務とする裁判所の司法審査権は、特別権力関係の内部には及ばないとするところにあった。

3　特別権力関係（besonderes Gewaltverhältnis）

前述のように、①公務員と民間企業の社員は共に同じ労働者、勤労者であるはずだが、公務員は、労働者として享受するはずの、様々な権利が制限されている。ここで、公務員は特別権力関係であり民間企業の社員は一般権力関係である。②私立大学生と国公立大学生は同じ学生であるはずだが、公の営造物を利用する学生と、私有財産を利用する学生とで異なった扱いを受ける。ここで、国公立大学生は特別権力関係であり私立大学生は一般権力関係である。

このような特別権力関係の成立原因には2つある。一つは、法律の規定に基づく場合であり、例えば、一定の土地を持つ者により構成される、土地改良区、土地区画整理組合の設立、あるいは、新感染症患者の強制入院（感染症予防法）、国が設置していた、らい療養所への強制入所（旧癩予防法）などである。そしてもう一つは、本人の自由な意思により公務員となることや国公立学校への入学などである。

特別権力関係においては、法治主義が排除されるが、公権力は包括的な支配権（命令権、懲戒権）を有し、法律の根拠なくして私人を包括的に支配できる。また、人権保障が排除されるが、公権力は私人の人権を法律の根拠なくして制限することができる。そして、司法審査が排除されるが、公権力の行為の適法性について、原則として司法審査に服さない。

例えば公務員は、争議行為の禁止（国公98条、地公37条）や政治的表現の自由の制限（国公102条、地公36条）等憲法28条で保障される労働基本権が制限されている。その理由は、公務員は、公的（公益的）活動を行う点において民間企業職員とは異なった扱いを受けるものであるからである。

特別権力関係の特色としては、特別権力（行政）は、その服従者（公務員、等）に対し、法律の根拠なしに権力を発揮しうる命令権、懲戒権を持つ。つまり、命令権とは、一定の場所に居住を命ずる警察・消防による居住移転の制限（憲22条）を命ずるような権限であり、懲戒権とは、公務員の職務違反行為に対する懲戒を行う権限である。判例として、国立学校の学生生徒の学則違反行為に対する停学、退学に関する訴訟がある。例えば熊本丸刈り訴訟（熊本地判昭60.11.12行集36.11-12.1875）では、児童生徒の懲戒・体罰に関する学校教育法11条による措置であり、丸刈りに関する校則は有効であるとして原告の訴えを退けている。

4　特別権力関係の例

特別権力関係の例としては、①公務員の勤務関係がある。ここでは、争議行為の禁止、同盟罷業、怠業等、政治的行為の制限がなされる。法違反の場合、懲戒処分（国公82条、地公29条）、あるいは、3年以下の懲役または100万円以下の罰金（国公110条。なお、地公61条では罰金10万円である）という刑事制裁がなされる。②営造物利用関係では、国公立学校の学生生徒が学内集会が制限されたり、国公立病院の患者が病院内の規定の遵守を求められたり、刑務所内の囚人（受刑者）の職業選択、居住、移転等が制限されたりする。③公法上の特別関係は、特許企業者（鉄道・バス事業、ガス・電気事業などの事業者）に対する国の監督関係がその例である。④公法上の社団関係は、公共組合と組合員との関係がその例である。⑤公共企業・公共団体に対する行政の監督関係は、行政内部における関係である。

5　特別権力関係否定の根拠

ところで、この特別権力関係論に対して近年疑問が呈されている。つまり、国公立学校の学生生徒は特別権力関係にあるが、私立学校の学生生徒は、一般権力関係であるとされるが、学生生徒の立場としては、在籍する学校の経営母体が異なるだけで、学生生徒であることに違いがあるわけでも、教育内容も異なるものでもない。あるいは、公務員も民間企業に勤める者も勤労者であることには何ら変わりがない。

その理由としては、まず、旧憲法から現行憲法へ変わったという憲法構造変遷論がある。つまり、実定法上の根拠が以下のように変わった。旧憲法下では、天皇は統治権の総攬者であり、官吏は天皇の官吏であったが、現行憲法下では、国民主権のもと公務員は主権者である国民の奉仕者に法的な位置付けが変わった。旧憲法下では、天皇が任官大権を持ち、勅令（天皇の命令）により官吏が任命される関係にあり、官吏は忠勤義務を負っていた。また、実質論として、民間と公共との労働関係や施設の利用関係は実質的に差異がないこと、等が挙げられる。

新しい考え方として、合理的根拠がある場合での最小限・行政合目的的な範囲内での制約は是認されるべきであるとして、例えば、公務員の法的地位は、国家公務員法、地方公務員法等の適用を受ける法律上の勤務関係であるとみなす。全逓東京中郵事件（最大判昭41.10.26刑集20.8.901。憲法判例百選〔第7版〕Ⅱ-139）において、公務員にも労働基本権が保障されるが、内在的に制約を受けるとしていることがその例である。

公務員の勤務関係について、労働関係契約説の立場から公務員も憲法28条（労働基本権）が保障されるのが原則と考える。これは、保障されないのが原則の特別権力関係とは180度異なる立場である。

一般市民社会と異なる部分社会論であるとするのは、いわゆる富山大学単位認定事件（最3小判昭52.3.15民集31.2.234。行政判例百選〔第7版〕Ⅱ-145）であり、法律上の紛争のすべてが司法審査の対象となるのではないとする。

《コラム》行政裁判所

行政裁判所（Verwaltungsgericht, ordre administratif）は、大陸法において民事事件・刑事事件を管轄する司法裁判所ないし通常裁判所とは別に、行政事件を管轄する裁判所のこと。通常、行政権に属する特別裁判所のことを指す。ただし憲法に関する事件については憲法裁判所が管轄するとされている。フランスのコンセイユ・デタ、ドイツの連邦行政裁判所などがある。

日本においては、大日本帝国憲法61条において、司法裁判所とは別個の組織として東京に設置された。行政裁判所長官と行政裁判所評定官によって構成される一審制の裁判所で、かつ特別裁判所でもあったので、判決に不服があった場合でも大審院に上訴することができなかった。ちなみに、行政裁判所は、評定官の3分の2が行政官出身で、枢密院・貴族院・衆議院の書記官兼務者も含まれた。

行政裁判所の基本法である行政裁判法では、裁判権について、別個の法律、勅令で定めることとしていた。行政庁ノ違法処分ニ関スル行政裁判ノ件（明治23年法律第106号）は、行政裁判所は、租税および手数料の賦課に関する事件（関税を除く）、租税滞納処分に関する事件、営業免許の拒否または取消に関する事件、水利および土木に関する事件、土地の官民有区分の査定に関する事件について扱うと規定していた。

日本国憲法により行政裁判所は廃止された。76条2項は、「特別裁判所は、これを設置することができない。行政機関は、終審として裁判を行ふことができない」と規定し、司法権から独立した形での行政裁判所は設置できないことになった。

特別裁判所とは、特別の身分を持つ人もしくは特別の事件について、司法権を行使する裁判所をいう。通常裁判所に対する用語である。

かつて、明治憲法下においては、司法権は天皇から裁判所に委任された形をとり、これが司法権の独立を意味していた。大審院・控訴院・地方裁判所・区裁判所の系統以外に、大審院に上訴できない裁判所として、軍法会議（軍隊内の裁判）、行政裁判所や皇室裁判所などが置かれていた。

第3章

行政組織法
—行政の仕組み—

第1節　行政組織

1　概　　要

行政の活動は多種多様であるが、行政活動の担い手である行政主体が行政活動を行う。行政主体は、行政の担い手であり、行政上の法律関係の主体は、行政上の権限と責任をもって行政を行う団体（法人）である。一方、国民（私人）は、行政作用の受け手ないし相手方（受動的主体）であり行政客体と呼ばれる（図表3-1）。

行政主体は、多くの施設や人間により構成される一つの組織体であるので、行政主体が行政活動を行うためには、一定の物的・人的組織である行政組織が必要となる。

行政主体は、法人であり、権利・義務の担い手だが、行政主体それ自体が生身の人間ではない。つまり行為能力は持たないため、行政活動を行うためには、体や手足が必要となる。そのための法人のパーツ（部品）を行政機関という。

《図表3-1　行政主体と行政客体》

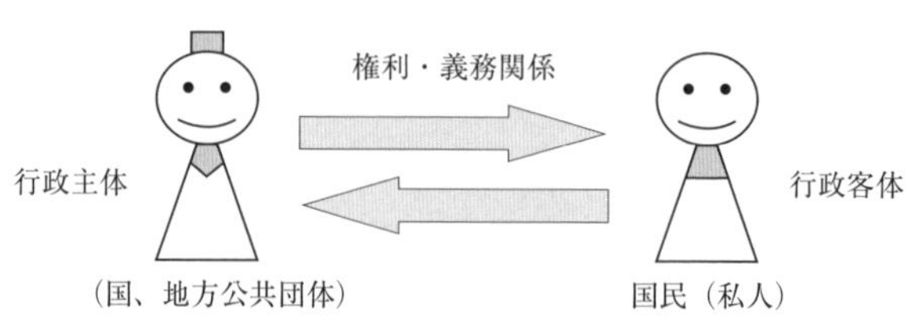

行政機関の中で、行政主体の意思を決定し、外部に表示できる権限を有するものを行政庁という。さらに、各省大臣などの国の行政庁を行政官庁と呼ぶ。また、都道府県知事や市町村長など地方自治体の行政庁を行政公庁と呼ぶ。行政機関の地位を占める者（自然人）は、行政主体と雇用関係を結ぶ者であり、これを公務員という。また、役所の建物や道路、河川等の行政組織における物的手段を公物という。

2 行政主体

(1) 概　　要

行政権を行使する主体を行政主体というが、この行政主体には国、地方公共団体がある。地方公共団体はさらに普通地方公共団体と特別地方公共団体に分類される。普通地方公共団体はまた、都道府県、市町村、特別区（東京23区。自治281条）に、特別地方公共団体はさらに、地方公共団体の組合（同284条以下）、財産区（同294条以下）、公共組合（これは、公法上の社団法人にあたる）に分類される。

他にも、特殊法人（政府関係企業）、事業団、公庫があるが、それらは財団法人的性格を持つ。これらは、かつて存在した公団とともに、2001（平成13）年に成立した特殊法人等改革基本法に従い民営化が進められている。

特殊法人とは、法人のうち、その法人を設立する旨の具体的な法令の規定に基づいて設立され、独立行政法人、認可法人、特別民間法人のいずれにも該当しないものである。2014（平成26）年4月1日現在、33の特殊法人があるが、それらの設立根拠は、総務省設置法4条15号、独立行政法人等登記令（旧・特殊法人登記令）等である。

特殊法人とは、政府が必要な事業を行おうとする場合、その業務の性質が企業的経営になじむものである。これを通常の行政機関に担当させても、各種の制度上の制約から能率的な経営を期待できないときなどに、特別の法律によって独立の法人を設け、国家的責任を担保するに足る特別の監督を行うとともに、その他の面では、できる限り経営の自主性と弾力性を認めて能率的経営を行わせようとする法人を指す。総務省行政管理局が、特殊法人の新設、目的の変更その他当該法律の定める制度の改正および廃止に関し、審査を行う（出所：総務省 HP　http://www.soumu.go.jp/main_sosiki/gyoukan/kanri/satei2_02.html）。

(2)　国

国の事務は、地方自治法１条の２第２項によれば、「国際社会における国家としての存立にかかわる事務、全国的に統一して定めることが望ましい国民の諸活動若しくは地方自治に関する基本的な準則に関する事務又は全国的な規模で若しくは全国的な視点に立つて行わなければならない施策及び事業の実施その他の国が本来果たすべき役割を重点的に担」うとされる。例えば、防衛、外交は国の事務である。

(3)　地方公共団体

憲法 92 条以下は地方自治の本旨に基づき、住民自治および団体自治を行う地方公共団体の存在を保障する。地方公共団体は、憲法により統治権の一部である自治権（自治立法権、自治行政権、自治財政権）が与えられている（憲 94 条）。地方公共団体は、普通地方公共団体（都道府県、市町村）と特別地方公共団体（特別区、地方公共団体の組合、財産区）に分けられる（自治１条の３）。

一般的に市町村は、基礎的な地方公共団体として、住民に最も身近な日常生活に直結する事務を処理し、都道府県は、市町村を包括する広域的な地方公共団体として、広域にわたるもの、市町村に関する連絡調整に関するもの、その規模または性質において一般の市町村が処理することが適当でないと認められるもの、を処理するとされている（自治２条）。

(4)　その他の行政主体

国および地方公共団体のように包括的に行政権限を有する団体ではないが、行政の特定の事業を分担する独立の法人がある。それらは、特別の法律に基づき、国、地方公共団体に代わり特定の公共的な事務事業を行うことを目的として設置された団体であるところに共通点があるが、そのうち、各種の公団（旧日本道路公団等）、公庫（旧国民生活金融公庫等）など、特殊法人の多くは国の行政の一部を分担してきた。

公共組合とは、利害関係人により構成される社団的性格を持つ団体である。

土地改良区、土地区画整理組合など地域的土木事業を行うもの、商工組合など業界の共通利益の増進を目的とするものがある。独立採算制による企業的経営の方が、事業形態としては合理的であると考えられるためである

3 営 造 物

営造物とは、公の目的に供される有体物および物的施設をいう。一定の施設に法人格が与えられた財団的性格を有する団体を営造物法人（行政法人）という。公立学校、公立病院等の営造物は、権力行政組織と異なって、国民の生活配慮を目的とするものであり、給付行政の拡大とともにその種類を増している（自治244条等）。

この営造物は、行政活動を行う施設である公物と、その活動の担い手である公務員で構成される。

4 行政機関の種類

行政機関には様々な種類があるが、行政庁が権限の帰属者として行政機関の中心にあり、その他の機関が行政庁との関係で位置付けられている（図表3-2）。行政機関には、以下のような種類がある。①補助機関とは、行政庁を補助し、行政庁その他の機関のために日常の事務を遂行する機関であり、つまり、事務次官、局長、事務官、副知事、副市長という職名がついた機関をいい、いわゆる一般職公務員はここに該当する。②諮問機関とは、各種審議会のように、行政庁の諮問を受けて意見を答申するもので、行政庁を拘束し

《図表 3-2　行政主体と各機関との関係》

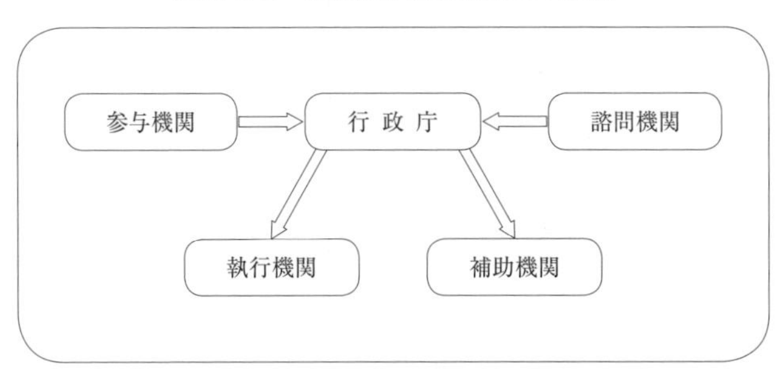

ない。③参与機関とは、行政庁の意思決定に関与する機関である諮問機関の権限が強化されたものとして、都道府県都市計画審議会のように行政庁の決定を拘束する議決を行うことのできる機関である。④監査機関とは、会計検査院、監査委員のように行政機関の事務、会計を検査し、その適否を監査する機関である。⑤執行機関とは、警察官、消防官、徴税官のように、行政目的の実現のための実力行使機関である。

5　行政組織と行政機関との関係

行政組織は、ピラミッド型の階層的構造をなす統一体として、様々な活動を行っている。この行政組織の中で、行政事務を分担して各地位を占める自然人である行政機関には、法律に定められた一定範囲の権限と責任が配分されている。

例えば、国道は行政主体である国土交通省が設置・維持・管理するが、それは国土交通大臣という行政庁が設置者として、行政機関の行為の法律上の効果は行政主体に帰属し、行政機関は権限のみを持つ。

第2節　国の行政組織

1　概　　要

国家行政組織法は、内閣の統轄の下における行政機関で内閣府以外のものの組織の基準を定める（1条）。国の行政組織は、1998（平成10）年に制定された中央省庁等改革基本法に基づく法律制定・改正により、大幅に変更され、現在の組織構成は、2001年の中央省庁再編により1府12省庁である（国家公安委員会は警察庁を管理するため庁と数える。図表3-3）。

《図表 3-3　行政組織図》

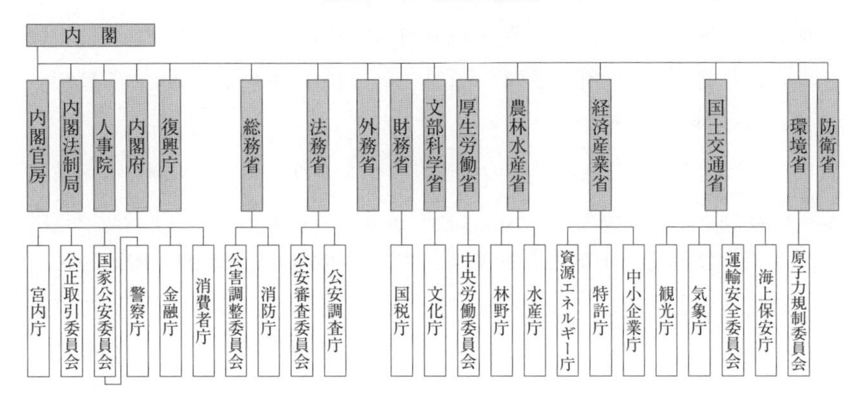

出所：首相官邸 HP　http://www.kantei.go.jp/jp/n3-common/img/kuninoseisaku_soshikizu_01.gif

2　内　　閣

行政権は内閣に属する（憲 65 条）。国の行政組織で最高の地位を占めるのが内閣であり、国の行政は内閣の統括の下で統一的に遂行され、その責任は内閣が負う（憲 65 条・66 条 3 項）。内閣は、内閣総理大臣および 14 人以内（特別の場合 17 人まで）の国務大臣により組織される合議制の機関であるが、国務大臣の過半数は国会議員の中から選ばれなければならない（憲 66 条・67 条・68 条、内 2 条）。これには、無任所大臣を含む（内 3 条 2 項）。閣議により職権を行うが（憲 68 条）、閣議の意思決定には、慣例により全員一致が要求されている。

内閣総理大臣は大臣の任命権、罷免権を持つ（憲 68 条）。内閣は国の最高行政機関として、一般行政事務のほか憲法上定められた事務を行う権限を有し（憲 73 条）、また、内閣法その他の個別の法律により与えられた権限を行使する。内閣には、内閣官房、内閣法制局、国家安全保障会議および各種の補助部局を設置する。内閣の統轄下にある行政組織として、「国家行政組織は、内閣の統轄の下に、（中略）明確な範囲の所掌事務と権限を有する行政機関の全体によつて、系統的に構成されなければならない」（行組 2 条 1 項）と規定する。また、省庁の設置目的、所掌事務内容については、財務省設置法のような省庁設置法が詳細に規定する。

3　府・省・委員会・庁・会計検査院・人事院

従来は、府・省・委員会・庁の4つの行政機関を設けていたが、内閣の機能強化から新たに内閣府が設置され、国家行政組織法の規律対象からはずされている（行組3条3項）。

内閣府は、他の省庁とは別格の位置付けがなされており、内閣官房を補助し、関係行政機関と連携し、政府全体の見地から管理するにふさわしい行政事務の円滑な遂行を図ることを任務とする（内閣府設置法参照）。内閣府には、経済財政諮問会議、総合科学技術会議、国家安全保障会議等が置かれている。

省・委員会・庁は国家行政組織法に基づいて設置される国の行政機関であり、内閣の統括の下に行政事務を分担する（行組2条・3条）、基本的機関としての省は、現在11省あり（同別表第一）、国家公安委員会（警察庁）を含め12省庁と称する。委員会および庁は、府または省の外局（府・省の内部に設けられる官房・局などの内局に対するもの）として置かれる。庁は、事務量の膨大さ、事務の特殊性のため府・省の内局で扱うことが不適当な場合に設けられるもので、委員会は、行政の中立性の確保、専門技術性などのために設けられている。

内閣から独立した行政組織としては、会計検査院（憲90条）がある。その目的は、国の収入支出の決算、会計の検査を行うことである。また、人事院は内閣の所轄にあるが、法的には強い独立性がある。人事院（国公3条～26条）の目的は、公務の民主かつ能率的な運営を保障することである。具体的には法律の定めるところに従い、国家公務員の「給与その他の勤務条件の改善及び人事行政の改善に関する勧告、採用試験……、任免……、給与……、研修……、の計画の樹立及び実施並びに当該研修に係る調査研究、職務に係る倫理の保持その他職員に関する人事行政の公正の確保及び職員の利益の保護等に関する事務をつかさどること」（同3条2項）である。

行政委員会は、アメリカ法の影響を受けた制度であるが、府、省の外局として設置、独立した権限を持つ。行政委員会の設置目的は、国家公安委員会のように行政の中立性を確保するため、公害等調整委員会、司法試験委員会のように専門的知識に基づくため、公正取引委員会、公安審査委員会（破防法）のように個人の権利保護のため、中央労働委員会、地方労働委員会のように相対立する利害調整のため、首都圏整備委員会のように関係行政機関の調整のため等様々である。なお、税制審議会、運輸審議会のような審議会、協議会（行組8条）は、行政委員会ではないため、その答申、決議には法的拘束力がない。

第3節　地方の行政組織

1　地方自治の基本理念と役割

日本国憲法92条は「地方公共団体の組織及び運営に関する事項は、地方自治の本旨に基いて、法律でこれを定める」と規定している。

地方自治とは、中央集権的国家を前提にして、一定の地域の公共事務を、地域住民自らが意思決定し（住民自治）、法人として国から相対的に独立した地域的統治団体が自主的に処理（団体自治）することである。

地方自治体の役割としては、地方自治法1条の2は、「地方公共団体は、住民の福祉の増進を図ることを基本として、地域における行政を自主的かつ総合的に実施する役割を広く担うものとする」と定める。

日本国憲法は、地方自治に関して4ヵ条を設けた。憲法上の保障は、地方自治を具体化する法律が地方自治の基本原則に違反することができないことを意味する。

2　地方公共団体の種類

憲法は地方公共団体について明記することなく、法律に委ねている。地方自治法は、地方公共団体を普通地方公共団体（都道府県と市町村）と特別地方公共団体（特別区、地方公共団体の組合、財産区）の2つに区分している（自治1条の3）。これらは法人格を有し、行政主体である。

まず、普通地方公共団体であるが、市町村は、住民に最も身近な基礎的地方公共団体であり、地方自治に関わる一般的な事務を処理する（自治2条3項）。都道府県は、市町村を包括する広域の団体である（同2条5項）。市町村と都道府県の二重構造をなしている。

次に、特別地方公共団体であるが、特別の目的のために設けられ、共通の普遍的性格を有するものではない。特別地方公共団体のうち、広域行政を担当するのは、地方公共団体の組合である。

3　地方公共団体の事務

これまで自治事務と機関委任事務に分けられていたが、機関委任事務は廃止され、新しい事務の分類として、地方自治法の改正により、自治事務と法定受託事務に分けられ、国と地方公共団体の役割分担論を採用した（自治1条の2第2項）。

まず、自治事務であるが、法定受託事務以外の事務（同2条8項）で、必要事務（法令により事務処理が義務付けられている事務で、法定事務ともいう）と随意事務（処理するかどうかが自由な事務、非法定事務ともいう）に分けられる。

次に、法定受託事務であるが、第1号法定受託事務と第2号法定受託事務がある（同2条8項・9項）。これらの事務は、いずれも必要事務である。

第1号法定受託事務は、国が本来果たすべきものであり、国においてその適正な処理を特に確保する必要があるものとして、法律または政令で特に定めるものである（同2条9項1号）。別表1（同2条10項）に示されている。

第2号法定受託事務は、都道府県が本来果たすべき役割にかかわるもので、都道府県においてその適正な処理を特に確保する必要があるもので、法律またはこれに基づく政令で特に定めるもの（同2条9項2号）。別表2（同2条10項）に示されている。

4　地方公共団体の組織と権限

地方公共団体の組織は、議決機関としての議会と執行機関である長、委員会および委員に分かれる。その特色としては、(a) 首長主義であること。つまり、議会と長は住民によって直接公選され、両者は対等の地位にあって互いの自主性と協力により行政が運営される。(b) 議決機関の権限としては議決権（自治96条1項。15項目が制限的に列挙されている）、選挙権（同97条・103

条・182条)、監視権(同98条・99条)、調査権(同100条)、懲戒権(同134条)等。立法機関であるとともに、地方公共団体の最高の意思決定機関である。(c)執行機関としては、長のほか各種の委員会および委員がある。執行機関である長は都道府県知事と市町村長である。地方公共団体を統括し、代表する行政を執行する責任機関である(同147条)。

長の補助機関としては、都道府県に副知事、市町村には副市町村長(同161条1項)などがあり、吏員その他の職員が置かれる。また、長のほか法律の定めるところにより、各種の委員会および委員が置かれている(同180条の5)。

地方公共団体の権能つまり自主的事務執行のための統治権能としては、自治立法権、自治財政権、自治組織権を持つ。

自治立法権であるが、日本国憲法94条は、「地方公共団体は、(中略)法律の範囲内で条例を制定することができる」と定める。また、地方自治法14条は、「普通地方公共団体は、法令に違反しない限りにおいて第2条第2項の事務に関し、条例を制定することができる」と定める。法令に違反しない範囲で議会が制定する条例(法令に規定のない基準を設ける、いわゆる横出し条例や、法令より厳しい基準を設ける、いわゆる上乗せ条例は法令に違反しないかは問題である)と、長が制定する規則がある(自治15条1項は、「普通地方公共団体の長は、法令に違反しない限りにおいて、その権限に属する事務に関し、規則を制定することができる」と定める)。

自治財政権であるが、主な財源としては、地方税の賦課徴収による収入に加え、分担金、使用料、加入料、手数料、地方債(自治宝くじ)があり、財源不足に対応するため、国庫補助負担金、すなわち国の予算のうち地方で使っていくお金として、国庫補助金と国庫負担金の2つの支出金がある。国庫補助金も国庫負担金も国がお金の使い方を決めているため、地方が自由にお金を使うことはできない(地方財政法16条)。

自治組織権であるが、名称変更は、都道府県の場合は法律の制定により(自治3条2項)、都道府県以外の地方公共団体は条例制定による(同条3項)。どちらも都道府県知事の許可が必要である(同3条)。市町村の廃置分合(同

7条)、議員定数増減（同91条）も可能である。なお、市は人口5万人以上（同8条1項)、町は都道府県の条例により設置される（同条2項)。

5　住民の直接参政の制度

住民の直接参政の制度としては、直接請求すなわち、住民が一定数以上の請求者の連署をもって請求できる制度として、条例制定改廃請求（自治12条・74条・74条の2第4項)、事務の監査請求（同12条・75条)、議会の解散請求（同13条・76条・79条)、議員、長等の解職請求（同13条・80条・88条）がある。

住民投票は、地方自治特別法に基づくものと（憲95条)、直接請求に付随して行われるもの、例えば議会の解散請求、議員・長の解職請求における住民投票がある。

住民監査請求・住民訴訟は、アメリカの納税者訴訟にならう制度であり、知事・市町村長等の違法、不当な公金支出等の腐敗的行為が認められる場合に監査委員に対し請求する（自治242条・242条の2)。

第4節　行政機関

1　概　　要

行政の内部関係で中心をなすのは行政機関相互の法関係であり、この法関係を定める法分野が行政組織法である。

権限を基準として、行政機関は行政庁、その他の行政機関に分けられる。行政機関の概念は、現行法上は、行政上の一定の権限の帰属者という意味で用いられる場合と、一定の行政事務の担い手という意味で用いられる場合がある。

2　行 政 庁

(1)　独任制の行政庁と合議制の行政庁

各省大臣、都道府県知事、市町村長は行政庁であり、法令上、自らの名で、行政主体の意思を決定し、これを相手方（私人）に表示する権限を有する機関である。行政庁は最も重要な行政機関である。行政庁は、直接に私人の権利義務を左右するのであり、行政の外部関係で重要な意味を持つことになるといえる。

行政庁は独任制（1人の自然人により意思決定が行われる行政機関）が原則である。しかし、政治的な中立性を求められるものや専門的・技術的な判断などを必要とする分野では、権限行使の際に上級機関の指揮命令を受けない合議制の機関が適当な場合がある。

合議制の機関は、公正取引委員会のような行政委員会が該当する。行政委員会は、戦後アメリカの独立規制委員会の制度にならって導入されたもので、民主的に構成された合議制の行政機関であり、その権限行使については独立性が認められ、内閣や大臣の指揮監督を受けない。本来の行政的権限に加え、規則制定権にみられる準立法的権限と準司法的権限が与えられているところに特徴がある。

(2) 行政委員会の法的性質―3条委員会、8条委員会―

行政委員会（Administrative committees）は、独立行政委員会とも呼ばれる。設置の法的根拠は、人事院は国家公務員法3条、内閣府に設置される委員会は内閣府設置法49条・64条および各設置根拠法令、その他の省庁に設置される委員会は国家行政組織法3条および別表第1に基づいて設置される。

国家行政組織法3条に基づき内閣に設置されるものは、人事院（人事官会議）があり、また、同法3条に基づき他の法律の定めるところにより設置される省の外局（いわゆる3条委員会）には、公害等調整委員会（総務省）、公安審査委員会（法務省）、中央労働委員会（厚生労働省）、運輸安全委員会（2008年、航空・鉄道事故調査委員会と海難審判庁船舶事故調査部門を統合。国土交通省）、原子力規制委員会（環境省）がある。また、内閣府設置法49条・64条に基づき設置される内閣府の外局（3条委員会に準じるもの）は、公正取引委員会（委員長は認証官）、国家公安委員会（大臣委員会）である（なお、内閣から独立する行政委員会は、行政権を一元的に内閣に属させる憲法65条に違反するのではないかという意見もある）。

なお、委員会との名称がついているが、国家行政組織法8条に基づく委員会もある（いわゆる8条委員会）。調査審議、不服審査、その他学識経験を有する者等の合議により処理することが適当な事務を所掌する合議制の機関であり、同様の権限を持つ内閣府設置法に基づき設置された委員会も含まれる（行組8条は、「第3条の国の行政機関には、法律の定める所掌事務の範囲内で、法律又は政令の定めるところにより、重要事項に関する調査審議、不服審査その他学識経験を有する者等の合議により処理することが適当な事務をつかさどらせるための合議制の機関を置くことができる」と定める）。

地方公共団体にも行政委員会が設置されるが、それらは地方自治法138条の4、180条の5に基づく。普通地方公共団体に必置されるものは、教育委員会、選挙管理委員会、人事委員会または公平委員会、監査委員である。さらに加えて、都道府県に必置されるものは、普通地方公共団体に必置されるもののほか、公安委員会、都道府県労働委員会（都道府県に必置の労働委員会）、収用委員会、海区漁業調整委員会、内水面漁場管理委員会がある。また、市町村に設置されるのは、普通地方公共団体に必置されると定めるもののほか、農業委員会、固定資産評価審査委員会がある。

第5節　行政組織における権限の委任と代理

1　概　　要

行政組織法は、もっぱら行政の内部関係における行政機関相互の間での権限や責任の配分のルールといえる。行政庁（行政機関）は、行政主体を代表して行政権を行使することができる法律上の権限を有する。

例外として、他の機関が代わってその権限を行使することがあり、この権限の代行は権限の委任と権限の代理がある。

2　権限の委任

権限の委任であるが、これは、行政庁の権限が法律によって他の機関に委任される場合、委任を受けた機関が自己の名で権限を行使することになる。権限の委任は、委任行政庁から他の行政機関に権限が移動するため、委任行政庁は権限を失い、受任機関が自己の名と責任でその権限を行使することになる。

3　権限の代理

権限の代理であるが、代理とは、行政庁の権限の全部または一部を、他の行政機関が甲行政庁の名において行い、その行為の効果が行政庁の行為として生ずるものである。この代理には、授権代理と法定代理がある。授権代理とは、行政庁は他の機関にその権限の一部を代理させることである。被代理機関の意思によって代理関係が発生するものである。

次に、法定代理とは、行政庁が欠けたとき、または事故があったときは、法律の定めるところにより他の機関（補助機関）が代理者となることである。法律は、一定の事由があるとき代理関係の発生を明記している（狭義の法定代理と指定代理）。

《コラム》機関委任事務の廃止

地方分権とは、国や地方の政府の行政機関において組織や機能を改革することであるが、国からの権限委譲や税源移譲により地方分権を進めることが可能になる。

現在の地方自治法では、地方公共団体の事務は、自治事務と法定受託事務となっていることは、本章で述べたとおりだが、旧地方自治法においては、公共事務、委任事務、行政事務その他の事務に分けられていた。

公共事務（固有事務）とは、普通地方公共団体本来の事務であり、委任事務（団体委任事務）とは、国、他の地方公共団体から法令により委任された事務であり、自己の責任で処理し、委任者の指揮監督は受けない。また、機関委任事務とは、旅券の発給業務など法令により国または他の地方公共団体から都道府県知事や市町村長などに対して委任された事務であり、委任者の指揮監督が及ぶものであった。

行政事務その他の事務とは、道路交通取締り、消防など秩序の維持、住民の安全および福祉の保持のための警察上の制限禁止の事務などである。

機関委任事務は、法的にはあくまで国が地方公共団体に委任した事務であり、地方公共団体の本来の事務ではなかった。そのため、この事務については地方公共団体の条例制定権が及ばなかった。機関委任事務については、国が包括的な指揮監督権を持ち、国は、都道府県知事が機関委任事務の管理執行について違法や怠慢がある場合、職務執行命令訴訟を経て主務大臣による代執行を行うことが可能であった。

機関委任事務は地方公共団体の首長等が国の下部機関と位置付けられ、地方自治を阻害するものとして批判が強かったが、その後、地方分権一括法による地方自治法等の改正により廃止されている。現在では、地方公共団体が処理する事務すべてが地方公共団体の事務となり、かつて機関委任事務とされていた事務の大半は自治事務および法定受託事務に再編され、一部の事務は国の直接執行とされるか、事務自体が廃止された。

また、機関委任事務制度の下では、都道府県が国の機関として市町村に対する指導監督を行うことが多かったが、機関委任事務制度の廃止により、都道府県と市町村もまた対等の関係として位置付けられるようになった。

第4章

公務員法（行政組織の人的手段）・公物法（行政組織の物的手段）

第1節　公務員制度について

1　公務員の地位

憲法15条1項は、「すべて公務員は、全体の奉仕者であつて、一部の奉仕者ではない」と規定し、また、同99条は、「天皇又は摂政及び国務大臣、国会議員、裁判官その他の公務員は、この憲法を尊重し擁護する義務を負ふ」と規定し、憲法尊重擁護義務について定める。

公務員は様々な許認可権限を持っている。そのため賄賂を受け取り申請者に便宜を働く者もいる。しかし、それは犯罪である。刑法193条は公務員職権濫用罪を定め、197条は収賄、受託収賄および事前収賄罪について規定する。法律に規定されていない者は、行政を行ってはならないとするのが、「法律による行政の原理」の要請するところである。

公務員になるためには、政治的背景に基づいて採用される猟官制（スポイルズ・システム）と試験成績や本人の能力により採用される成績制（メリット・システム）があるが、我が国は成績制を採用している。

公務員制度に関連する法規には、国家公務員法、地方公務員法、国営企業労働関係法、地方公営企業法、地方公営企業等労働関係に関する法律などがある。

2　公務員数

公務員とは、国ないしは地方公共団体の職に現にある者すべてをいう。国

《図表 4-1　国家公務員数と地方公務員数》

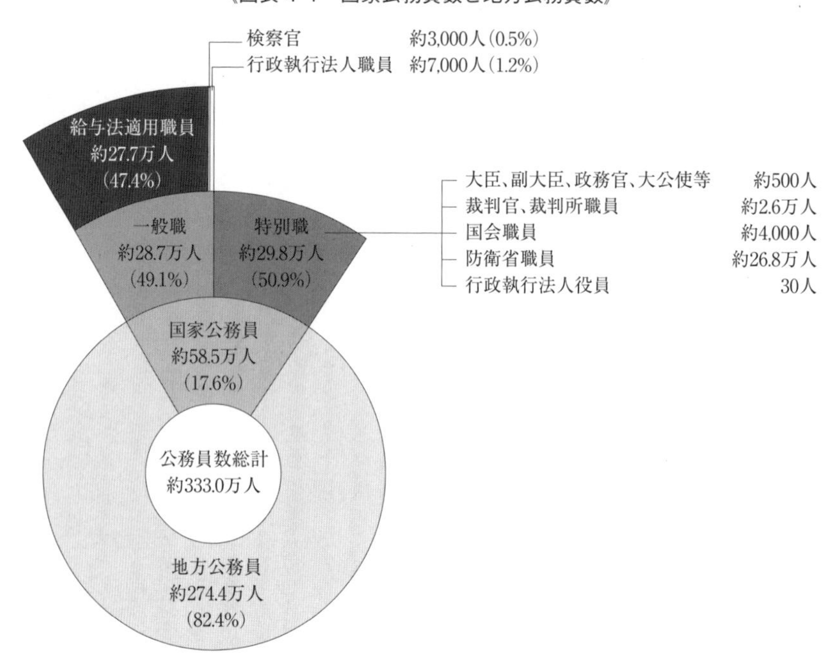

出所：『平成 30 年度版人事院白書』　https://www.jinji.go.jp/hakusho/h30/0-4a.html

際機関の職員は国際公務員、政府および独立行政法人に属する公務員を国家公務員、地方公共団体に属する公務員を地方公務員という。各々国家公務員法、地方公務員法等の関係法令の定めにより職務を遂行する。

平成 30 年度版人事院白書によれば、現在公務員は、国家公務員（約 58 万 5000 人）と地方公務員（約 274 万 4000 人）で総計約 330 万人を数えるが、年々減少傾向にある（図表 4-1）。この背景には、定員削減が進んだこと、国立大学の法人化や日本郵政公社の民営化により公務員でなくなった者がいること等の要因が挙げられる。

3　公務員の種類

公務員の種類には、担当する事務が国の事務である国家公務員（国家公務員法の適用）と地方の事務を担当する地方公務員（地方公務員法の適用）がある。

公用車・バスの運転手、電車の運転士、整備士などの、国、地方公共団体、独立行政法人等の非権力的な労務に従事する現業公務員と、事務職などの、公権力に直接係わる労務に従事する非現業公務員がある。

内閣総理大臣、国務大臣（国公2条）や都道府県知事、市町村長（地公3条）など、特殊な性質を持ち一般職とは異なる特別の法的取扱いを受ける特別職と、一般の行政事務に従事する職員、教職員など、特別職以外の公務員である一般職がある。

第2節　公務員の権利と義務、責任

1　権　　利

公務員は、ストライキの禁止など、労働基本権に関し制限または特別な取扱いがある（国公102条、地公37条）。また、中立的な立場を保つため、所定の政治的行為が禁止されている（国公102条、人事院規則14-7、地公36条）。

職務上の権利には、分限上の権利、職務遂行上の権利、身分上の変動・喪失（昇任、降任、休職、免職）、経済的権利、すなわち給与請求権、退職年金等を受け取る権利があり、給与に関しては、給与支払四原則（現金、全額、直接、毎月定日払い）、ノーワークノーペイの原則（仕事をしなければ賃金を支払う必要がないということ）がある。労働基本権（憲28条）を保障するための労働法上の権利、安全な職場環境を実現する安全配慮請求権等がある。

2　義　　務

公務員は全体の奉仕者として（憲15条2項）、以下の義務を負う。職務専念義務、職務遂行義務（国公101条、地公35条）、勤務上知りえた秘密に関する守秘義務（国公100条、地公34条）、信用失墜行為（汚職、収賄、賄賂）の禁止（国公99条、地公33条）、私企業からの隔離（国公103条、地公38条）、営利企業の役員等の兼業の禁止、離職後の営利企業への就職制限。また天下りの制限として国家公務員は、退職後2年間は人事院の承認なく関係企業に就職することができない（信用保持等の義務であり、退職後の守秘義務もある）。

3　争議行為の禁止（憲法28条の例外）

憲法は国民の労働基本権を保障している。労働三権とも呼ばれ、団結権、団体交渉権、争議権（団体行動権）をその内容とする。公務の種類によっては、国民の財産、生命の保護や社会の治安維持に直接携わるため労働基本権が制限される。警察、消防、刑事施設勤務、海上保安庁等の職員（国公108条の2、地公52条）は労働三権を有しない。

一般公務員は、団結権、団体交渉権を有する。国家公務員のうち、現業公務員（印刷、造幣、郵政、林野）、および地方公務員のうち企業職員、単純労働職員は、団結権、団体交渉権、団体協約締結権を有する。

このような労働基本権の制限に関して、国家公務員に関しては人事院勧告により、給与、勤務時間などの待遇改善、地方公務員に関しては、人事委員会や公平委員会による改善要求という代償措置が講じられている。このような労働基本権の制限に関して合憲性については争いがある。

公務員は政治的行為が制限される（国公102条、地公36条）。禁止される行為は、政党等に関する政治行為役員になる等、特定の政治目的をもってなされる特定の政治的行為である。禁止する理由は、①政治と行政の分離、②行政の政治への従属、③公務の能率、公正の確保、④人事行政の公正、⑤公役務の継続性、⑥職員の利益保護である。

国家公務員に対しては、国家公務員法102条の包括的な委任に基づく人事院規則14-7によって、あらゆる公務員について一律に政治的な活動がほぼ全面的に禁止され、刑罰が課される。

地方公務員の場合は、国家公務員と若干異なる規定が適用される。すなわち、所属する自治体の条例で規定される。また、政治的行為の禁止について刑罰の制裁がない。

判例として猿払事件（最大判昭49.11.6刑集28.9.393。憲法判例百選〔第7版〕Ⅰ-12）がある。猿払村の郵便局員Xは、衆議院議員総選挙の際に、自分の所属する組合が推薦する候補者の選挙用ポスターを掲示板に貼ったり、他の人に貼るように頼んで配布したりした。勤務時間外に行ったポスター貼りが、国家公務員法102条1項（政治的行為の禁止）および人事院規則14-7（特定の政党を支持する政治的目的を有する文書の掲示または配布の禁止）に違反するとして起訴された。1審と2審は無罪。最高裁は有罪。

全農林警職法事件（最大判昭48.4.25刑集27.4.547。憲法判例百選〔第7版〕Ⅱ-141）では、全農林労働組合（全農林）は、1958年に警察官職務執行法改正案が衆議院に上程された際、これに反対するとして、所属長の承認なしに正午出勤するなど労働争議のあおり（煽動）行為（時限ストライキ）を行った。これが当時の国家公務員法98条5項違反として、組合幹部が刑事責任を問われたものである。1審はあおり行為を合憲限定解釈して全員無罪としたが、2審は逆転して全員有罪。最高裁は、被告人の上告を棄却した。ほかに、全逓東京中郵事件、東京都勤評事件等がある。

第3節　公物法（行政組織の物的手段）

公物（こうぶつ）とは、「国又は地方公共団体等の行政主体により、直接、公の目的に供用される個々の有体物をいう」（田中、305頁）。公物という語は、法令用語ではない。また、有体物とは、私たちの目に見える形を備えたものであり、無体物（電気、熱、光など）の反対語である。

公物とは、私物に対する観念で、国有財産・公有財産でも単に収益を目的とする普通財産は、公物ではない。直接公衆の使用に開放される公共用物と、国または公共団体自身の使用に供せられる公用物とを含む。

まず、利用目的による分類としては、道路、河川、公園、港湾、公の施設などのように一般公衆の共同使用に供される公共用物と、官公庁舎、国公立学校の建物や敷地などのように公用に供される公用物がある。

成立過程による分類としては、河川、海浜などのように、すでに自然の状態で公の用に供しうる形態を備える自然公物と、道路、公園などのように行政主体が手を加え、公の意思表示によって初めて公物となる人工公物がある。

所有権の帰属による分類としては、国有地などのように、所有権の帰属主体が国である国有公物と、地方公務員宿舎などのように所有権の帰属主体が

《図表 4-2　公物の分類》

分類の基準	種　別		
分類の基準	公用物		公共用物
成立過程	自然公物		人工公物
所有権者	国有公物	公有公物	私有公物
管理権者と所有権者の関係	自有公物		他有公物

地方公共団体である公有公物、そして、市町村道に供用されている私道、国公立博物館に展示されている私有の絵画・彫刻などのように、所有権の帰属主体が私人である私有公物がある。

管理権と所有権の帰属による分類としては、国の道路、私有地にある市の公園などのように管理権の主体が同時に所有権の主体である公物である自有公物と、私有地を市町村が道路として管理する場合などのように、管理権の主体が所有権の帰属主体以外の物である公物である他有公物がある（図表4-2）。

第 4 節　公物法および公物の使用関係

公物法とは、公物に関する法規範の体系をいい、公物と同様学問上の概念である。公物法という法律が存在するわけではなく、河川法、道路法、港湾法、国有財産法などの個別法を総称して公物法という。

一般使用（自由使用・普通使用）とは、一般公衆による公物本来の用途に従った使用であり、道路使用がその例である。

許可使用とは、公物の特別使用であり、道路や公園での屋台・露天、道路でのデモ行進などがその例である。

特許使用とは、使用者に公物の独占的・排他的権利を設定する行為（特許＝特別許可）であり、道路の電柱、ガス管、水道管の使用等がその例である（図表4-3）。

《図表 4-3　公物の使用関係》

態様		管理者の行為	使用	他の使用者との関係
目的内使用	一般使用（自由使用、普通使用）	なし	自由（使用可）	共同使用（妨害不可）
	特別使用（許可使用）	なし	使用不可（禁止）	—
		許可	使用可（禁止の解除）	共同使用、一時的に妨害可能
	特許使用	なし	—	独占使用、継続的に妨害可能
		特許	使用不可（権利の付与）	—
目的外使用		許可	使用可	サービスの提供
		許可の取消	使用不可	—

《コラム》公務員制度改革

憲法 28 条は、「勤労者の団結する権利及び団体交渉その他の団体行動をする権利は、これを保障する」と規定する。公務員も勤労者であるが、公務員の労働基本権は、公務員の地位の特殊性と職務の公共性にかんがみ一定の制約がなされており、これに代わる代償措置として、人事院の給与勧告等がなされている。

これは、国際人権規約 B 規約、国際労働条約 98 号（1949 年の団結権及び団体交渉権）条約違反との指摘もある。

2002 年 ILO 理事会は、日本の公務員制度は、ILO 条約に違反しているので、法制度を条約に適合するよう改革することを日本政府に対して勧告している。

現行制度は、全農林警職法事件（最大判昭 48.4.25。憲法判例百選〔第 7 版〕Ⅱ-141）等の最高裁判決においても合憲とされている。憲法は勤労の権利（27 条）、労働基本権（＝労働三権：団結権、団体交渉権、争議権。28 条）を保障するが、公務の種類によっては、国民の財産、生命の保護や社会の治安維持に直接携わるため労働基本権が制限される。

警察、消防、刑事施設、海上保安庁等の職員（国公 108 条の 2 第 5 項、地公 52 条 5 項）は、すべての労働三権を有しない。一般公務員は、団結権、団体交渉権を有し、（国家）現業公務員（印刷、造幣、林野）、（地方）企業職員、単純労働職員は、団結権、団体交渉権、団体協約締結権を有する。

第5章

行 政 手 続
―行政運営の公正の確保と透明性の向上はどのようにして図られるのか―

第1節　行政手続とは何か

法律による行政の原理に従い行われる行政活動（特に、行政行為）が違法であれば、裁判所による行政行為の取消し等、事後的な司法的救済が図られる。

行政内部では、法律の解釈や適用について内部基準を設定し事案の処理の仕方について内部で打ち合わせを行い、他の機関との協議・調整を行うなど、様々な作業を積み重ねながら最終的な意思決定を行っている。その点で、行政の意思形成過程それ自体をある程度透明にしておく必要があり、そこで、行政の事前手続（行政手続）が重要となってくる。

また、国・地方公共団体が保有する情報を誰でも知りうる制度を設け、行政活動の透明性を高めることが求められる。国民・住民に対する説明責任を果たすことにより、公正で、民主的な行政運営が可能となる。

行政手続法は、処分（申請に対する処分および不利益処分）、行政指導および届出に関する手続に関する一般法であり、行政運営における公正の確保と透明性の向上を直接の目的としている。

第2節　行政手続法の意義と制定の背景

1　適正手続と行政手続

行政手続は、一連の行政活動を法的手続の観点から見たものである。行政活動の種別に対応して、行政立法手続、行政処分手続、行政指導手続、行政上の強制執行手続などの事前手続がある。また、行政決定が行われた後のいわゆる事後手続としての行政不服審査手続、行政苦情処理手続もある。

行政手続は、事前行政手続と事後行政手続に大別できるが、ふつう行政手続という場合事前手続を意味する。

かつては、法律による行政の原理は、行政処分の実体的内容が法律に従い法律に基づいて行われることが求められ、その処分がどのような手続で行われるかは重視されず、違法な処分があれば事後的救済があれば足りるとされてきた。しかし、戦後、英米法思想の影響の下で、行政処分の実体的側面と同時に手続的側面が重要視されるようになった。

個人タクシー事件（最1小判昭46.10.28民集25.7.1037。行政判例百選〔第7版〕I-117）は、個人タクシー事業の免許申請の審査と公正手続に関する事件であるが、個人タクシーの開業について行政庁が審査基準を明らかにしなかったため起きた事件であり、行政庁による審査方法の瑕疵を理由として処分の取消しを認めた点において注目を集めた。

最高裁は、「道路運送法3条2項3号に定める一般乗用旅客自動車運送事業である一人一車制の個人タクシー事業の免許にあたり、多数の申請人のうちから少数特定の者を具体的個別的事実関係に基づき選択してその免許申請の許否を決しようとするときには、同法6条の規定の趣旨にそう具体的審査基準を設定してこれを公正かつ合理的に適用すべく、右基準の内容が微妙、高度の認定を要するものである等の場合は、右基準の適用上必要とされる事項について聴聞その他適切な方法により申請人に対しその主張と証拠提出の機会を与えるべきであり、これに反する審査手続により免許申請を却下したときは、公正な手続によつて免許申請の許否につき判定を受けるべき申請人の法的利益を侵害したものとして、右却下処分は違法となるものと解すべきである」と判示した。

このような判決を経て行政手続法が制定されることとなった。

2　行政手続法の目的

行政手続法の目的は、「処分、行政指導及び届出に関する手続並びに命令等を定める手続に関し、共通する事項を定めることによって、行政運営における公正の確保と透明性（行政上の意思決定について、その内容及び過程が国民にとって明らかであることをいう。第46条において同じ。）の向上を図り、もって国民の権利利益の保護に資すること」である（1条）。

3　行政手続法の適用範囲

行政手続法は、①申請に対する処分（5条～11条）、②不利益処分（12条～31条）、③行政指導（32条～36条の2）、④処分等の求め（36条の3）、⑤届出（37条）、⑤意見公募手続等（38条～45条）に関しての一般的手続のルールを定めている。

行政手続法は、3条に掲げる処分および行政指導には適用されない。また、地方公共団体は、行政手続法の適用がない処分、行政指導、届出および命令等の制定について、行政運営における公正の確保と透明性の向上を図るための必要な措置を講ずる努力義務が課せられている（46条。図表5-1）。

《図表5-1　行政手続法の適用範囲》

	法律に基づく場合	条例・規則に基づく場合
処　分	○	×
行政指導	○	×
届　出	○	×

4　行政手続法の適用除外の例

行政手続法の適用除外の例を具体的に挙げると、まず、行政手続法2章から4章（申請に対する処分・不利益処分・行政指導）までの規定が適用除外となっているものがある。例えば、①刑事事件に関する法令に基づいて検察官などがする処分や行政指導、②国税または地方税の犯則事件に関する法令に基づいて収税官吏などが行う処分や行政指導、③学校などにおいて、教育、訓練などの目的を達成するために、学生や生徒に対してされる処分や行政指導、④刑務所、留置施設などにおいて、収容の目的を達成するためにされる処分や行政指導、⑤外国人の出入国、難民の認定などに関する処分や行政指導、等がある。

次に、行政手続法6章（意見公募手続等）の規定が適用除外となっているものがある。例えば、①国民の権利または義務に直接関係しないものや関係したとしても一般に適用されるルールを定めるものとはいえないもの等、②公務員の給与、勤務時間その他の勤務条件について定める命令等、③命令または規則を定める行為が処分に該当する場合における当該命令または規則などを定めるとき、④行政機関の組織や人事、内部における事務処理などについて定めるもの、⑤国または地方公共団体の機関の設置、所掌事務の範囲その他の組織についての命令等を定めようとするとき、⑥公務員の礼式、服制、研修、教育訓練、表彰および報償ならびに公務員間における競争試験についての命令等を定めようとするとき、などがある。

第3節　行政手続法の諸規定

1　申請に対する処分の手続（図表5-2）

申請とは、法令に基づき、行政庁の許可、認可、免許その他の自己に対し何らかの利益を付与する処分を求める行為であって、当該行為に対して行政庁が諾否の応答をすべきこととされているものをいう（行手2条）。

(1)　審査基準の設定と公表

許可などの「申請に対する処分」については、「審査基準」（法令の定めに従って判断するために必要とされる基準）を定め（行手5条1項）、そしてそれらの

《図表5-2　申請に対する処分の流れ》

行政庁：審査基準・標準処理期間の設置・公表
↓
国民：申請
↓
行政庁：申請に対する審査・応答、理由の提示、情報提供・公聴会の開催
↓
行政庁：国民の申請に対する処分

基準はできる限り具体的なものでなければならない（同条2項）。

行政庁は、行政上特別の支障があるときを除き、法令により申請の提出先とされている機関の事務所における備付けその他の適当な方法により審査基準を公にしておかなければならない（同条3項）。

(2) 標準処理期間の設定

行政庁は、申請がその事務所に到達してからその申請に対する処分をするまでに通常要すべき標準処理期間を定めるよう努めるとともに（努力義務）、これを定めたときは、これらの当該申請の提出先とされている機関の事務所における備付けその他の適当な方法により公にしておかなければならない（行手6条）。

(3) 申請に対する審査・応答

行政庁は、申請がその事務所に到達したときは遅滞なく当該申請の審査を開始しなければならず、かつ、申請書の記載事項に不備がないこと、申請書に必要な書類が添付されていること、申請をすることができる期間内にされたものであることその他の法令に定められた申請の形式上の要件に適合しない申請については、速やかに、申請をした者に対し相当の期間を定めて当該申請の補正を求めるか、または申請により求められた許認可等を拒否しなければならない（行手7条）。

(4) 理由の提示

行政庁は、申請により求められた許認可等を拒否する処分をする場合は、申請者に対し、同時に、当該処分の理由を示さなければならない。ただし、法令に定められた許認可等の要件または公にされた審査基準が数量的指標その他の客観的指標により明確に定められている場合であって、当該申請がこれらに適合しないことが申請書の記載または添付書類その他の申請の内容から明らかであるときは、申請者の求めがあったときにこれを示せば足りる（行手8条）。

(5) 情報提供

行政庁は、申請者の求めに応じ、当該申請に係る審査の進行状況および当該申請に対する処分の時期の見通しを示すよう努めなければならない。また、行政庁は、申請をしようとする者または申請者の求めに応じ、申請書の記載および添付書類に関する事項その他の申請に必要な情報の提供に努めなければならない（行手9条）。行政庁が情報提供を行うことは、行政庁にとっては努力義務であり、申請者の利益のためになされるものであるため、行政指導には該当しない。

(6) 公聴会の開催

行政庁は、申請に対する処分であって、申請者以外の者の利害を考慮すべきことが当該法令において許認可等の要件とされているものを行う場合には、必要に応じ、公聴会の開催その他の適当な方法により当該申請者以外の者の意見を聴く機会を設けるよう努めなければならない（行手10条）。これも努力義務である。

公聴会の開催は、第三者から情報を収集することにより、処分の適正性を確保するものである。

(7) 複数の行政庁が関与する処分

申請の処理をするに当たり、他の行政庁において同一の申請者からされた関連する申請が審査中であることをもって自らすべき許認可等をするかどうかについての審査または判断を殊更に遅延させるようなことをしてはならない。また、複数の行政庁が関与する場合においては、当該複数の行政庁は、必要に応じ、相互に連絡をとり、当該申請者からの説明の聴取を共同して行う等により審査の促進に努めるものとする（行手11条）。

2 不利益処分の手続

(1) 不利益処分とは

不利益処分とは、行政庁が、法令に基づき、特定の者を名あて人として、直接に、これに義務を課し、またはその権利を制限することである（行手2条）。例えば、飲食店の営業を許可されていた者に対する営業の停止や営業許可の取消しなどの処分である。

(2) 処分基準

行政庁は、処分基準を定め、かつ、これを公にしておくよう努めなければ

《図表 5-3　努力義務の規定のまとめ》

申請に対する処分	標準処理期間関係（6条） 申請に対する情報の提供（9条） 公聴会の開催など（10条）
不利益処分	処分基準の設定・公表（12条）

ならない（行手12条1項）。申請に対する処分における審査基準をさだめることが法的義務であるのに対して、不利益処分における処分基準を定めることは努力義務である（図表5-3）。

(3) 意見陳述のための手続

行政庁は、不利益処分をしようとする場合には、不利益処分の名あて人となるべき者について、意見陳述のための手続すなわち、聴聞と弁明の機会の付与を図らなければならない（行手13条1項）。

聴聞が必要なのは、①許認可等を取り消す不利益処分、②名あて人の資格または地位を直接にはく奪する不利益処分、③名あて人が法人である場合におけるその役員の解任を命ずる不利益処分、名あて人の業務に従事する者の解任を命ずる不利益処分または名あて人の会員である者の除名を命ずる不利益処分、④これ以外の場合であって行政庁が相当と認めるとき。ただし、行政庁の裁量的判断による処分である（同13条1項1号）。なお、①～④のいずれにも該当しないときは、弁明の機会を付与する（同項2号）。

(4) 不利益処分の理由の提示

行政庁は、不利益処分をする場合には、その名あて人に対し、同時に、当該不利益処分の理由を示さなければならない。ただし、当該理由を示さないで処分をすべき差し迫った必要がある場合でも、原則として相当の期間内に、同項の理由を示さなければならない（行手14条2項）。不利益処分を書面でするときは、書面により示さなければならない（同条3項）。

(5) 聴　　聞

1）概　　要　行政手続上の最も重要な原則が告知と聴聞（Notice and Hearing）である。アメリカでは、連邦憲法修正5条および14条が「何人も法の適正な手続なしに生命、自由、財産を侵害されない」として適正手続

(due process) の原則を定めている。

聴聞とは、行政庁が処分を行う際、処分の相手方、利害関係人である当事者に、その処分に関する事実や法適用に関してあらかじめ意見を述べ、証拠を提出する機会を与える手続である。

公正な聴聞手続の仕組みは15条1項に見られる。公正な手続のためには聴聞と同時にそれに先立つ「告知」が重要である。特に、不利益処分に先立ち、相手方に弁明の機会を提供し、防禦の機会を与えて、慎重に処分を実施することが行政庁に求められている。これは議会の制定した法律よりも慎重に行政処分を行わなければならないとする、法治主義(憲31条) の要請することでもある。

個別法律で聴聞される場合を含め、不利益処分の聴聞については本法の第3章の聴聞規定が一般法となる。

2) 聴聞の通知　行政庁は、聴聞を行うに当たっては、聴聞を行うべき期日までに相当な期間をおいて、不利益処分の名あて人となるべき者に対し、次に掲げる事項、すなわち①予定される不利益処分の内容および根拠となる法令の条項、②不利益処分の原因となる事実、③聴聞の期日および場所、④聴聞に関する事務を所掌する組織の名称および所在地、を書面により通知しなければならない(行手15条1項)。

不利益処分の名あて人となるべき者の所在が判明しない場合においては、必要事項を記載した書面をいつでもその者に交付する旨を当該行政庁の事務所の掲示場に掲示することによって行うことができる(公示送達。同条3項)。通知を受けた者(当事者) は、代理人を選任することができる(同16条・17条)。当事者および参加人は、聴聞の通知があったときから聴聞が終結するときまでの間、関係書類の閲覧を求めることができる。この場合において、行政庁は、正当な理由があるときでなければ、その閲覧を拒むことができない(同18条)。

3) 審　　理　聴聞は、行政庁が指名する職員その他政令で定める者が主宰する(行手19条)。聴聞の期日における審理は、原則として非公開である(同20条)。

4）聴聞調書および報告書の作成・提出　主宰者は、聴聞の審理の経過を記載した調書を作成し、当該調書において、不利益処分の原因となる事実に対する当事者および参加人の陳述の要旨を明らかにしておかなければならない（行手24条）。当事者等は、聴聞調書および報告書の閲覧を求めることができる。

5）不利益処分の決定　行政庁は、不利益処分の決定をするときは、聴聞調書の内容および報告書に記載された主宰者の意見を十分に参酌してこれをしなければならない（行手26条）。これは、行政庁が聴聞調書等に記載のない事実に基づいて判断することは、原則として許されないということを意味している。聴聞調書に記載のない事実に基づいて判断することが許されれば、聴聞を行ったことの意味が失われてしまうからである。

行政庁は報告書の意見に拘束されるわけではないので、報告書に当事者の主張に理由があると記載されていても、不利益処分に処することは妨げられない。

6）弁明の機会の付与　聴聞手続の対象とならない不利益処分に対しては、弁明の機会が付与される。弁明の機会の付与は、書面審理を建前とする簡単な行政手続である。

弁明は、行政庁が口頭ですることを認めたときを除き、弁明を記載した書面（弁明書）を提出してするものとする（行手29条1項）。

弁明には、聴聞に関する手続規定のうち、公示送達（同15条3項）および代理人の選任（同16条）の規定が準用される（同31条）。

7）審査請求の制限　聴聞を経てなされた不利益処分については、当事者および参加人は、原則として行政不服審査法による審査請求をすることができない（行手27条）。

弁明を経てなされた不利益処分については、行政不服審査法による審査請求をすることができる（同31条により27条が準用されないため）。

3　処分等の求め

処分等の求めは、行政過程においても義務付け訴訟に対応するために、行

《図表 5-4　不利益処分のおおまかな流れ》

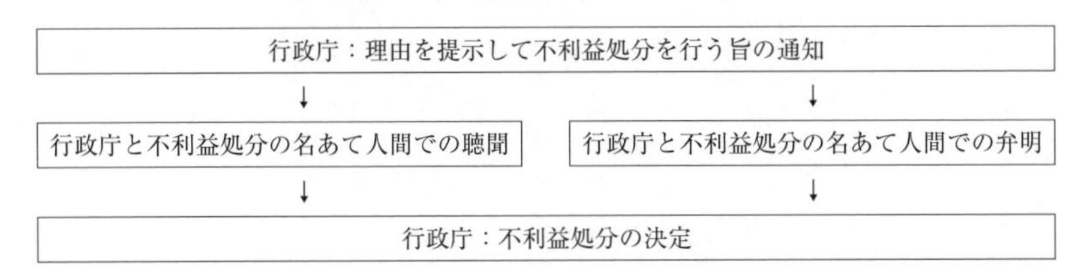

政不服審査法の全面改正とともに新たに導入された制度である。この処分等の求めとは、法令違反の事実がある場合、その是正のための処分または行政指導の発動を求める手続である（行手 36 条の 3）。

4　届　　出

届出とは、行政庁に対し一定の事項の通知をする行為（申請を除く）であって、法令により直接に当該通知が義務付けられているものをいう（行手 2 条 7 号）。

申請に該当するものについては、申請に対する処分手続が適用される（同 7 条）。届出は、①記載事項、②必要書類、③形式的要件に不備がなければ、提出先の行政庁に到達したときに、届出の効果が発生する（同 37 条）。

届出は、提出先の事務所に到達したときに手続上の義務が履行されたことになるため、「受理」という概念は存在しない。

5　意見公募手続（パブリックコメント）

(1)　概　　要

命令等制定機関は、命令等を定めようとする場合には、当該命令等の案およびこれに関連する資料をあらかじめ公示し、意見の提出先および意見の提出のための期間を定めて広く一般の意見を求めなければならない（行手 39 条 1 項）。命令等とは、内閣または行政機関が定める法律に基づく命令、規則、審査基準、処分基準、行政指導指針である（同 2 条 8 号イ～ニ）。

(2)　命令等を定める場合の一般原則

命令等制定機関は、命令等を定めるに当たっては、当該命令等がこれを定

《図表 5-5　意見公募手続に関する流れ》

命令制定機関：意見の募集（案および資料の公示）、周知
↓
国民：意見の提出
↓
命令制定機関：結果およびその理由などの公示

める根拠となる法令の趣旨に適合するものとなるようにしなければならず（行手38条1項）、命令等を定めた後においても、当該命令等の規定の実施状況、社会経済情勢の変化等を勘案し、必要に応じ、当該命令等の内容について検討を加え、その適正を確保するよう努めなければならない（同条2項）。

(3)　意見公募手続（図表5-5）

意見公募手続において、命令等制定機関は次のことが義務付けられている。①具体的内容を示した命令等の案および関連資料を公示すること（行手39条1項）、②命令等を定めようとする場合において、やむを得ない理由があるときは、30日を下回る意見提出期間を定めることができる（同40条1項）、③意見公募手続の実施について周知するよう努めるとともに、当該意見公募手続の実施に関連する情報の提供に努める（同41条）、④意見提出期間内に提出された意見を十分に考慮しなければならない（同42条）、⑤命令等の公布と同時期に、提出意見（なかったときは、その旨）およびそれらを考慮した結果・理由を公示すること（同43条1項）。

(4)　適用除外

公益上、緊急に命令等を定める必要があるときや、ほかの行政機関が、意見公募手続を実施して定めた命令等と実質的に同一の命令等を定めようとするときなど、行政手続法39条4項に列挙された事項については、意見公募手続を省略することができる。

6　自治体行政と行政手続法の関係

自治体行政と行政手続法の関係については、法律に基づく自治体行政の処分は本法が直接適用されるが、条例に基づく行政処分・届出制とすべての自治体行政指導については適用除外とされている（行手3条2項）。つまり、自治体が自主条例に基づいて独自の立場で実施する処置には、直接的には適用されず、地方自治体に一定の配慮をしたものとなっている。46条は、行政手続法の趣旨に沿って責任を持って必要な措置を講じるという努力規定である。

第4節　情報公開制度と個人情報保護制度

1　情報公開制度

(1)　概　　要

情報公開制度とは、国や地方公共団体が保有する行政文書に対して、国民・住民の請求に基づき開示するものであり、公益のため、民主主義のための制度である。各地方公共団体のいわゆる情報公開条例によって制度の運用が先行していたが、2001（平成13）年4月より、国の行政活動について、行政機関の保有する情報の公開に関する法律（情報公開法）が施行されることとなった。

この制度は、国民・住民の側から見ると、得られた情報を元に行政のあり方に様々な働きかけをすることが可能になること、また、情報の開示を求められる行政機関は、常に説明責任を念頭に活動を行わねばならなくなるということである。

(2)　情報公開請求権

行政機関の長に対して、情報の開示を求めることができるのは個人の権利である。権利を有するのは「何人」もであり、日本国民であるかどうかを問わず、法人にも請求権がある（情報公開3条）。

(3)　対象となる情報と実施機関

開示請求の対象となる文書は行政文書であり、文書、図画および電磁的記録、行政機関の職員が職務上作成し、または取得し、当該行政機関の職員が組織的に用いるものとして、当該行政機関が保有しているもの（情報公開2条）である。

開示請求があった場合に処理にあたる行政機関は２条に列挙されているが、国会および裁判所は実施機関ではない。

(4) 不開示情報

行政機関の長は、開示請求があった場合、求められた文書を開示しなければならない法的義務があるが（情報公開５条）、５条１号から６号までは例外が列挙されている。①個人情報、②法人等情報、③防衛・外交情報、④犯罪捜査・秩序維持等行政（法執行）情報、⑤審議・検討・協議（意思形成過程）情報、⑥行政運営（行政事務執行）情報がある。

(5) 情報公開審査会

開示決定等に不服があるものは、審査請求をすることができるが、不服申立てに対する裁決・決定は、情報公開・個人情報保護審査会に諮問してからでなければならない。第三者機関の中立公正な判断を必要とするということである（情報公開18条以下）。

なお、情報公開法は、「知る権利」を基本とする制度の組み立てが行われていないという批判がある。

2 個人情報保護制度

(1) 概 要

行政機関個人情報保護法および独立行政法人等個人情報保護法は、行政機関・独立行政法人等が守るべき個人情報の取扱いに関するルールとして、保有の制限、利用目的の明示、正確性の確保、安全確保の措置、個人情報の取扱いに従事する者の義務および利用・提供の制限等を定めている。また、同法に基づき、誰でも、行政機関等に対して、自己を本人とする保有個人情報の開示を請求できるほか（開示請求制度）、開示を受けた保有個人情報について訂正や利用の停止を請求することもできる（訂正請求制度、利用停止請求制度）。

1980年代には、一部の地方公共団体が個人情報保護条例を制定しており、情報公開法制度と同様に、個人情報保護制度も地方公共団体での取り組みが先行していた。

国レベルでは、1988（昭和63）年に、行政機関の保有する電子計算機処理に係る個人情報の保護に関する法律が制定され、2003（平成15）年に、個人情報保護法と総称される諸法律が制定され、2005（平成17）年から施行された。

個人情報保護に関する法律には、個人情報の保護に関する法律（個人情報保護法）、行政機関の保有する個人情報の保護に関する法律（行政個人情報保護法）、独立行政法人等の保有する個人情報の保護に関する法律（独立行政法人個人情報保護法）、情報公開・個人情報保護審査会設置法、行政機関の保有する個人情報の保護に関する法律等の施行に伴う関係法律の整備等による法律等がある。

(2) 行政個人情報保護法の目的等

行政個人情報保護法の目的は、行政の適正かつ円滑な運営、および個人の権利利益の保護である（行政機関個人情報保護1条）。行政個人情報保護法において、個人情報とは、生存する個人に関する情報で、氏名、生年月日などによって特定の個人を識別できるものとされる（同2条2項）。これは、情報公開法における個人情報と同様である。

保有個人情報とは、「行政機関の職員が職務上作成し、又は取得した個人情報であって、当該行政機関の職員が組織的に利用するものとして、当該行政機関が保有しているもの」（同2条3項）で、情報公開法にいう「行政文書」に記録されているものである。

個人情報ファイルとは、保有個人情報を含む情報の集合物で、コンピュータなどによって検索が可能であるように体系的な構成がなされたものとされている（同2条4項）、これについては、作成および保有をしようとするときの総務大臣への事前通知、帳簿（個人情報ファイル簿）の作成および公表が定められている（同10条・11条）。

個人情報の取扱基準については、保有の制限、特定（同3条）、利用目的の達成に必要な範囲を超えてはならないなど、利用目的の明示（同4条）、正確性の確保（同5条）、安全措置の確保（同6条）、従事者の義務（同7条）、利用および提供の制限（同8条）が定められている。ただし、一定の要件の下において利用目的外の利用を認めている（同8条2項）。

開示請求権（同12条）は、未成年者または成年被後見人の法定代理人にも認められるが、開示すれば本人に不利益が及ぶおそれがある場合には不開示となる（同14条1号）、原則は開示であるが、不開示事由が定められる（限定列挙。同14条各号）。裁量開示も認められる（同16条）。

部分開示（同15条）、そして存否応答拒否処分（同16条）も定められている。訂正請求権（同27条・29条）は、自己に関する内容が事実でないと思料するときに訂正を請求する権利である。これには追加または削除が含まれる。行政機関の長は、請求に理由があると認めるときに訂正をしなければならない。利用停止請求権（同36条）は、保有個人情報の開示を受けた日から90日以内に請求しなければならない。

保有個人情報が行政機関によって適法に取得されたものではない場合や、3条2項に違反している場合、個人情報の保有が制限される。また、8条1項・2項の規定に違反して個人情報が提供されている場合、保有個人情報の利用および提供が制限される。

救済制度は、審査請求についても情報公開・個人情報保護審査会への諮問手続が明示されている（同43条）。

《コラム》情報公開と特定秘密の保護

「行政機関の保有する個人情報の保護に関する法律」は、行政機関において個人情報の利用が拡大していることにかんがみ、行政機関における個人情報の取扱いに関する基本的事項を定めることにより、行政の適正かつ円滑な運営を図りつつ、個人の権利利益を保護することを目的として、2003（平成15）年5月に成立・公布され、2005（平成17）年4月に施行された。

2009（平成21）年7月、「公文書等の管理に関する法律」（以下「公文書管理法」と称する）が制定された。公文書管理法の制定により、政府全体が統一されたルールに基づいて、公文書等の作成・管理を行うこととなった。公文書等とは、行政文書、法人文書、特定歴史公文書等をいう（公文書管理法2条8項）。①行政文書とは、行政機関の職員が職務上作成し、または取得した文書であって、当該行政機関の職員が組織的に用いるものとして、当該行政機関が保有しているもの（公文書管理法2条4項）をいい、②法人文書とは、独立行政法人等の役員または職員が職務上作成し、または取得した文書であって、当該独立行政法人等の役員または職員が組織的に用いるものとして、当該独立行政法人等が保有しているもの（同2条5項）をいい、③特定歴史公文書等とは、歴史資料として重要な公文書その他の文書のうち、公文書管理法8条1項の規定等により国立公文書館等に移管されたもの（同2条7項）をいう。

2013（平成25）年12月13日、「特定秘密の保護に関する法律」が公布された。この法律は、安全保障上の秘匿性の高い情報の漏えいを防止し、国と国民の安全を確保するためのものであり、「特定秘密として指定」し得る情報および「特定秘密の有効期間（上限5年で更新可能）」を定めるが、指定期間が30年を超える延長には内閣の承認が必要である。

「特定秘密を取り扱うことを業務とする者」と「公益上の必要により特定秘密の提供を受け、これを知得した者」による漏えいだけでなく、特定の「取得行為」およびその未遂、共謀、教唆、煽動をも処罰対象とし、取扱従事者が秘密を漏らしたときは10年以下の懲役（情状によっては、1000万円以下の罰金を併科）に処される。

第6章

行政作用法の概要、行政立法、行政契約
—行政はどのようにして行われるのか—

第1節　行政作用

1　行政作用とは何か

行政は何を行うかが行政作用法のテーマであるが、行政作用（通則）法という法典は存在せず、学説がその代わりを果たしている。

行政作用は、私たちの日常生活の様々な分野に関わっている。例えば、生まれる前から母子健康手帳の交付を受け（母子保健法16条）、死んだ後の埋葬の許可（埋葬法5条）まで行政作用法が関わる。原子炉の建設（原子力基本法14条）も、生活保護の開始（生活保護法24条・25条）も、我が国に対する外部からの武力攻撃に対する防衛出動（自衛隊法76条）も行政作用である。

行政作用は、このように法に拘束され、法を根拠として実施されているが、行政作用法の機能は、積極面としては、個々の行政作用に法的根拠を与え正当化することであり、消極面としては、違法な行政作用から国民の権利・利益を保護することにある。

2　行政作用の分類とその基準

警察や租税行政のような古典的な行政作用は、機械的な法の執行を行う形で実施されてきた。ここにおいては、議会の定めた法律に基づいて国民一般の権利義務を定め、行政の基本的あり方を決定し、その法律を個別事業に適用して、国民の具体的な権利義務を決定する行政行為を行い、命じられた義務の履行を国民が怠るときは、これを強制するという行政過程であった。

《図表 6-1　行政作用とその分類基準》

基　準	区別される行政作用
主体（誰が）	国、地方公共団体、他の行政主体の作用
内容（何を）	規制行政、給付行政
性質（どのように）	権力作用、非権力作用
形式（手段）	行政行為、行政立法、行政計画、行政指導、行政契約、行政強制、行政罰

これに対し、現代行政は、複雑化する行政需要に応えるための行政過程が求められるようになった。

このような、行政作用を、行政機関が実施する行為を活動形式別に類型化すると、誰が行うかという主体別、何を行うかという内容別、どのように行うかという性質別、どのような手段を用いるかという形式別という基準によって、一般的に分類される（図表 6-1）。

(1)　主体による分類

行政作用の主体を基準として、①国の作用、②地方公共団体の作用、③その他の行政主体（公団・事業団などの特殊法人）の作用に分ける。また、国の省庁別による分類も可能である。例えば、国土交通行政、法務行政、財務行政、防衛行政などの分類である。

(2)　内容による分類

行政作用の内容により、①個人や企業の活動を制限し、その目的を達成する行政作用である、交通規制、建築規制などの規制（侵害）行政と、②国民に便益（サービス）を提供する行政作用である水、ガス、電気などの給付行政に分類する。なお、給付行政は、供給行政、社会保障行政、資金助成行政を含んでいる。

(3)　性質による分類

行政作用をその性質により、①公権力の行使を要素とする行政作用である、権力行政、例えば、行政行為、行政強制などと、②行政指導、行政契約など権力行使を要素としない行政作用である、非権力作用とに分類する。

《図表 6-2　形式による分類》

名　称	機　能	性　質
行政計画	行政目的の設定	国民を拘束する計画と拘束しない計画がある
行政立法	法律に基づくルールの制定（一般的・抽象的）	国民を拘束する
行政行為	法律・行政立法の個別・具体化	権力的
行政強制	行政行為の具体化	権力的
行政罰	行政行為によって課された義務違反に対する制裁	権力的
行政指導	一定の行政目的への誘導	非権力的
行政契約	合意の形成	非権力的

(4)　形式による分類

行政主体の様々な活動を、私人の権利利益にどのようにかかわるかという見地から、形式ごとにいくつかのタイプに分けることができる。この分類が法的にも最も有意義で有用であるとされる。

行政行為、行政立法、行政計画、行政指導、行政契約、行政強制、行政罰という分類であるが、これは、分類された行政活動の類型に対して与えられた名称である（図表 6-2）。

第 2 節　行 政 立 法

1　行政立法の概要

憲法 41 条は、国会が「国の唯一の立法機関である」と定める。この規定により原則として、立法機関である議会（国会）が法律を定めることになる。

しかし、現実には、すべての事項について詳細に立法することは不可能であるので、法律を執行するための細則などを行政機関が定めている。

行政立法とは、命令、規則など行政機関の定める規範をいう。憲法 73 条 6 号は、内閣による政令の制定を認める。行政立法が必要とされる理由としては、①行政需要の多様化と、それに対する迅速な対応が必要なこと、②科学技術などの発展に伴い、それに対する専門技術的知識が必要なこと、③短時間により的確な対応が可能なこと、④人事院規則などのように、政治的に中立な立場にある行政機関が規範を定立することが合理的と考えられる場合もあること、等がある。

行政立法は、日本国憲法の採用する三権分立主義の例外であり、同時に、行政立法は国民主権の原理においても例外的な制度である。それゆえに、以下のような問題点が指摘される。つまり、①国会が行政に対して行う統制が働きにくくなること、②行政立法の改正は国民の目に触れにくいこと、③現在の裁判制度において、行政立法が憲法や法律に違反した場合、行政立法自体の違憲性や違法性を争う手段がなく、何か具体的な事件すなわち、裁判所法３条にいう法律上の争訟でなければ、行政立法の違憲性や違法性を問うことができないこと、等である。

2　行政立法の種類

(1)　概　　要

行政機関が制定する組織または活動の基準となる規範を一般に命令という。憲法は国会を唯一の立法機関（41条）としているが、行政機関は、法律の範囲内で命令、規則等を定めることができる。

内閣に対して、法律の執行のための執行命令および委任命令の制定を認めている（憲73条6号・81条・98条）。命令は、さらに法規命令および行政規則

《図表6-3　行政立法の種類》

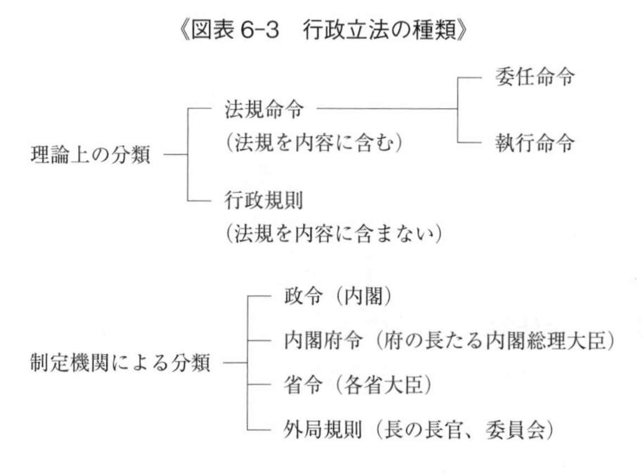

に分けられる（図表6-3）。

法規命令は、さらに委任命令と執行命令とに分かれるが、私人の権利や自由などに直接の影響を及ぼすことが予定されている。

行政規則とは、これは私人の権利や自由などに直接の影響を及ぼさないとされるものであるが、基本的に行政内部における一般的・抽象的規範である。

(2) 法規命令

1）法規命令の概要　法規命令は、法規を内容に含む行政立法である。法規とは、狭義では、国民の権利を制限しまたは国民に義務を課す内容の法規範のことをいう。法規命令とは、私人に対して直接その権利・義務に変動をもたらす効果を有する行政立法である。制定する機関により、国では内閣が制定する政令（憲73条6号、内11条）、内閣府令（内閣府設置法7条3項）、その主管の行政事務に関して、内閣総理大臣による府令または各省大臣による省令（行組12条1項）、外局である各委員会・各庁長官が定める規則（同13条1項）また、国家行政組織法が適用されない会計検査院および人事院などの独立行政機関が制定する規則（会検38条、国公16条1項）がある。また、自治体の法規命令としては長、委員会などの定める規則がある（自治14条1項、138条の4第2項）。

法律の留保の原則によれば、法規を作ることができるのは、国民の代表機関である議会が制定する法律のみである。法規命令は、この原則の例外であり、法律の委任がなければ、国民に義務を課し、または権利を制約する規定を設けることはできない（憲73条6号、内11条、内閣府設置法7条4項、行組12条3項）。

法規命令は法律の委任の有無から、執行命令と委任命令に区別される。なお、大日本帝国憲法9条は、「公共ノ安寧秩序ヲ保持シ及臣民ノ幸福ヲ増進スル為」法律の委任を受けることなく、行政が発する独立命令も認めていたが、日本国憲法において独立命令は認められていない。

2）執行命令、委任命令　執行命令とは、上級の法令の執行を目的とし、上級の法令ですでに設定されている権利・義務の具体的細目事項を定めた命令である。

委任命令とは、法律の委任により、新たに私人の権利・義務を創設するなど、私人の権利や自由などに直接的・具体的な影響を与えるものであり、実体的な条文を定める。

法律等の個別的な委任は必要ないとされているが、多くの学説は、実体性に着目して、個別的かつ具体的な授権規定の必要性を主張している。執行命令が憲法上認められていることは異論がない（憲73条6号本文）。

次に、委任命令とは、法律の個別的授権に基づいて、委任により行政機関が国民の権利義務について定めるものである。例えば、国家公務員法102条に基づく人事院規則14-7では政治的行為を制限する。このような法規命令が効力を持つためには、正当な権限を有する行政機関が、上級の法令に抵触せずに、その授権の範囲内で、官報への掲載等一定の形式で公布・施行されることが必要である。それによって効力が生ずることになる。

(3) 行政規則

1）行政規則の概要　行政規則とは、行政機関が定める、私人の権利義務に直接関係しない行政立法のことである。行政機関内部でのみ通用する法規範であり、行政機関の定める一般的・抽象的な定めで、国民の権利義務の変動に係る法規たる性質を持たない。

行政規則は、国民の権利義務と直接関係がない行政組織内部の事項を内容とする。法律の根拠（授権）を特に必要とせず、行政権に内在する当然の権能に基づいて制定することができると解されている。行政規則は行政組織内部における効果のみを持ち、その機能は法律などの解釈の基準や行政庁の裁量権行使の基準を示す。

行政規則には、訓令・通達（行組14条2項）、要綱（地方公共団体の場合）、告示（同14条1項）などがある。以下これらについて詳述する。

訓令・通達（同14条2項）とは、上級行政機関が組織法上の監督権に基づいて所管の下級行政機関に対し、その権限の行使を指図するために発する行政組織内部での命令であるが、これらの用語法は必ずしも統一されていない。行政主体と国民との間の権利義務について規律する法規ではない。

要綱とは、地方公共団体において条例を施行するためや行政指導を行うためのものなど、様々な目的を持っている。

告示（行組14条1項）とは、国や地方公共団体などの公的機関が、必要な事項を公示する行為またはその行為の形式をいう。

なお、外部に対する法的拘束力を有する場合、すなわち法規としての性格を有する場合がある。例えば、国立公園などの指定の告示、学習指導要領（最1小判平2.1.18民集44.1.1。行政判例百選〔第7版〕I-52）がある。

2）訓令・通達の問題点　訓令・通達は法規としての性質を持たないが行政規則としての法的性質を持つ。つまり、通達は、国民の法的地位に直接影響を及ぼすものではなく、単に下級機関の権限行使を制約するにすぎない。そのため、上級行政機関は、その行政監督権限に基づき下級機関の所掌事務に関して、法律の根拠なしに通達を発することができる。

ところで、行政庁が国民に対して通達に反する処分を行っても、その処分は通達違反として直ちに違法とはならない。そして、国民は、通達に違反した不利益な処分を受けても、処分が通達に違反することだけで処分の違法を主張することはできない。

また、行政庁側も、処分が通達に違反しないことを理由として、処分の違法性が争われているときにその処分の適法性を根拠づけることは許されない。

さらに、裁判所も、法令の解釈運用において訓令・通達の拘束を受けないのみならず、通達に定められた取扱いが法の趣旨に反している場合には、その違法についても判断が可能である。

通達は、私人と直接関係しないため、違法な通達が発せられたことにより事実上国民に対し不利益な効果が及んでも、私人は通達自体の適否を争うことはできない。私人は違法な通達が発せられ具体的な不利益処分が行われたのち、行政処分がなされた段階で、この行政処分に対する行政訴訟などを提起することにより、処分の違法性を争うことになる。

第3節　行政契約

1　行政契約の概要

行政契約とは、行政庁が行政目的実現のために締結する契約のことをいうが、国や地方公共団体がその相互間でまたは国民との間で結ぶ契約である。行政契約は非権力的な行政作用であるが、当事者の一方が行政庁であったり、行政目的の達成の手段として締結するものであったりする以外は、私法上の契約と変わらず、民商法の契約の規定が適用されることになる。

行政作用は許可・認可など公権力の行使としてなされる行政行為が中心であるが、行政契約は公権力の行使を内容とする行政行為と異なり、対等の当事者間の意思の合致による行政作用である。行政機能の多様化あるいは権力的方式への批判などを理由として、当事者間の合意により成立する契約が多用されるようになっている。

例えば、国や地方公共団体の相互間での事務委託契約、公共工事のための用地買収、私有地等を借り受ける公用負担契約、国有・公有財産の貸付や売渡契約、あるいは、物品納入契約・公土木建築請負契約・製造請負契約などが行政契約の例である。

行政契約は、当事者の一方が純粋な私人ではなく行政主体であるため、法律により民法などの規定に対する様々な例外が定められている。例えば、財政に対する民主的なコントロールという意味で、議会の議決が必要とされる場合や（憲85条、自治96条5号）、水道の契約のように私人の利益保護のため申し込みがあれば、行政主体は契約を結ばなければならないとされるもの（水道法15条1項）などがある。

戦後、現代国家の任務と機能の変遷により給付行政、環境行政などの分野で、契約形式による行政目的達成の手法が再認識されて、各国においても行政契約が増加し活用される傾向があり、給付行政の分野では、この行政契約が重要な役割を果たすようになっている。

2　行政契約の種類

(1)　財産の取得、管理処分の作用として行われる契約

物品の納入契約、土木建築請負契約などに対しては、民法が原則的に適用されるが、地方自治法では一般入札、指名競争入札、随意契約（競争入札に対し、適当と思われる相手方と契約を結ぶ方法）などの方法によることを定めている（自治234条以下）。また、国有財産の管理・処分については国有財産法の規定により行われる。なお、国を一方の当事者とする契約を政府契約という（政府契約の支払遅延防止等に関する法律2条）。

(2)　公共施設・公共企業の利用に関する契約

行政契約のうち公立体育館などの地方自治法244条の2による公共施設の利用関係や、水道事業などの公共企業に関する契約がある。

契約による場合であっても、平等原則が適用され（差別的取扱いの禁止）、供給義務を課す場合がある。この場合は、契約の解除についても法的な制約が課されることになる。なお、私企業であっても、同じような義務が課される場合がある（電気事業法18条、電気通信事業法25条、ガス事業法16条、水道法15条。最2小決平元.11.8判時1328.16。行政判例百選〔第7版〕I-92）。

(3)　助成手段としての契約

助成手段としての契約とは、行政が様々な目的のために行う特定の個人または施設もしくは企業の援助を目的とする契約である。社会保障行政での資金の交付、例えば、生活福祉資金貸付制度（社会福祉法2条2項7号）などがこれにあたる。

(4)　規制手段としての契約

規制行政の分野でも、法令による規制の不備を補うために、契約的な手段が用いられるようになった。1964（昭和39）年の埋立地に進出する事業者に対する横浜市の公害防止協定を嚆矢とし、その後全国に波及し現在でも多用されている公害防止協定は、地方公共団体が公害発生源になるおそれのある事業者との折衝により、法令の排出規制以上の排出の規制（いわゆる上乗せ）、立ち入り調査などの公害防止措置をとることを約束するものである。

その法的性質については、法的拘束力を持たない行政指導であり紳士協定

であるとする説と、法的拘束力を持つ契約とする説があるが、契約説が有力である。判例も公害防止協定に法的効力を認めている（最2小判平21.7.10判時2058.53。行政判例百選〔第7版〕I-93）。

《コラム》入札談合

入札談合とは、公共事業などの競争入札において、本来競争するはずの業者同士が、あらかじめ話し合って協定することをいう。高い価格での落札や持ち回りでの落札で、業界全体で利益を不正に分け合うことは、公正な価格競争を害し、発注元の国・地方公共団体の支出を増すことになり、刑法で禁じられている。発注元の公務員などが協定に関与するものを、特に官製談合と呼ぶ。2003（平成15）年入札談合等関与行為防止法が施行され、公務員が入札談合に関与した場合、公正取引委員会は同法に基づいて所属機関に改善を求めることができる。

入札談合等関与行為防止法は、国・地方公共団体等の職員が談合に関与している事例、いわゆる官製談合が発生していた状況を踏まえ、発注機関に対して組織的な対応を求め、その再発を防止するために制定されたものであり、2003年1月6日から施行されている。

また、その後、2006（平成18）年に職員による入札等の妨害の罪の創設等を内容とする入札談合等関与行為の排除及び防止に関する法律の一部を改正する法律が2007（平成19）年3月14日から施行されている。

第7章

行政指導・行政計画・行政調査

第1節　行政指導

1　行政指導の概要および種類

一般的に行政指導とは、行政目的の達成のために、行政庁が相手方の自発的な協力を求めて働きかけ、その意図する行為を行わせようとする作用である（図表7-1）。

行政手続法では、行政指導とは、行政機関がその任務または所掌事務の範囲内において一定の行政目的を実現するため特定の者に一定の作為または不作為を求める指導、勧告、助言その他の行為であって処分に該当しないものであると規定している（2条6号）。つまり、行政指導は行政機関の用いる非権力的手段である。

行政指導は、相手方に対して義務を課すというような法的強制力を持たない事実行為であり、また、強制的でないため相手の任意の協力を求めるものである。この行政指導には以下のような種類がある。

助言的行政指導は、情報・技術の提供などの受益的側面を持つもので、中小企業者に対する経営指導、納税の申告相談などがある。

《図表7-1　行政指導の種類と目的》

名　称	目　　的
助言的行政指導	国民の利益を図る
規制的行政指導	公益の増進を図り、公益に反する行為の抑制
調整的行政指導	当事者間の利害調整と紛争の解決

規制的行政指導は、行政が公益を図る目的で国民の権利自由を制限する目的で行われるものであり、公正取引委員会の排除措置に先立つ勧告（独占禁止法48条）などがある。

調整的行政指導は、関係者の利害対立の調整を図り、紛争を解決するもので小売市場開設者と周辺地域の中小小売商との紛争における都道府県知事の勧告、宅地開発、ゴルフ場造成などの指導要綱などがある。

行政指導の大きな問題は、行政指導を受ける私人が仮に従わなかったとしても、処罰、強制執行など、何らかの法的不利益を受けることがないということと、逆に行政指導により不利益を被っても私人はそれに対抗する方法がないことである。つまり行政処分ではないので取消訴訟等ができない。

反面、行政指導は、法的拘束を受けることなく行政の専門技術化と関係法令の複雑化に対する対応措置として、私人への助成・援助あるいは法の不備などを補いながら、絶えず変化する行政需要に機敏に対処することができるという利点を有する。

2 行政指導の一般原則

行政手続法は、行政指導のあり方について以下のような一般原則を定めている（行手32条1項・2項・33条）。行政指導にあっては、行政指導に携わる者は、いやしくも当該行政機関の任務または所掌事務の範囲を逸脱してはならない（範囲逸脱の禁止。同32条1項前段）、行政指導の内容があくまでも相手方の任意の協力によってのみ実現されるものであることに留意しなければならない（任意協力性への留意。同後段）。行政指導に携わる者は、その相手方が行政指導に従わなかったことを理由として、不利益な取扱いをしてはならない（不利益取扱いの禁止。同32条2項）、申請の取下げまたは内容の変更を求める行政指導にあっては、行政指導に携わる者は、申請者が当該行政指導に従う意思がない旨を表明したにもかかわらず当該行政指導を継続すること等により当該申請者の権利の行使を妨げるようなことをしてはならない（意に反する行政指導の継続禁止。同33条）、許認可等をする権限または許認可等に基づく処分をする権限を有する行政機関が、当該権限を行使することができない場合または行使する意思がない場合においてする行政指導にあっては、行政指導に携わる者は、当該権限を行使しうる旨を殊更に示すことにより相手方に当該行政指導に従うことを余儀なくさせるようなことをしてはならない（事実上の強制の禁止。同34条）。

3　行政指導の方式

行政指導の方式については、特定の形式はないが、行政手続法では以下のように定められている。①行政指導に携わる者は、その相手方に対して、当該行政指導の趣旨および内容ならびに責任者を明確に示さなければならない（行手35条1項）。②行政指導が口頭でされた場合において、その相手方から前項に規定する事項を記載した書面の交付を求められたときは、当該行政指導に携わる者は、行政上特別の支障がない限り、これを交付しなければならない（文書請求制。同35条2項）、③同一の行政目的を実現するため一定の条件に該当する複数の者に対し行政指導をしようとするときは、行政機関は、あらかじめ、事案に応じ、行政指導指針を定め、かつ、行政上特別の支障がない限り、これを公表しなければならない（同36条）。

4　行政指導の限界および権利の救済

行政指導は、非権力的事実行為であるが、実際は、私人に対して非常に大きな影響力を持ち、また行政側がその目的を達する上で大きな役割を果たしており、法的根拠に基づかずに事実上の強制力を持つ。そのため、行政庁の悪意的な行政手段として濫用される危険性もある。

行政指導の持つ様々な機能からすれば、一律に法律の根拠を必要とすることは適切でないと考えられるため、物価の抑制を目的とするような規制的行政指導には、原則として法律の根拠が必要とされる（有力説）が、最高裁は消極的である（例えば最2小判昭59.2.24刑集38.4.1287。行政判例百選〔第7版〕I-96）。行政指導は、あくまで行政活動に対する国民の事実上の協力要請であり、相手方の任意の協力で実現されるものであり（行手32条1項）、相手方が行政指導に従わなかったことを理由とする不利益な取扱いを禁止している

（同32条2項）。

例えば、地方自治体の定める要綱に同意しない者に対して、建築確認を留保したり、上下水道の停止等の制裁を定めることは行政指導の強制である。このような違法の疑いのある行政指導に対する救済方法として、行政庁の公権力の行使に関して不服のある場合は、行政不服審査法あるいは行政事件訴訟法により解決を目指すが、行政指導は、行政不服審査法１条１項の「行政庁の違法又は不当な処分その他公権力の行使に当たる行為」、または、行政事件訴訟法３条２項の「処分その他公権力の行使に当たる行為」に該当しないため、原則として、取消訴訟の対象とはならない。行政指導のような非権力的事実行為は、取消訴訟は認められず、訴訟を起こしても却下される。

これに対して、近年従来の定式では説明できないような最高裁判例が相次いで出されるようになっている。例えば、病院開設許可申請に対する開設中止の県知事の勧告および県知事が開設許可処分を行った後、保険医療機関の指定を拒否する旨の通告に対する処分性を認めている（最２小判平17.7.15民集59.6.1661。行政判例百選〔第７版〕Ⅱ-160）。

一方、国家賠償請求訴訟においては様相が異なる。違法な行政指導により損害を被った場合の損害賠償については、国家賠償法１条１項が「公権力の行使」による賠償責任を認めている（最２小判昭60.7.16民集39.5.989。行政判例百選〔第７版〕Ⅰ-124）。つまり、行政指導がこの「公権力の行使」に当たるかどうかにより、国家賠償法によるのか、民法の規定（709条。不法行為責任）によるのかという問題である。

これらについて判例は、強制にわたる行政指導に対しては、いわゆる開発指導要綱に基づく金銭負担金納付の要求は、事実上の強制であり、行政指導の限界を超えて違法であるとし、国家賠償法１条１項の違法な公権力の行使に当たるとした（最１小判平5.2.18民集47.2.574。行政判例百選〔第７版〕Ⅰ-98）。あるいは、指導として行われた負担金納付の勧誘が強要にわたるときは民法96条の脅迫に当たるとした（東京高判昭51.10.28判時843.55）。

また、指導要綱に基づく教育施設負担金の寄付を拒否した制裁として、上下水道の供給を拒否することは、水道法15条に違反するとした（最２小決平

元.11.8 判時 1328.16。行政判例百選〔第 7 版〕I -92)。

第 2 節　行 政 計 画

1　行政計画の概要

行政は、計画性をもって現状を把握し、将来の展望を持ち活動する必要がある。行政の活動には、具体的な資料、専門的な分析手法によって、的確に行うことが要請される。そのために計画を作り様々な手法によりその実現に向かい行動する行政作用を計画行政といい、計画行政を行うための指針を行政計画という。

行政計画とは、行政が到達すべき様々な目的を設定し、そのために必要な手段を総合的に調整する行政作用である。計画の代わりに方針、構想などの用語が使われることもある。

過去において無計画に行政作用を行ってきた結果、社会における様々な問題が生起したことに鑑み、将来そのような問題が極力発生しないよう、行政計画を策定することにより、統一的・組織的な国民・住民の生活に配慮することが可能となる。

2　法治主義と行政計画

(1)　行政計画の種類

計画策定行為としては、あらゆる行政領域で行われているが、対象により経済計画、産業計画、社会計画、国土計画などの区別、地域により全国計画、

《図表 7-2　行政計画の種類》

基　準	種　　類		
対象事項別	経済計画、産業計画、国土計画、社会計画		
対象の広狭	総合計画（広）		特定計画（狭）
地　域　別	全国計画 （最広）	地方計画 （広）	地区計画 （狭）
期間の長短	長期計画	中期計画	短期計画
拘束力の有無	拘束計画		非拘束計画

地方計画、区域計画などの区別、期間により長期計画、中期計画、短期計画などの区別など、様々に分類が可能である。また、行政計画の中には計画策定に当たり、法律の根拠付けがあるものもあるが、特に法的根拠のないものもある（図表7-2）。

(2) 法律の根拠

行政計画が法律に基づいて策定されるものはそれほど多くはなく、計画の具体的内容について作用法上、明確な定めがあるものではない。法律の留保論によれば、権力的な侵害行為については個別的法律の根拠が必要とされるが、非権力的な行政である行政計画については法律の根拠があまり問われないことになる。

(3) 行政計画の内容の規制

行政計画の内容は、専門性や流動性等の観点から、行政機関に大きな裁量を認めており、計画策定手続に民主的コントロールを及ぼすことで、計画内容の合理化・適正化を図っている。

行政計画が決定されると、私人の生活に影響が大きくなるため、あらかじめ、公告・縦覧・意見書の提出、公聴会、審議会などの計画策定手続が行われる。各種の法律も議会の議決（国土利用計画法7条3項）、関係行政機関の長の承認（都計19条1項）、関係市町村の意見聴取（都計18条1項）、審議会の意見聴取（河川16条3項・4項）、公聴会、住民・利害関係人の意見書提出・同意（都計16条・17条）などを定めている。

このように、審議会の組織・運営への住民参加、公聴会の開催など計画案の作成に民主的な手続を充実する努力が必要であろう。

(4) 行政計画の法的性質

行政計画は、いわゆる事実行為であり行政行為ではない。行政計画を法的に争う場合、行政事件訴訟、損害賠償との関係で問題があった。

例えば、行政計画の取消しを求めようとする場合、行政計画は行政処分なのか否か判断が分かれるところである。行政計画の処分性について、土地区画整理事業計画（拘束的計画）事件（最大判昭41.2.23民集20.2.271）では、土地区画整理事業計画はいわば事業の青写真にすぎず、公告されても、直接特定個

《図表7-3　行政計画に対する司法的救済》

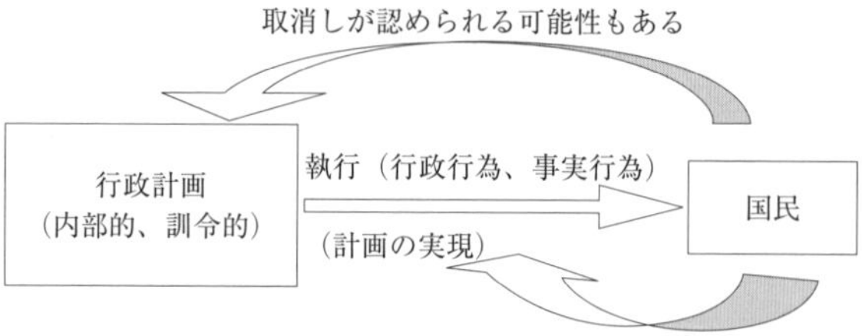

人に向けられた具体的な処分でないと判示している（同旨最3小判平4.10.6判時1439.116）。しかし、この行政計画の処分性については、その後、青写真判決を変更して計画決定段階での取消訴訟が認められている（最大判平20.9.10民集62.8.2029。行政判例百選〔第7版〕Ⅱ-152）。

第3節　行 政 調 査

1　行政調査の概要

行政調査とは、行政機関が事業活動その他私人の行為を規制したり、あるいは課税したりするなどの、具体的処分の前提となる資料や情報を得るために行われるものである。調査には質問・立入・検査などの態様があり、任意調査（事実行為）、実効性が刑罰によって担保されるもの、物理的実力行使が認められるものなどがある。

相手方の意志に反しない任意調査の場合は法律の明文の根拠は不要であるが、強制調査では必要とされる。任意・強制に限らず、可能な限り調査を受ける側の負担とならないようにしなければならない。

行政調査の例としては、警察官による所持品検査や税務署の税務調査や立入検査、捜索などがあり、行政調査は法律または条例の定めに基づいて実施される。行政調査に憲法上の令状主義（憲33条・35条）が適用されるかどうかは問題である。

川崎民商事件（最大判昭47.11.22刑集26.9.554。行政判例百選〔第7版〕Ⅰ-103）においては、税務調査における適正手続が一切排除されるものではないとするが、所得税法に規定する質問、検査は、憲法38条1項にいう自己に不利益な供述の強要に当たらないとしている。

また、道路交通法違反被告事件（最3小判昭55.9.22刑集34.5.272。行政判例百選〔第7版〕I-107）においては、警察官が運転者などに対して質問などをすることは、相手方の任意により、自動車の利用者の自由を不当に制約することにならない方法や態様で行われる場合に限り適法であるとしている。

なお、かつては、行政調査は即時強制の箇所において扱われていたが、近年は、行政調査を独立した項目として扱うのが一般的になっている。

2　行政調査の法的根拠

単なる任意調査（事実行為）の場合には、具体的な法律上の根拠を必要としないが、実効性が刑罰によって担保されるものや物理的実力行使が認められるものについては、法律の根拠が必要とされる。

任意調査には、純粋な任意調査以外にも、実効性が刑罰によって担保されるものも存在する。例えば、国税通則法74条の2以下に規定される税務調査は任意調査というべきなのか、意見の分かれるところである。

物理的な実力行使が認められる行政調査の例としては、国税犯則取締法の強制調査などがあるが、この場合は、裁判官の令状を得て収税官吏が臨検や捜索、または差押えを行う（前述の川崎民商事件・最大判参照）。国税犯則取締法による手続は、実質的に刑事訴訟法による手続と同質のものであるが、特別の知識と経験が必要だったり、犯則事件の発生件数がきわめて多いため、検察官に代わって収税官吏が実際には行っている。

《コラム》映画『マルサの女』―国税局査察部の仕事―

「マルサの女」は、1987（昭和62）年公開の日本映画で、翌年第11回日本アカデミー賞最優秀作品賞を受賞した。監督と脚本は伊丹十三。マルサ（国税局査察部）に勤務する女性査察官と、脱税者との戦いをコミカルかつシニカルに描いた映画である。

税務署調査官の主人公（女性）は、管内のパチンコ店の所得隠しを発見したり、老夫婦の経営する食品スーパーの売上計上漏れを指摘するなど、地味な仕事を続けていた。彼女はあるホテル経営者に脱税の疑いを持ち、調査を行うが、強制調査権限のない税務署の業務の限界もあり、脱税を暴くことができずにいた。

その後、その査察官の女性は、強制調査権限を持つ国税局査察官（通称「マルサ」）に抜擢され、内部通報者により本格的な内偵調査が始まるが、暴力団、政治家、銀行がからんだ大型脱税であり、巧妙な脱税の手口を観客は目にすることになる。

さて、国税査察官の属する査察部が担当する査察調査は、大口・悪質な脱税者の刑事責任を追及することを目的としている。こうした脱税者を放置することは、租税、ひいては租税を財政的な存立基盤としている国家の統治能力に対する国民の信頼低下を招くことになる。

そのため、国税査察官は、捜査機関のように逮捕権は持たないものの、裁判官から許可状を得て捜索・差押などの強制的な調査を行う権限を与えられている。調査の結果、脱税ありと思料されるときには嫌疑者を検察官に告発する。その後、起訴・公判を経て、有罪の場合には懲役や罰金が科されることになる。

なお、全国には約1300人の国税査察官がいるといわれる。

（参考資料：国税局HP　http://www.nta.go.jp/soshiki/saiyo/saiyo01-1/saiyo2008/1-3-4-2.htm　ほか）

第8章

行政行為
—その1—

第1節　行政行為とは何か

行政行為とは、私人に直接何らかの法的義務を課したり法的利益を与えたりする行政活動であるが、行政行為という語は、法令上の用語ではない。

法令上は、行政処分あるいは、許可や禁止というような具体的な措置を示す語が使用されており、また、行政行為は、行政庁の処分（行手2条2号、行審1条、行訴3条）あるいは、行政処分（自治242条の2第1項1号）とほぼ同じ意味で用いられている。

さらに、講学上の用語として、許可、特許、認可という用語が使われている。なお、免許は法令上は使われているが、講学上の用語としては使われていない。

許可とは、一般的に禁止されていることを解除することであるが、許可を受けた者は、それまで禁止されていた行為を適法に行うことができるようになる。例えば、風俗営業等の規制及び業務の適正化等に関する法律3条は「風俗営業を営もうとする者は、……都道府県公安委員会……の許可を受けなければならない」と規定しており、講学上の用語の許可と法令上の用語が一致する。

これに対して、道路交通法84条は「自動車……を運転しようとする者は、公安委員会の運転免許……を受けなければならない」と規定しているが、ここにいう免許は、講学上の許可に当たり、講学上の用語と法令上の用語が一致していない。

特許とは、国民が本来有していない特殊の権利・能力・法的地位を与える行為をいう。軌道法3条は「軌道ヲ敷設シテ運輸事業ヲ経営セムトスル者ハ国土交通大臣ノ特許ヲ受クヘシ」と規定しているが、ここにいう特許は講学上の特許にあたり、講学上の用語の特許と法令上の用語が一致している。

ガス事業法3条は「一般ガス事業を営もうとする者は、経済産業大臣の許可を受けなければならない」と規定しているが、ここにいう許可は講学上の特許に当たり、講学上の用語の特許と法令上の用語が一致していない。

なお、講学上の用語である特許に該当するものでも、法令上の用語としては、特許が使われることは少なく、許可、認可、免許という用語が使われる場合が多い。

認可とは、私人がする契約などの法律行為を補充して、効力を与えることをいうが、鉄道事業法26条は「鉄道事業の譲渡及び譲受は、国土交通大臣の認可を受けなければ、その効力を生じない」と規定している。

行政行為は、行政庁に優越的な法的地位を認めて、その一方的判断による単独行為により一定の法律関係を形成する行為を総称するものであり、すべての行政活動の中で特別の性質を備えた活動形式のことをいう。

行政行為とは「行政庁が、法に基づき、優越的な意思の発動または公権力の行使として、国民に対し、具体的事実に関し法的規制をする行為」(田中、104頁) である。

すなわち、行政行為は、①公権力の行使による権力行為であり、②国民を対象とした外部的効果を持ち、③具体的行為、④法的行為という特色を持つ。

行政行為とは、行政機関の行為から、内部行為、事実行為、立法行為、私

《図表8-1　行政機関の行為》

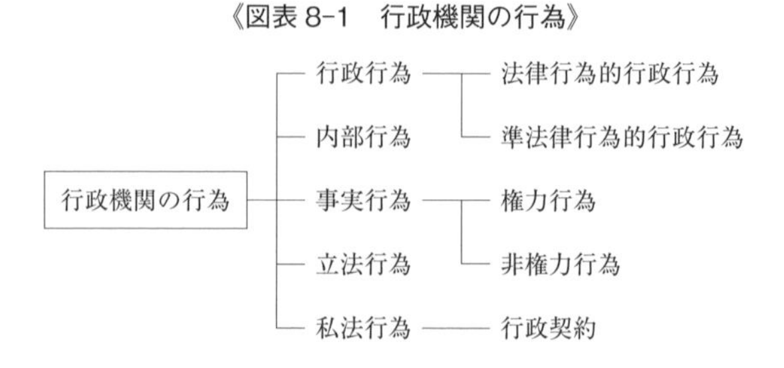

法行為を除いたものであるが（図表8-1）、行政行為の特徴としては次の点が挙げられる。

①一般的・抽象的な行政立法や条例・規則と異なり、具体的事実を規律する行為であり、個別・具体的な私人を相手として行われる。②行政指導などの事実行為や行政組織内部での機関相互関係の行為と異なり、私人に直接何らかの法的義務を課し法的利益を与える行為である。③違法建築物の取り壊し作業のような実力行使と異なり、法的義務を課したり、権利を与えたりするものであり、その意味では、単なる観念的な効果を持つにとどまる。法的効果の実効性を確保するために、強制手段が用意されている。

第2節　行政行為の分類

1　法律行為的行政行為と準法律行為的行政行為

行政行為は様々な観点から分類することができるが、法律効果の内容の違いにより分類することができる。これは民法の法律行為の概念を借用した分類である（図表8-2）。

法律行為的行政行為とは、その法律効果の内容が行政庁の意思表示によって決められる行為のことであり、これには裁量の余地があり、また、附款を付すことができる。

《図表8-2　行政行為の分類》

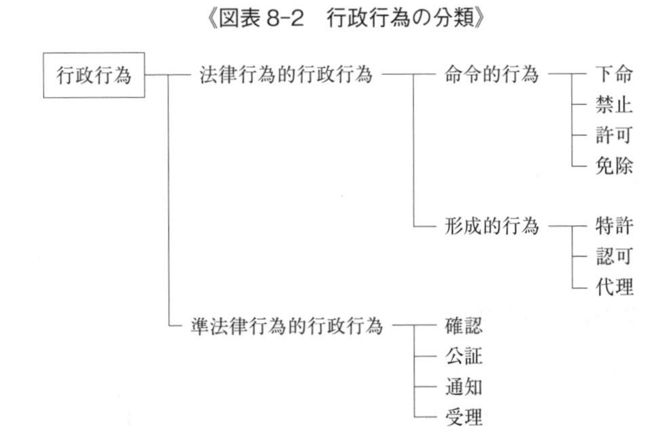

《図表 8-3　法律行為的行政行為と準法律行為的行政行為》

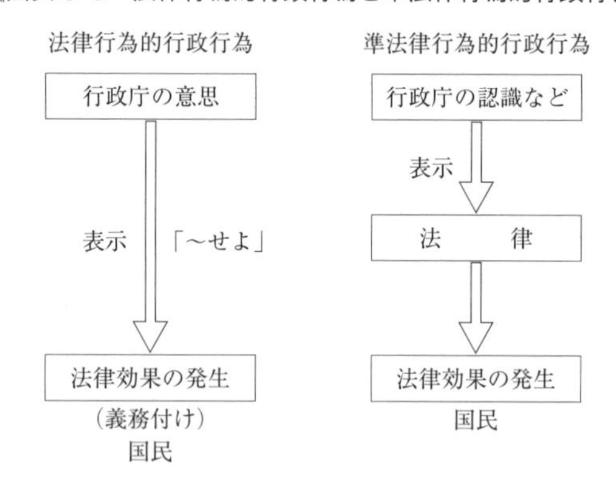

準法律行為的行政行為とは、行政庁の意思とは関係なく、それ以外の判断、認識を表示することにより、法律に定められた一定の効果が発生する。準法律行為的行政行為には、裁量の余地がなく、また、附款を付すことができない（図表 8-3）。

法律行為的行政行為は、さらに命令的行為と形成的行為に分類される。命令的行為とは、行政庁が国民に対して義務を命じ、または、その義務を免じる行為をいう。また、形成的行為とは、私人に権利や包括的な法律関係を設定したり、その権利を剥奪したりする行為をいう。

命令的行為と形成的行為との違いは、命令的行為と形成的行為が私人の自由に対する規律である点においては同じだが、形成的行為は、私人に新たに権利能力を付与する行為である。なお、命令的行為に対しては、相手方が行政庁によって命じられた義務を果たさないときは、義務を強制的に履行させるために行政上の強制執行がなされる。そして義務違反に対しては行政罰が科せられることになる。行政上の強制執行は国民が本来持っている自由を回復させるものである。

2　法律行為的行政行為

(1)　命令的行為

命令的行為とは、私人の自由を制限し、その制限を解除する行為をいう。

《図表 8-4　命令的行為相互の関係》

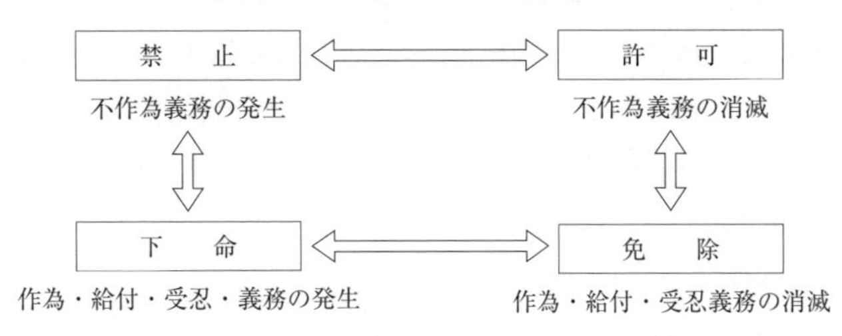

命令的行為は、さらに下命、禁止、許可、免除に分類することができる（図表 8-4）。

まず、下命とは、私人に対し、作為（～せよ）、不作為（～するな）、給付（～を与えよ）、受忍（～を我慢せよ）を命ずる行為である。これにより、相手に一定の作為義務を課すことになる。租税の賦課、違法建築物の除却命令などがその例である。

禁止とは、私人に対して一定の不作為義務を課す行為であり、営業活動の停止、道路の通行止め等がその例である。下命も、禁止も私人がこれに従わないときは、命じた結果を強制的に実現する必要が出てくる。普通は、法律が定めた罰則の適用による処罰が中心となる。さらに場合によっては、実力をもって行政上の強制執行が行われることがある。

許可とは、私人に対し、行政庁による一般的禁止を特定の場合に解除する行為である。自動車運転の免許等がその例である。

免除とは、私人に対して特定の者の作為義務を、特定の場合に解除する行為である。納税の免除、就学義務の免除等がその例である。

(2)　形成的行為

形成的行為とは、法律関係を変動させる行為で、直接的、間接的に私人に対し、権利能力、行為能力等のような本来持っていない法的な力を設定、変更、消滅させる効果を持つ行為をいう。形成的行為は、さらに特許、認可、代理に分類することができる。

特許とは、特定の者に新たな権利を付与し、特定の排他的・独占的な権利を与えるなど、第三者に対抗する法律上の力を与えるものであり、設権処分

（行為）ともいう。鉱業権や漁業権の設定等がその例である。

これに対して、剥権処分（行為）とは、設権処分によって設定された権利または権利能力を消滅させる行為をいう。公務員の罷免等がその例である。この剥権とは私人から特定の権利を剥奪したり、法律関係を消滅させたりする行為である。

認可とは、行政庁が第三者の事業や契約などの法律行為を補充して、その効力つまり、法律効果を完成させる行為をいう。土地改良区の設立の認可、建築協定の認可等がその例である。認可は許可と異なり、それを受けずに行われた法律行為は、原則として無効となる。

代理とは、行政庁が他人に代わって行為した場合、他人が自らしたのと同様の法律効果を発生させる行為をいう。例えば、土地収用法における収用裁決は、当事者に代わり土地収用委員会によって売買契約があったと同様の効果を発生させる。

3　準法律行為的行政行為

準法律行為的行政行為は、確認、公証、通知、受理に分類することができる。確認とは、建築確認のように特定の事実、法律関係の存在を公に確定する行為であり、公証とは、戸籍への記載のように特定の事実、法律関係の存在を公に証明する行為であり、通知とは、納税の督促のように特定または不特定多数者に事実を知らせる行為であり、受理とは、建築確認申請の受理のように届出などの行為を有効なものとして受領する行為である。

第3節　行政行為と裁量

1　概　　要

法治主義あるいは法律による行政の原理によれば、すべての行政活動が法律に留保されるものであり、行政活動は法律に従い行わなければならないが、法令はあらゆる場面を想定して網羅的に規定することは不可能なので、例外として裁量行為がある。

法律により、どのような要件の下で行為するかについて一義的明確な定めがあり、行政庁がこの法律の定めを単純に執行する場合には、その行為は法律によって羈束（きそく）されている。その場合、行政庁には判断の余地が与えられていない。羈束行為とは、行為法規によって行政行為の要件および内容が厳格に拘束され、行政庁に裁量の自由がない行政行為をいう。裁量行為に対する概念である。

しかし、法律はすべての事態を予測して詳細に規定することはできず、抽象的な規定を定めておくのが一般的である。

伝統的解釈によれば、裁量は、自由裁量（あるいは便宜裁量）と法規裁量（あるいは羈束裁量）に分けられ、後者については司法審査が及ぶと考えられてきた。しかし、近時においては、区別は次第に重視されなくなり、行政事件訴訟法30条は、「行政庁の裁量処分については、裁量権の範囲をこえ又はその濫用があつた場合に限り、裁判所は、その処分を取り消すことができる」と規定しており、裁量の逸脱や濫用があれば、取り消すことができる。

2　自由裁量（便宜裁量）

自由裁量は、自由裁量処分ともいわれ、目的または公益に適する場合に認められる裁量である。要件該当性についての要件裁量と、いかなる行為をするかについての行為裁量に分けられる。厚生労働大臣による生活保護基準の決定（朝日訴訟）などが、その例である。自由裁量はさらに、要件裁量と効果裁量に分けられる。

要件裁量（判断裁量）とは、行政裁量のうち、要件判断について認めるものである。例えば、非行があったときに処分が行われるとされている場合、何が非行かを判断する基準を少年法は詳細に定めておらず、不確定概念を用いて要件判断に余地を与えている。法律要件に裁量があるため、文言や条文から判断することになる。

効果裁量（行為裁量・選択裁量）とは、一般に、行政裁量のうち、行為判断について認めるものであり、時の裁量（いつ処分を行うか）、手続の裁量（どのような手続をとるか）をこれに含める場合もある。どのような行為を選択するかについての余地を与えるものであり、行政行為の実行や内容認定における裁量である。処分をすることができる場合、数種の処分が定められ、処分を行うか否か、どのような処分を行うかを判断する。

3　法規裁量（羈束裁量）

法規裁量（羈束裁量）とは、法規の解釈適用に関する裁量であり、行政機関が自らの政策的・行政的判断に基づいて、判断または行為に関し選択の余地を与える場合、行政庁に裁量（権）が与えられている。

行政行為が法律により羈束されている場合は、取消訴訟や無効等確認訴訟などにより司法的コントロールに服することになる。

裁量が与えられている場合は、裁量の範囲内での過誤があるのかないのか、すなわち、当該行為の当・不当が問題となり、行政不服審査の対象となる。しかし、裁量の逸脱・濫用があるか否かは司法審査に服し、場合によっては、違法裁量として裁判所による取消しがある（行訴30条）。

4　裁量権の逸脱・裁量の濫用

裁量権の逸脱とは、法の定める裁量の範囲を超えて裁量が行使された場合、達成されるべき目的とそのために取られる手段としての権利・利益の制約との間に均衡を要求する原則である、比例原則に違反した場合をいう。

裁量の濫用とは、行政行為が裁量を定めた法規の趣旨・目的に適合していない場合をいうが、このような裁量の逸脱・濫用は、違法、不当であり、それゆえ、当該行政処分に対して不服申立てやその処分の取消しを求めることができる。

5　裁量の条理上の制約

行政活動は、法律による行政の原理に従う以外にも法の一般原理に従う必要がある。例えば、法の一般原則には、平等原則、比例原則、信義則、禁反言などがあるが、これらの原則は行政庁が裁量権を行使するに当たって守るべき原則である。

平等原則とは、行政は、ある一定の条件下では、誰に対しても同じように振る舞わなければならないということであり、比例原則とは、行政活動に際し国民に対して規制をする場合、その規制によって除去しようとする障害の程度に比例した必要最低限度のものでなければならず、目的を達成できる以上の過剰な規制をしてはならないということであり、信義則とは、信義誠実の原則ともいい、社会共同生活において、権利の行使や義務を履行する際は、互いに相手の信頼や期待を裏切らないように誠実に行わなければならないとする法理である。禁反言とは、禁反言の原則ともいい、人が自由意志に基づいて行った自分の行為に反した主張をすることができないことをいう。行政は、相手方の信頼を裏切るようなことをしてはならない。

法が行政庁に裁量権の行使を認めている場合でも、行政庁の恣意専断は許されず、これらの法の一般原則の制約に服さなければならない。

第4節　行政行為の附款

1　概　　要

例えば、道路交通法は、交通の安全を図るため、自動車の運転免許に身体の状態等に応じて必要な条件を付すことができると規定する（91条）。この条件のことを行政行為の附款という。この場合は行政庁である公安委員会による附款である。行政行為の附款は、行政行為の効果を制限するために、行政行為の本来の内容に付加した行政庁の意思表示であるといえる。

2　附款の種類

この附款には、条件、期限、負担がある。

条件とは、将来発生することが不確実な事実に基づいて、行政行為の効力を発生・消滅させる附款であり、この条件は、さらに、停止条件と解除条件に分類できる。停止条件とは、道路工事が開始された日から通行を禁止するように、条件の成就によって法律効果が発生するものであり、解除条件とは、道路工事完成後は通行ができるように、条件の成就により発生していた法律効果が消滅するものである。条件と類似した意思表示に、後述する負担があるが、負担との相違は、負担も相手方に義務を課すが、条件は、義務の履行が行政行為の効力が発生する条件である点で異なる。

期限とは、行政行為の効力の発生・消滅を、将来発生することが確実な事実に掛からしめる附款である。期限には、始期と終期の区別がある。何月何日より河川占用許可をするという始期と、何月何日まで許可するという終期である。

負担は、特別の義務を課すもので、上述の条件は相手方に義務の付加を内容とするものではないが、負担は必ず義務の付加を内容とする。行政法規に規定される義務以外の作為・不作為義務を課す附款である。負担の例としては、道路の占用許可に当たっての占用料の納付、運転免許に当たっての運転者に対する眼鏡使用の義務付けなどである。条件との相違点は、負担の履行が行政行為の法効果発生の条件ではない点である。負担は条件の場合と異なり、負担にかかる義務を履行しない場合でも、本件たる行政行為の効果には何ら影響しない（法効果は発生する）。また、所定の期限まで負担を履行しなくても行政行為の効力は失われない。なお、負担は法令用語ではなく、条件と称する場合が多い。

3　附款の限界

附款は、それを付すことを明示した法律の規定がある場合（農地法３条３項）、および行政行為の内容について裁量が認められている場合に付することができる。

附款は行政庁の裁量行為の一種といえる。一般に、準法律的行政行為には附款を付すことができない。裁量権の一般的限界（法律の目的、比例原則、平等原則に適合すること）がある。

《コラム》行政裁量について

行政裁量は、理解が難しい項目であるが、行政裁量こそが行政法の真髄であるといわれる。ところで、裁量という言葉の意味は、『ハイブリッド新辞林』（三省堂、1998年）によれば、「自分の判断で処理すること」である。また、『法律学小辞典〔第4版補訂版〕』は、「‘行政行為’は、法律に基づき、法律に従って行われる。しかし、行政行為を拘束する法律の定めの仕方は一様ではなく、要求の内容が一義的な場合もあれば、緩やかな場合もある。学問上、前者を羈束行為（処分）、後者を裁量行為（処分）と呼ぶことがある。また、立法機関・司法機関の行為裁量との関係で、行政裁量と呼ぶことがある」。

例えば、風営法26条は、公安委員会は、業者等が法令を違反をし、その際善良の風俗を害するおそれがあるときは、営業の許可を取り消す権限を持つ。ところが、営業の許可の取消がなされる場合、いかなる場合が善良の風俗を害するおそれがあるときに当たるかは、法文上、一義的に定まっているわけではない。そこに、法を適用する行政庁や裁判所の裁量の余地があるのである。

第9章

行政行為
―その2―

第1節　行政行為の効力

1　概　　要

有効に成立した行政行為は、特殊な効力を持つ。すなわち行政行為が、外部に表示されて相手方に告知または公示されると、その内容に応じて、法律効果を受ける相手方および行政庁自らを拘束する力（拘束力）を有する。それ以外にも、公定力、執行力、不可争力、不可変更力がある（図表9-1）。

2　公　定　力

正当な権限を有する裁判所または行政庁によってその効力が失わせられるまでは、その行政行為は、違法であると否とにかかわらず、無効である場合を除き、一応有効なものとして相手方および第三者を拘束する力すなわち公定力（＝有効性の推定）を有する。

公定力を認めた法令上の規定はないが、行政庁に対して事実の認定および

《図表9-1　行政行為の諸効力》

効　力	関連する制度等
拘束力	
公定力	取消訴訟
不可争力	不服申立て期間・出訴期間
不可変更力	不服申立て
執行力	行政上の強制執行

法令適用の第一次的認定判断権を与えていること、また、違法な行政行為の効力を否許するには、一定の争訟手続によることなどにより、実定法上、行政行為には無効の場合を除き、公定力が認められていることがうかがえる。

3　不可争力（形式的確定力）

そこで、相手方は、これを防ぐために不服申立てや（取消）訴訟を提起することになるが、それには一定の期限があり、法定の期間内（行審14条、行訴14条）を過ぎてしまうと、処分庁が誤りを認めて職権で取り消してくれない限り争うことはできない。これを不可争力という。その結果、国民は違法な行政行為による拘束をもはや免れることはできなくなる。

4　不可変更力（実質的確定力）

行政行為は、原則として行政庁の職権により取消し、変更が可能であるとされているが、例外的に、不可変更力は、行政行為に一事不再理の原則を認めるものである。

一度確定した行政行為は、例えば、異議申立てに対する決定のようにその内容についてそれを最終とし、行政庁は職権に基づいて取り消し、変更することが許されない。

なお、これらの効力は、すべての行政行為に一律に付随するものではないことに留意する必要がある。このような特色は、法律の執行としての行政行為のみに認められるもので、その他の行政活動には認められていない。その意味で、その他の行政活動の中から、行政行為を区別する実益があるといえる。

5　（自力）執行力

例えば、税金の滞納処分において、相手方がその処分が違法または不当だと考えても、それを放置しておけば、行政庁は効力を実効のものとするために、相手方が義務を履行しない場合に、国税徴収法に定められた行政上の強制執行によって、自力で処分の内容を実現する力を有する。これを（自力）

執行力という。

第2節　行政行為の瑕疵（かし）

1　瑕疵ある行政行為

行政行為が有効に成立するためには、当概行為が、法律の定める要件を充足することが必要であるが、そのような要件を欠く行為が、瑕疵ある行政行為である。

しかし、行政行為には公定力が認められるため、瑕疵があっても一応有効なものとして拘束力を有するとされるため、要件の欠如がただちに行政行為の無効を導くということにはならない。

行政行為が、法律の要件を充足しない場合2つの類型がある。

①　不当の瑕疵　　これは公益要件（法によって与えられた行為の中から、行政目的に最も適合する行為を選択することを内容とするもの）を欠く場合である。例えば、土地の収用処分に当たり事業の認定がなされる場合（収用16条）、認定権者がその裁量の範囲内で判断を誤るときなどである。

②　違法の瑕疵　　これは、適法要件（法の定める行政権限の行使規準）を欠く場合である。例えば、所得のない者に所得税の賦課処分がなされるときなどである。

※行政行為は、「法律による行政の原理」により、公益適合性と適法性に合致することが必要である。

2　取り消しうべき（取り消すことのできる）行政行為と無効な行政行為

瑕疵ある行政行為には、瑕疵の程度により、公定力が働くために、争訟手続により取消しの対象となる。つまり、取り消しうべき（取り消すことのできる）行政行為となる。

取り消しうべき行政行為は、違法ではあるが、有効なものとして存続し、権限ある行政庁、または裁判所によって取り消されて、はじめてその効力を失う行為である。

しかし、瑕疵の程度がはなはだしい行政行為に対しては、もはや公定力が働かず、いかなる法律効果も生ぜず、無効の行為もあるのではないか、あるいは、相手方は自分の判断でこれを無視できるのではないかと考えられる。

このように、瑕疵が重大で疑う余地のないほど明白であるときは、瑕疵を無効原因として扱い、その内容に基づいた権利・義務を発生させないことも可能である。これが無効な行政行為であり、公定力、不可争力などの効力が初めから生じないとする。

行政事件訴訟法においても処分の取消しの訴えと、無効確認の訴えという訴訟類型を規定しており、両者の区別を認めている（行訴3条2項・4項）。

3　無効原因の具体例

無効原因には、①主体に関する瑕疵、②内容に関する瑕疵、③形式に関する瑕疵、④手続に関する瑕疵がある（図表9-2参照）。

4　無効と取消しの区別の基準

現実には、無効な行政行為は行政庁がその無効を認めない限り事実上の拘束力を有するため、訴訟を提起してその無効を主張し無効の確認を求めるほかはない。つまり、実際上両者は大きな違いがないことになる。

しかし、その区別の実益がないのではなく、取り消しうべき行政行為は、

《図表9-2　行政行為の取消原因と無効原因》

類　型	取消原因	無効原因
主体に関する瑕疵	詐欺・脅迫または賄賂に基づく行為 錯誤に基づく行為	無権限・権限外の行為 正当に組織されない合議体の行為 他者の協力・同意を欠く行為 意思に欠陥ある行為
内容に関する瑕疵	公序良俗に反する行為	内容の不能な行為 内容の不明確な行為
手続に関する瑕疵	諮問を欠く行為	公告・通知を欠く行為、立会い・協議を欠く行為、聴聞を欠く行為
形式に関する瑕疵	記載事項の不備、理由の不備、日付の記載を欠く不備	口頭でなした行為、署名・捺印を欠く行為、理由付記を欠く行為

出訴期間の制限があり、多くの場合は、審査請求前置（行訴8条1項但書）を必要とする取消訴訟によらなければならない。

それに対して、無効な行政行為は、審査請求を経ることなく、出訴期間経過後も、無効確認等訴訟（同3条4項）を提起して、無効の確認を求めたり、公法上の当事者訴訟（同4条）、または民事訴訟を提起して、その前提問題として、無効を主張したりすることができる。

なお、無効の判断基準としては、「重大かつ明白説」（その瑕疵が重大かつ明白である場合にのみ無効となる）、「重大説」（行政行為に重大な瑕疵がある場合に無効となる）、「両者の折衷説」（明白性の要件について、行政内容に応じて、無効の基準を考えようとするもので、処分の相手方および第三者の権利救済の観点から、有力になっている）がある。

最高裁も「行政処分はそれが当該国家機関の権限に属する処分としての外観的形式を具有する限り、仮にその処分に違法の点があったとしても、その違法が重大且つ明白である場合の外は、法律上当然無効となすべきではない」と判示するように（最大判昭31.7.18民集10.7.890）、行政行為の無効については、重大かつ明白説が支配的である（最1小判昭48.4.26民集27.3.629。行政判例百選〔第7版〕I-86）。

第3節　行政行為の取消しと撤回

1　取消し

瑕疵ある行政行為であっても、公定力があるため、処分の相手方および第三者を拘束することになるが、それはあくまで行政が担う公益性を確保するために暫定的に効力を認める制度であるから、不当あるいは違法であることが行為者に判明し、または利害関係人の申し出に基づき一定の手続により証明されれば、その効力は否定されることになる。これが行政行為の取消しである。瑕疵が判明したときの取消しには、2つの方法がある。

まず、職権による取消しであるが、これは、処分庁が瑕疵を発見し自らの判断で行政行為を取り消す場合である。ここでの瑕疵は、違法の瑕疵と不当の瑕疵である。しかし、取消し自由の原則としつつも、その行政行為に基づく相手方や第三者の権利利益も保護されねばならず、一般的には、授益的行政行為の職権による取消しは制限される場合がある。

不服申立てまたは裁判所による取消しは、処分の相手方等により提起されるものであり、取消しの権限を有する国家機関により取り消される場合で、不服申立て、または裁判所（抗告訴訟）による方法がある。この場合、不可争力による制限がある。取消しによりはじめに遡ってその効力が消滅する。

なお、争訟による取消しの場合、例外的に行政事件訴訟法31条1項、行政不服審査法40条6項の事情判決、事情裁決がある。

2 撤　　回

行政行為の撤回は、いったん有効に成立した行政行為をその後に生じた新たな事情の変化によって効力を失わせるもので、その効果は将来に向かって生ずる。法令上は、撤回の意味で取消しと呼んでいる。例えば、道路交通法103条1項の運転免許の取消し、がある。

取消しは行政行為の時点での違法原因に基づくのに対して、撤回は、いったん適法・有効に発生した行政行為の効力を、後発的事情を理由として、消滅させるものであることなどの点で、両者は区別される。

《コラム》許認可権と公務員―賄賂について―

国や地方自治体という行政機関に勤めている人は公務員と呼ばれるが、役人という呼称も一般的である。役人とその持つ権力と金がからむ問題は、昔から多い。役人の綱紀粛正のため、古来より様々な倫理規定や罰則規定が設けられてきた。604年に聖徳太子の定めたといわれる十七条の憲法もそのひとつであろう。

また、江戸時代中期から幕末まで、ほぼ毎年刊行されていた川柳の句集である誹風柳多留（はいふうやなぎだる）に、「役人の子はにぎにぎを良く覚え」という句がある。「にぎにぎ」とは賄賂のことであるが、昔から役人と賄賂は切っても切れないものだ。

行政は、許認可権を持ち、それゆえ、担当者である役人はその権限を握る。そこに、賄賂がからむ余地がある。

公務員が関係する不正事件が多発した時期、1999（平成11）年には国家公務員倫理法が制定され、綱紀引き締めが行われ、地方自治体においてもその多くが職員倫理条例を定めている。

賄賂とは、公務員に公権力の行使に関して何らかの便宜をはかってもらうために、金品などを提供する行為であるが、これは、刑法に定める犯罪行為である。収賄罪は、賄賂による職権濫用・法律違反に関する犯罪規定である。公務員が、その職務に関して賄賂を収受し、またはその要求もしくは約束をしたときは、5年以下の懲役に処され（刑197条1項前段、単純収賄罪）、この場合において、請託を受けたときは、7年以下の懲役に処される（同197条1項後段、受託収賄罪）。他にも、事前収賄罪（同197条2項）、第三者供賄罪（同197条の2）、加重収賄罪（同197条の3第1項・2項）、事後収賄罪（同197条の3第3項）、斡旋収賄罪（同197条の4）などの罪に問われる場合もある。

第10章

行政上の強制執行
―行政上の義務履行確保制度―

第1節　行政上の強制執行の概要

行政上の強制執行とは、義務者が行政上の義務を履行しないときに、権利者である行政主体が、自らの手で将来に向かって、実力をもってその義務を履行させ、またはその履行があったと同様の状態を実現させる作用をいう。

私法上の義務の強制は、私人自らが行うことができず、裁判所（司法権）の作用として行われるのに対し、行政上の義務の強制は、行政主体が裁判所（司法権）に頼らず自らが行うことができる。

行政上の強制執行は、義務の履行を強制するために、通常、国民の身体または財産に対し新たな侵害を加えることを内容とするものであることから、常に法律の定める要件に従い、その厳重な制約の下に行わなければならない。このようなことから、行政上の強制執行について、一般的な根拠法として行政代執行法および国税徴収法があるほか、土地収用法102条の2などのように、それぞれの行政法規の中に具体的に規定されている。

第2節　行政上の強制執行

1　概　　要

義務の不履行の状態を放置しておいたのでは、いわゆる公益を実現できないことになる。そのため、行政上の強制執行が行われる。

これにより、私人に行政行為などにより行政法上の義務が課せられていて

《図表 10-1　行政上の強制執行の種類》

種　類	強制に適した義務	根　拠　法
代執行	代替的作為義務	行政代執行法
※強制徴収	〃	国税徴収法
直接強制	代替的・非代替的、作為・不作為義務のいずれも可	出難法、感染症予防法などに若干の例がある
執行罰	非代替的作為義務、不作為義務	砂防法 36 条が唯一の規定
行政罰（行政刑罰、秩序罰）	非代替的作為義務、作為・不作為義務のいずれも可	地方自治法等

それを果たさない場合、行政目的を実現するために、行政上の義務を履行しない者に対して、行政庁自らの力によって義務の履行があったと同一の状態を実現する。常に義務の不履行を前提とする点で、即時強制と区別される。

2 代 執 行

代執行は、義務者が義務を自発的に履行しない場合、その代替的作為義務を行政庁自ら（または第三者）が代わって行い、その費用を義務者からあとで徴収する強制執行の手段である（代執2条）。同法2条は「他人が代つてなすことのできる行為に限る」と規定するため、不作為義務を命ずる場合（例えば営業停止命令など）や、作為義務の中でも他人が代わることができないものを命じる場合（入所命令等）は、代執行は行うことができない。代執行の流れは、以下の通りである。まず、代替的作為義務の存在があり、それに対する行政指導が行われる。その後、戒告（同3条1項）、代執行令書による通知（同条2項）の後に代執行が行われ、当該代執行に係る費用の徴収を行う（同5条・6条）。なお、費用の徴収は、納付命令書を発した後、国税滞納処分の例により行われる。

これを具体的な例に即して見ると、以下の通りである。例えば、行政調査により建築基準法に違反し、除去する違反建築物を発見した場合、行政庁は、行政指導（除去の勧告）を行う。指導に従えば問題ないが、仮に従わない場合、行政庁は、当該違法建築物の設置者に対して除去命令を発することができる。

この命令によっても相手方が除去しない場合、行政庁が相手方に代わって除去する。その後行政庁はそれに要した費用を相手方から強制的に徴収することになる。

強制徴収とは、国または地方公共団体の金銭債権を、自力で強制的に徴収する手段である。滞納処分などでは国税徴収法が実質的には基本法としての役割を果たしている。行政代執行法1条でいう「別に法律で定めるもの」の代表である。国税通則法40条は税務署長に滞納処分という手続で強制徴収することを認めている。そして国税徴収法により要件、手続が定められている。督促、財産の差押、財産の換価（原則として公売）、換価代金等の配当の4段階に分かれる。

3　直接強制

代執行と同様、実力を行使して、義務の履行があったと同様の状態を強制的に作り出す手段であるが、代執行が代替的作為義務の履行を確保する手段であるのに対して、非代替的義務の履行を強制する強制執行の手段（執行対象となるのは義務者の身体または財産）である。

現行法上は、新東京国際空港の安全確保に関する緊急措置法3条8項などわずかな例があるが、法律が少ないのは、相手方の意思に反し実力をもって義務履行の強制を図るためである。義務の不履行を前提として実力が加えられる点に特色がある。

4　執　行　罰

執行罰は、一定の過料を課すことを予告し、その威嚇作用により、間接的に義務の履行を強制する手段である。示された期限を経過しても義務が履行されない場合は、義務者から強制的に過料を徴収するというものである。制裁による圧力を用いる点で、義務不履行を理由に処罰を科す行政罰と共通するが、直接に実力を行使するその他の行政強制の手段とは異なる。また、過去の義務違反に対する行政罰と異なり、将来に向かって義務の履行を強制するため、行政庁は、義務の履行があるまで反復して課することが可能である。

現行制度では、砂防法（36条～38条）に唯一の例があるが、実務上運用されておらず、過料の金額も500円以内と低い（36条「私人ニ於テ此ノ法律若ハ此ノ法律ニ基キテ発スル命令ニ依ル義務ヲ怠ルトキハ国土交通大臣若ハ都道府県知事ハ一定ノ期限ヲ示シ若シ期限内ニ履行セサルトキ若ハ之ヲ履行スルモ不充分ナルトキハ500円以内ニ於テ指定シタル過料ニ処スルコトヲ予告シテ其ノ履行ヲ命スルコトヲ得」）。

第3節　行政上の即時強制

行政上の強制執行の制度が、行政上の義務の存在を前提にしてその義務の履行を強制する手段であるのに対して、即時強制は、行政目的を実現しようとする際に緊急にやむをえず目前に差し迫った危険に対処する場合、あるいは義務を課すだけでは事柄の性質上その目的を達成することができない場合に、行政が直ちに国民の身体や財産に実力行使をする。

直接強制との相違は、法令や行政行為等により、まず私人に義務を課しその自発的な履行を待つというように、先行する特定の義務の強制のために行われるのではないという点である（図表10-2）。

行政上の即時強制は、その行為の性質上、法律による明確な根拠を必要とする。行政上の強制執行には、以下のような種類がある。

例えば、警察官職務執行法上の手段としては、質問（警職2条）、保護（同3条）、避難等の措置（同4条）、犯罪の予防、制止（同5条）、立入（同6条）、武器の使用（同7条）が定められ、これら即時強制の要件が示されている。

身体に対する即時強制としては、例えば、精神障害者に対する強制検診・強制入院（精神27条・29条）、不法滞在者に対する強制収容・退去（出難39条・

《図表10-2　行政上の強制執行と即時強制》

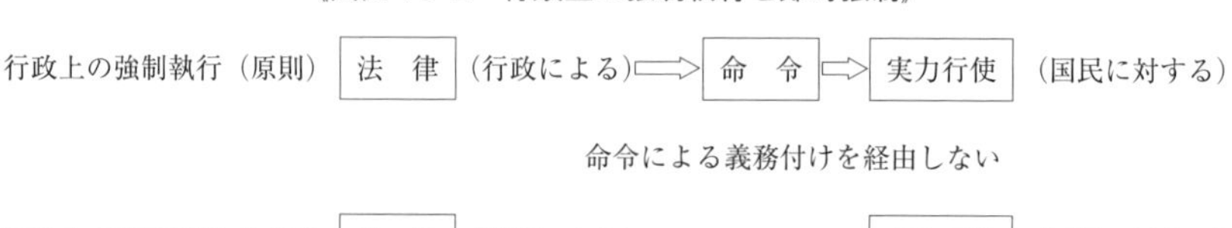

52条）などがある。

家宅に対する即時強制としては、例えば、家宅、営業所等への立入・検査等を規定した、消防法4条・34条、風営法37条、食品衛生法17条などがある。

財産に対する即時強制としては、例えば、火災の際の土地の使用、処分、使用制限（消防29条）、狂犬の撲殺（狂犬9条）など。

第4節　行　政　罰

1　行政刑罰

法律により許されている強制執行の手段がない場合でも、様々な間接的な手段により強制執行したのと同じような効果を持つものがある。

行政罰は、行政法によって課せられた義務の違反に対する制裁として行われる処罰である。裁判所が、行政上の義務違反者に対する制裁として、刑罰または過料を科すものをいう。行政罰は、行政刑罰と（行政上の）秩序罰に分類される。

行政刑罰とは、刑法（9条・11条～19条）に刑名（刑罰の名称。死刑・懲役・禁錮・拘留・罰金・科料など）のある罰則を科すもので、刑罰の一種であるから刑法総則が適用され、刑事訴訟法の定める手続による裁判で科せられる。行政刑罰は、本来法律違反の行為に対する制裁を目的として行われる処罰であり、それ自体直接に行政上の強制手段としての性質を持つものではない。

2　（行政上の）秩序罰

（行政上の）秩序罰とは、刑法に刑名の定めのない金銭罰を科すもので、届出義務違反などの軽い義務違反に対して用いられる。例えば、地方自治法の定める過料（自治15条2項・149条3号・231条の3第3項など）は、公共団体の長が科し、国税滞納処分の例により強制徴収ができる。

《コラム》歩きたばこ条例と過料

歩きたばこ条例、あるいは路上喫煙禁止条例とは、路上での喫煙を規制する条文や歩行中の喫煙を規制する条文が含まれた条例の総称である。

東京都千代田区が 2002（平成 14）年に、安全で快適な千代田区の生活環境の整備に関する条例を制定した。この条例では過料として 2000 円（条例による上限は 2 万円）を徴収している。

この条例を嚆矢として、多くの自治体が同様な条例を制定するようになった。しかし、その内容は多様であり、罰金や過料がないものや、単なる努力義務にとどまるものもある。あるいは、吸いがらや空き缶の散乱を防止する環境条例と関連付けて制定する自治体も多い。

東京都目黒区の、目黒区ポイ捨てなどのないまちをみんなでつくる条例は、罰金刑を明示している条例の例であり、路上喫煙禁止区域内では公設の指定喫煙場所以外での喫煙を禁止し、違反者には是正勧告の後、行政命令発布を経て 3 万円以下の罰金刑に処すとしている。

前述の東京都千代田区の条例は、過料徴収を明記している条例であり、過料 2000 円を当面の間徴収し、定期的な巡回を行っている。

東京都中央区の、中央区歩きたばことポイ捨てをなくす条例は、努力義務または禁止かつ過料罰則のない条例の例であり、区内の公共の場所での歩きたばこ・ポイ捨てを禁止するとともに、駅の出入り口等の混雑する場所または吸殻入れのない場所での喫煙を禁止している。

第11章
行政救済法の体系

第1節　行政救済制度の整備

現代行政法は、行政の適法性を維持し、国民・住民の権利・自由を守護するために、行政の法の遵守の原則や行政の事前手続の整備を通して、違法な行政活動を予防している。そして、違法な行政が行われたときには、不服申立てや抗告訴訟のような行政争訟制度によって違法状態を排除している。行政法の中心的課題は、この行政の事前予防と事後矯正におかれるといえよう。

しかし、いったん違法な行政が行われると、その違法な状態を排除できない場合や、排除しても損害が回復できない場合もある。その場合には、損害は、主として金銭で補塡することになる。ここに、賠償制度の必要性が生じる。

ところで、財産的負担という側面での損害は、国・公共団体の適法な行政活動によっても国民・住民に課せられることはある。従来の行政法では、これを損失補償制度として、賠償制度とは区分し、両者を「国家補償」として、共通の枠の中で論じられてきた（図表11-1）。ただ、賠償制度は、違法な行政の抑制、排除という自由主義的な発想から出ているものであるのに対し、損失補償制度は、公平負担という共和主義的な発想から出ているものである。この発想の違いを重視して、2つの制度を別異のカテゴリーに属するものとして論ずるものもある。

財産的負担を課せられる国民・住民の側からすれば、原因行為が適法か違法かは重要ではなく、むしろ損害（損失）の補塡が円滑に実施されることが

《図表 11-1　行政上の権利侵害と救済方法》

<table>
<tr><th>権利侵害の態様</th><th colspan="2">権利救済の方法</th></tr>
<tr><td>適法な行政作用</td><td colspan="2">損失補償</td></tr>
<tr><td rowspan="4">違法ないし不当な行政作用</td><td rowspan="2">過去に発生した損害の補塡</td><td>国家賠償法に基づく救済</td></tr>
<tr><td>民法の不法行為法に基づく救済</td></tr>
<tr><td rowspan="2">現に存在する違法状態の排除</td><td>行政不服申立てに基づく救済</td></tr>
<tr><td>抗告訴訟に基づく救済</td></tr>
</table>

重要である。また、行政の公役務性を考慮すれば、その提供の瑕疵結果についても、いわばその延長として補塡することには共通性があると観念することもできる。また、現代の行政は、総合的な判断から実施されるものも多く、どこまでが適法で、どこからが違法になるかが明確でないものも多い。さらに違法な結果は生じていても、その違法状態が誰の過失によって生じたのか明確でなく、また過失そのものの認定が困難な場合もある。そのような場合には、2つの制度をいったんは峻別し、救済の射程の可能性を相互のアプローチから導き出していくことも有用な手法と思われる。したがって、本書では、国家補償制度の括りの中に入れ、両制度を分説する。

第2節　各救済制度間の関係

国家補償の2制度（国家賠償と損失補償）と行政争訟の2制度（不服申立てと行政訴訟）の4制度は、それぞれ救済の役割に特色がある。そして、その役割に応じてそれぞれ独立して活用されるのが原則である。しかし、相互に関係することも少なくない。そのような相互関係から生じる問題を整理しておくことも行政法の課題であり、そのことを知ることはそれぞれの救済制度の特色をより深く理解することにもなる。詳しくは各制度の当該個所を参照して欲しいが、ここでは問題点のみを掲げておく。

1　国家賠償と損失補償

国家賠償は故意・過失に基づく違法行為が要件であり、損失補償は適法行為が要件である。したがって、違法ではあるが過失のない行為から被害が発生した場合、国家賠償も損失補償も適用されない。この「補償の谷間」を埋める理論ないし制度の必要性が問題となる。

2　不服申立てと行政訴訟

ある行政処分の効力を争う場合、両制度は単独・独立に行使することができるのが原則である。ただし、多くの法律が不服申立てに対する判断を経てから行政訴訟は提起できるという「前置主義」を採用している。また、不服申立ての判断（裁決）のみを訴訟の対象としなければならない規定もある。このような制度においても原告の「裁判を受ける権利」を軽んずることのないような運用が必要となる。

3　損失補償と不服申立て・行政訴訟

これらの関係については、土地収用に伴う損失補償の例が典型的である。この場合、補償額に不服のある当事者が収用委員会等に裁決を求め、その裁決に不服のある場合は、起業者と被収容者とが原告ないし被告になり直接補償額を争う訴訟（形式的当事者訴訟）を起こすことになる。

4　国家賠償と行政訴訟

違法な「公権力の行使」に対する救済制度として、そこから生じる損害を補塡する国家賠償訴訟とその効力の修正を求める行政訴訟（特に抗告訴訟）とが用意されている。一般に、違法な行為から生じる法的問題は、第一に、その行為の効力の帰趨すなわち有効か無効か取り消しうべきかが問題とされる。行政訴訟のうち抗告訴訟はこの効力が直接対象とされる。第二に、違法行為から生じた損害の補塡が問題とされる。不法行為に基づく損害賠償請求訴訟が対象とする。第三に、違法行為に対する処罰が問題となる。行政行為に違法性がある場合、当該行為によって課された義務違反に対する処罰の刑事訴訟において無罪を主張することができ、その意味でこの刑事訴訟も救済制度の一つといえる。

《コラム》取消訴訟が国家賠償請求訴訟に与える影響

第一に、公権力の行使たる行政処分に違法な瑕疵があり、それによって損害が生じた場合、この違法性を主張して国家賠償訴訟を提起するとき、あらかじめ抗告訴訟の判決（取消判決または無効確認判決）を得なければならないかの問題である。この問題は、行政処分の公権力性の要素である「公定力」の存在、あるいは公権力の行使に対して通常の民事訴訟は提起できないという訴訟上の政策（取消訴訟の排他的管轄）などを根拠として、積極的に考える学説もあるが、判例通説は消極的である。したがって、行政処分に対する抗告訴訟と無関係に国家賠償請求訴訟が提起できることを前提にすると、取消訴訟の出訴期間が経過したかどうか、不服申立て前置の手続をとったかどうかは問題とならない。

第二に、行政処分が取消訴訟によって違法であることが確定されて取消判決が下された場合、原告がそれに続き国家賠償請求訴訟を提起した場合、被告である行政主体が当該処分の適法性を主張できなくなるかの問題がある。この問題は、取消訴訟の「既判力」（前の訴訟の判決の判断が後の訴訟の主張を拘束する効力）が何について生じるかという難しい点があるが、取消訴訟で争われた当該行政処分の違法性自体に既判力が生じると考えると、この問題の場合、国家賠償請求訴訟においては被告は取消訴訟において確定した処分の違法性に反して、適法性の主張はできなくなる。

第12章

損失補償制度

第1節　損失補償の意義と根拠

1　損失補償の意義

適法な公権力の行使によって加えられた財産上の特別な犠牲（財産権の内在的制約を超えた制限）に対して、公平の見地から全体の負担においてこれを調節する制度が損失補償制度である。したがって、本制度の究極の理念は、公益と私益との調整にある。具体的には、行政が公益目的を遂行していく過程で、国民・住民の特定の財産を利用したり、その利用を制限する必要が生じた場合、その財産を強制的に取得したり、制限を命じることが認められる。前者を「公用収用」、後者を「公用制限」というが、この場合に財産上の損失を受けたものに対して全体の負担でその損失を補填することが公平の理念からして必要となる。すなわち、近代的な財産権の保障理念と現代的な公共役務の理念との調和を図る制度といってよい。

2　損失補償の根拠

明治憲法は、憲法自体に損失補償の規定を持たなかったこともあり、補償についてはもっぱら立法政策にすぎないとされた。日本国憲法は、「私有財産は、正当な補償の下に、これを公共のために用ひることができる」（29条3項）と規定する。この規定については、いわゆるプログラム規定にすぎず、補償はやはり立法政策にすぎないと解する見解もあったが、現在は、プログラム規定性は否定されている。すなわち、29条3項は、プログラム規定ではない、実体的権利性を承認する意義を有するとするのが通説である。

判例も、「憲法上の損失補償請求権は、実定上の権利である。したがって、補償が必要にもかかわらず、個々の法律に補償に関する明文規定がないときでも、憲法29条3項の規定を直接適用して、当然、補償を請求することができる」としている（最大判昭43.11.27民集22.12.1402。行政判例百選〔第7版〕Ⅱ-252）。この判例における損失補償に対する理解は次のようなものであった。つまり、①「河川附近地制限令4条2号の定める制限は、河川管理上支障のある事態の発生を事前に防止するため、単に所定の行為をしようとする場合には知事の許可を受けることが必要である旨を定めているにすぎず、この種の制限は、公共の福祉のためにする一般的な制限であり、原則的には、何人もこれを受忍すべきものである。このように、同令4条2号の定め自体としては、特定の人に対し、特別に財産上の犠牲を強いるものとはいえないから、右の程度の制限を課するには損失補償を要件とするものではない」、②「もっとも、……河川附近地制限令により、知事の許可を受けることなくしては砂利を採取することができなくなり、……事業が営み得なくなるために相当の損失を被る……その財産上の犠牲は、公共のために必要な制限によるものとはいえ、単に一般的に当然に受忍すべきものとされる制限の範囲をこえ、特別の犠牲を課したものとみる余地が全くないわけではなく、憲法29条3項の趣旨に照らし、……本件被告人の被った現実の損失については、その補償を請求することができるものと解する余地がある」、③「同令4条2号による制限について同条に損失補償に関する規定がないからといって、同条があらゆる場合について一切の損失補償を全く否定する趣旨とまでは解されず、……直接憲法29条3項を根拠にして、補償請求をする余地が全くないわけではないから、単に一般的な場合について、当然に受忍すべきものとされる制限を定めた……規定を直ちに違憲無効の規定と解すべきではない」というものである。

第2節　損失補償の要件

一般に、損失補償の請求は、財産上の損失があればいかなる場合にも無条件に認められるわけではなく、特定人に対する「偶発的で特別の犠牲」と見られる場合でなければならず、国民が一般的に等しく負担すべき財産上の制約は補償の対象とはならないとされる。具体的に補償が必要とされる場合を考える前に、この「特別の犠牲」の意味を考察しておく。

1　「特別の犠牲」の意義

一般な補償の要否基準は、以下のように考えられている。①平等原則に違反する個別的な負担で、特定人に対して一般的な負担を超えた特別の負担を課しているかの基準（形式的基準）、および、②財産権に加えられた制限が社会生活において一般に要求される受忍の限度を超えるほどに本質的な制約であるかの基準（実質的基準）に基づいて判断される。前掲の最高裁大法廷昭和43年11月27日判決も同趣旨の見解を示している。そこで、国民・住民が一般的に負担すべき財産権の制約は、財産権に内在する社会的制約であって、補償の対象とはならない、と考えられている。

以下の判例はこの理を支持している。最高裁第2小法廷昭和58年2月18日判決（民集37.1.59。行政判例百選〔第7版〕Ⅱ-247。地下道新設に伴う石油貯蔵タンク移転事件）は、「……警察法規が一定の危険物の保管場所等につき保安物件との間に一定の離隔距離を保持すべきことなどを内容とする技術上の基準を定めている場合において、道路工事の施行の結果、警察違反の状態を生じ、危険物保有者が右技術上の基準に適合するように工作物の移転等を余儀なくされ、これによって損失を被ったとしても、それは道路工事の施行によって、警察規制に基づく損失がたまたま現実化するに至ったものにすぎず、このような損失は、道路法70条1項の定める補償の対象には属しないものというべきである」として、損失補償の請求を退けている。

2　具体的な基準

損失補償の具体的な基準は、まず、「公用収用」の場合には、対象財産がきわめて微小なものである場合以外は、原則として補償を必要とする。ただし、対象財産が危険物等で、社会的価値を維持できないものである場合には、補償が不必要であるとされることもある。例えば、消防法が延焼のおそれのある対象物に対する処分について、補償を必要としていないのは、この例である。最高裁第3小法廷昭和47年5月30日判決（民集26.4.851。行政判例百選〔第7版〕Ⅱ-246）は、「火災の際の消防活動により損害を受けた者がその損失の補償を請求しうるためには、当該処分等が、火災が発生しようとし、もしくは発生し、または延焼のおそれがある消防対象物およびこれらのもののある土地以外の消防対象物および土地に対しなされたものであり、かつ、右処分等が消火もしくは延焼の防止または人命の救助のために緊急の必要があるときになされたものであることを要するものといわなければならない。……消防団長が右建物を破壊したことは消防法29条3項による適法な行為ではあるが、そのために損害を受けた原告らは右法条によりその損失の補償を請求することができるものといわなければならない」と判示している。

次に、「公用制限」の場合はあまり明確ではないが、現在の実定法の基準は、概ね、次のようなものとされる。すなわち、①その制限が財産権の本来の利用目的に沿って効用を高めるために課されている場合には、補償の必要はないとされる。この場合は、受忍限度の範囲内にあると考えられるからである。例えば、新たに農道が拡張されたことにより沿道の農地の一部利用制限が課せられたとしても、拡張された農道は周辺の農地の効用を高めるものであるから、補償は必要ないと考えるべきであろう。

これに対して、②その制限が財産権の本来の利用目的とは別個の、公益目的のために課されている場合には、補償が必要とされる。例えば、市街地の交通渋滞を避けるために郊外にバイパスが設置されたことにより沿道の農地の一部利用制限が課せられた場合には、農地の効用を高めることとは別個の目的のためのものであるから、補償は必要とされる。このような考え方を「目的疎外説」と呼んでいるが、現代においては、特に「土地は公共財」と認識され、国土の計画的利用が推進されていること、また、公用制限の場合には補償がほとんどなされていないことを考えると、この場合の補償規定の整理の必要性が訴えられている。

第3節　損失補償の内容と効果

1　「正当な補償」とは

日本国憲法は、先に述べたように公共の用に供するために国民・住民に財産上の特別な犠牲を強いた場合には、「正当な補償」を請求する権利を保障している。しかし、この正当な補償が何かについては規定されてはいないので、学説が対立している。損失補償については、相当補償説と完全補償説とが対立している。まず、相当補償説は、公正な算定に基づき算出した合理的な金額を補償すれば足り、必ずしも完全な補償でなくてもよいとする。また、完全補償説は、収用・制限される財産権の客観的価値の全額を補償すべきであると主張する。

2　最高裁の判例比較

初期においては、農地改革の事例で自作農創設特別措置法の農地の買収価格の算出に当たり、相当補償説に依拠していた。最高裁大法廷昭和28年12月23日判決（民集7.13.1523。行政判例百選〔第7版〕Ⅱ-248）は、「憲法29条3項にいうところの財産権を公共の用に供する場合の正当な補償とは、その当時の経済状態において成立することを考えられる価格に基き、合理的に算出された相当な額をいうのであつて、必しも常にかかる価格と完全に一致することを要するものでないと解するを相当とする。けだし財産権の内容は、公共の福祉に適合するように法律で定められるのを本質とするから（憲法29条2項）、公共の福祉を増進し又は維持するため必要ある場合は、財産権の使用収益又は処分の権利にある制限を受けることがあり、また財産権の価格についても特定の制限を受けることがあつて、その自由な取引による価格の成立を認められないこともあるからである」としている。

これに対して、1973（昭和48）年の判決では、土地収用法における損失の補償についてであり、かつ公益上必要な事業のために土地が収用される場合に限定されるが、完全補償説の立場をとっている。すなわち、最高裁第1小法廷昭和48年10月18日判決（民集27.9.1210。行政判例百選〔第7版〕Ⅱ-250）は、「土地収用法における損失の補償は、特定の公益上必要な事業のために土地が収用される場合、その収用によって当該土地の所有者等が被る特別な犠牲の回復をはかることを目的とするものであるから、完全な補償、すなわち、収用の前後を通して被収用者の財産価値を等しくならしめるような補償をなすべきであり、金銭をもって補償する場合には、被収用者が近傍において被収用地と同等の代替地等を取得することをうるに足りる金額の補償を要するものというべく、土地収用法72条（昭和42年法律第74号による改正前のもの。以下同じ）は右のような趣旨を明らかにした規定と解すべきである。……右の理は、土地が都市計画事業のために収用される場合であっても、何ら、異なるものではなく、……法72条によって補償すべき相当な価格とは、被収用地が、右のような建築制限を受けていないとすれば、裁決時において有するであろうと認められる価格をいうと解すべきである」とする。

3　補償金額の具体的な算定

補償金額の具体的な算定方式については、1962（昭和37）年6月の閣議決定である「公共用地の取得に伴う損失補償基準要項」がある（最新改正、令和元年12月20日）。それによると、特に公用収用に関しては、収用される財産権の価値に見合った金額の補償である「権利補償」については、権利の価格に見合った額が過不足なく支払われるのが原則である。また、権利補償だけでは不十分であり、移転料、営業上の損失など収用によって権利者が通常受けるであろう付随的な損失についても補償が行われる。この付随的損失を「通損補償」という。さらに、収用によって残地の価格が減少したり、修復工事が必要になったりする場合は、「残地補償」や「みぞ・かき補償＝工事費用補償」が支払われる。

公用制限の場合は、ほとんど補償されないこともあり、補償の対象や算定基準については明確な定めも定説もない状態である。最高裁は、前掲最高裁昭和48年10月18日判決においての判示では、事業の制限を受けていなければ有したであろう価格を補償すべきであるとしているが、公用制限の補償を財産価値減少に対する補償と考えていると推測できる。

4　処分の撤回と補償

許可等の授益的処分の撤回と損失補償をどのように調整するかが問題とされることがある。実定法に補償規定があればもちろんそれによるが、規定のない場合の扱いについては、結局は憲法29条3項の趣旨に照らして解釈するしかないであろう。最高裁は、地方自治法238条の4第6項による行政財産の目的外使用許可の取消しの事例において、国有財産法の類似規定を類推適用して損失補償を認めるべきであるとしている（最3小判昭49.2.5民集28.1.1。行政判例百選〔第7版〕Ⅰ-90）。ただ、その場合どのような補償がなされるべきかは問題がある。高裁判例の中には、公用収用の場合に準じて、占用権の価値を補償すべきであるとして、周辺の借地権の価格と比較して、更地の価格の60%と査定してその補償を命じたものがあるが、目的外使用許可を受けた者の地位は借地借家法が適用される物件のような経済的価値があるわけではないとして反対する意見もある。

上記判決で最高裁は、目的外使用許可の使用権は、「その行政財産の本来の用途または目的の必要が生じたときは、その時点において原則として消滅すべきものであり、また権利自体に右のような制約が内在しているものとして付与されているものとみるのが相当である」としているので、使用権そのものに対する補償は不要としている。そして、その行政財産の使用許可を受けるに当たり支払った対価が償却されていない場合や使用許可に際して使用権について特段の定めがある場合など、使用権の保有に実質的理由があると認められる特別な事情が存在するときには、例外として補償が認められるとしている。具体的には、明け渡し物件の収去費、代替地の調査費、改良費、営業損失等が「通常損失」として補償の対象となりうる。

5　損失補償の方法

損失補償を行う場合は、金銭補償の原則を採る。つまり、原則として、「金銭補償」の方法によるが、例外的に現物（代替地等）の補償も認められる。

補償金の支払方法に関しては、①個別払いか一括払いかの問題がある。つまり、数人の被侵害者に対して個別的に支払うか、そのうちの一人に対して一括して支払うかの区別であるが、個別払いが原則である。

②補償は、前払いか後払いかの問題がある。つまり、補償金の支払いを前提に財産権を取得するか、財産権を取得してから補償金を支払うかの区別である。前払いが原則とされるが、事業の実施に支障を来すような場合には、例外的に後払いによることもありうる。なお、判例は、財産権の収用と補償金の支払いとが同時履行の関係にあることは必ずしも憲法上の要請ではない、としている（最大判昭24.7.13刑集3.8.1286。行政判例百選〔第7版〕Ⅱ-249）。

③補償は、全額払いか分割払いかの問題がある。つまり、補償金の全額を一時に支払うか、何回かに分割して支払うかの区別である。全額払いが原則である。

6　条例による財産制限と補償の要否

県の条例による財産権の制約について、当然受忍しなければならないとされ、損失補償が不要とされた事例がある。最高裁大法廷昭和38年6月26日判決（刑集17.5.521。行政判例百選〔第7版〕Ⅱ-251。ため池条例事件）においては、「本条例は、本件に関する限り、地方自治法2条3項1号の事務に関するものであり、また、ため池の破損、決かい等による災害の防止を目的としているから、同法2条2項8号の事務に関するものである。……〔本条例の4条；筆者注〕2号は、ため池の堤とうの使用に関し制限を加えているから、ため池の堤とうを使用する財産上の権利を有する者に対しては、その使用を殆んど全面的に禁止することとなり、同条項は、結局右財産上の権利に著しい制限を加えるものであるといわなければならない」。しかし「結局それ〔財産上の権利の著しい制限；筆者注〕は、災害を防止し公共の福祉を保持する上に社会生活上已むを得ないものであり、そのような制約は、ため池の堤とうを使用し得る財産権を有する者が当然受忍しなければならない責務というべきものであつて、憲法29条3項の損失補償はこれを必要としないと解するのが相当である」と判示している。

第4節　損失補償制度の課題

1　生活補償との関係

例えば、津波によって壊滅状態になった集落の再建のために大規模な改良工事が必要となり、それに伴って広範囲にわたって土地が収用され地域共同体が崩壊するような場合、単に土地や建物に対して高額な補償がなされても生活再建という本質的な課題の解決にはならない。また、生活の基盤を失ったことに対する主観的感情的価値に対しても、本来精神損害に対しては発生しない損失補償請求権を認める傾向もあるが、これによっても住民を十分に救済することにはなっていない。

このような問題は、従来からダム建設のような大規模な建設工事によって集落ごと収用されるような場合に起こっていた。このような事態に対しては、財産損失の補塡の金銭補償の制度の限界が存することを認めざるをえない。

上記のような生活補償ないし生存補償については、別途、実定法による制度を設け対処すべきであるとも考えられるが、憲法29条3項の趣旨として、財産保障だけでなく生活補償を含むと解釈できるとする見解もある。

2　間接被害への救済との関係

公共事業による直接的な財産収用や制限はないが、間接的に影響を受け結果として深刻な現実的損失を被ることがある。前掲の「公共用地の取得に伴う損失補償基準要項」には、直接的な補償から取り残された被害者に対する「少数残存者補償」という一種の政策補償の制度が設けられている。政府の新しい政策の遂行や従来の政策の転換などにより、既存の営業上の利益を得られなくなった業者の減益分のような事業損失も政策補償として考慮するべきである。

《コラム》公共用地の取得に伴う損失補償基準に関する内閣要綱

この要綱は、土地収用法等の法律により土地等の収用・使用ができる事業に必要な土地等の取得・使用に伴う損失の補償の基準の大綱を定め、それによって事業の円滑な遂行と適正な補償の確保を図ることを目的としている（1条）。基本的原則として、①契約締結時の価格による補償額の算定（価格変動による差額の追加払いをしない）の原則（3条）、②土地等の権利者に対する補償の原則（4条）、③個別払いの原則（5条）、④金銭払いの原則（6条1項）が規定されている。そして、土地等の取得に係る補償、土地等の使用に係る補償、土地等の取得・使用により通常生ずる損失の補償（通損補償）、土地等の取得・使用に伴うその他の措置について、それぞれの基準を定める。以下、それらの概要を示しておく。

(1) 土地等の取得に係る補償：土地の取得に係る補償の基本原則は、正常な取引価格をもって補償するものとする（7条1項）。この正常な取引価格は、近傍類似の取引価格を基準とし、一般取引の価格形成上の諸要素を総合的に比較考量して算定する（8条1項）。この基準は、土地に関する所有権以外の権利（地上権等）の消滅に係る補償（10条～）、建物、土石砂れき、漁業権等の取得または消滅に係る補償（14条～）についても基本的に同様とされる。なお、占有権に対しては、補償しないものとされる（13条）。

(2) 土地等の使用に係る補償：土地の使用に係る補償の基本原則は、正常な地代または借賃をもって補償するものとされる（19条1項）。空間または地下の使用に関しては、この地代または借賃に、土地の利用が妨げられる程度に応じて適正に定めた割合を乗じて得た額を補償する（20条1項）。なお、使用する土地等を返還する場合で原状回復が必要なときは、原状回復に通常要する費用相当額・原状回復に通常必要な期間中の地代または借賃相当額の範囲内で通常生ずる損失額を補償するものとされる（23条の2）。

(3) 土地等の使用に係る補償、土地等の取得・使用により通常生ずる損失の補償（通損補償）：①移転料；取得・使用しない建物等を通常妥当と認められる移転先に、通常妥当と認められる移転方法によって移転するのに要する費用を補償するものとされる（24条1項）。なお、移転困難な場合や移転料多額な場合における建物等の取得の措置もある（25条・26条）。②立木補償；立木を移植することが相当であると認められるときは、移植に通常必要とする費用および移植に伴う枯損等により通常生ずる損失を補償するものとされる（29条）。③営業損失補償；地等の取得または使用に伴い通常営業の継続が不能となると認められるときは、営業に係る損失が補償される（31条～）。営業の一時休業や営業規模の縮小から生じる損失についても同様とされる（32条・33条）。農業廃止等や漁業廃止等の損失についても営業損失と同様な措置が採られる（34条～・38条～）。④残地補償；残地、残存する物件・権利等に関して価格の低下、利用価値の減少等の損失が生ずるときは、これらの損失額を補償するものとされる（41条～）。⑤その他の通損補償；その他、隣地土地に対する工事費（みぞ・かき費用）の補償（44条）、少数残存者に対する補償（45条）、離職者に対する補償（46条）等が規定されている。

第13章

国家賠償制度の概要と１条責任

第１節　国家賠償の意義

１　違法行為に対する賠償の意義

違法な行政活動によって国民・住民が損害を被った場合、誰がその損害を負担するかについて、法論理的には次のような３つの処理の方法が考えられる。

まず、被害者自身が損害を負担するという方法である。戦前の我が国でもそうであったが、絶対主義的国家においては、このような切り捨て御免的な行政無責任体制が行われていた。

次に、加害行為をした公務員個人が被害者に賠償責任を負担する方法である。違法な公務は、もはや公務とはいえないという考えに基づいている。歴史的には、このような「公務員責任制」が採用されている例が多かった。しかし、このような制度の下では、公務員個人の責任財産が大きな行政活動から生じた大きな損害には対応ができないこと、公務員が責任を負うことを怖れて業務に消極的になること、などの弊害がある。

そして、違法な行政活動の効果の帰属主体である国または公共団体が賠償責任を負うという方法であり、これは、国家賠償制度と呼ばれる。この制度では、損害を被った国民・住民に確実に補塡することができ、また、責任を明確にすることも可能となる。したがって、この制度が国民の人権を尊重し、法治行政を全うするためには最適な制度となっている。

2　国家賠償制度の沿革

上記の国家賠償制度の歴史は、意外に新しく、最も早いフランスでも19世紀の後半に、コンセイユ・デタ（行政裁判所）によって認められている。ドイツでは20世紀になり、特にワイマール憲法において制度化されている。また、イギリスやアメリカのようなアングロ・サクソン法系の国でも法制度化されたのは第2次世界大戦後である。

日本では、明治憲法下の旧行政裁判所法16条は、「行政裁判所ハ損害要償ノ訴訟ヲ受理セズ」と規定し、明文をもって行政権の行使に対する国家賠償の訴訟を否定していた。公務員の不法行為によって損害を被った者が、国・公共団体に賠償を請求するには、民法の不法行為に関する規定（旧44条・715条・717条）を用いて訴えるしかなかった。しかも、このような訴えは、民事的法律関係に限定され、公権力の行使の領域には適用されなかった。

そのような状況下でも、例えば、小学校遊動円棒事件（大判大5.6.1民録22.1088）で、大審院は、校庭の遊具の瑕疵による児童の傷害事故について民法717条の適用を認め、市に対して損害賠償を命じた。このように、公益事業や公物管理について国・公共団体の不法行為責任を認める事例も広がってはいた。しかし、その反面、公権力の行使の概念は拡張され、その場合の損害についての責任は否定されていた。ただ、公権力の行使について、公務員が明白に権限の逸脱や濫用をした場合には、それはもはや公務とはいえないとして、民法709条に基づく公務員の個人責任が認められることはあった。

日本国憲法においては、法治主義に基づく責任行政を貫くために、17条が、「何人も、公務員の不法行為により、損害を受けたときは、法律の定めるところにより、国又は公共団体に、その賠償を求めることができる」と規定する。

この規定は、国家賠償請求権が憲法の保障する国民の権利（国務請求権）であることを明確にした。ただし、この規定自体は、直接的な法的効力を持つものではなく、いわゆるプログラム規定と一般的には考えられている。そこで、この規定を受けて「国家賠償法」（国賠法）が制定され、この法律によって国家賠償が具体的に運用されている。

第2節　国家賠償法の責任概要

憲法17条により、国家賠償法が制定されたが、同法は2つの責任を規定している。すなわち、1条責任（公権力責任）と2条責任（営造物責任）である（図表13-1）。

《図表13-1　1条責任と2条責任》

	1 条責任	2 条責任
性　質	公権力責任	営造物責任
原　因	公務員の公権力の行使	公の営造物の瑕疵（かし）
特　徴	過失責任主義	無過失責任主義
主な例	非権力作用についても成立の余地がある	道路河川等の通常有すべき安全性の欠如

1　1条責任（公務員の公権力行使責任）

現行憲法17条そしてそれを具体化した国家賠償法は、国または公共団体の賠償責任を肯定し、国家賠償法1条1項は、「国又は公共団体の公権力の行使に当る公務員が、その職務を行うについて、故意又は過失によつて違法に他人に損害を加えたときは、国又は公共団体が、これを賠償する責に任ずる」と定めている。問題は、この賠償責任の法的性質がどういうものかについてである。学説は、「代位責任説」と「自己責任説」とが対立している。

代位責任説とは、公務員の責任に代わる責任だとする説であり、通説である。この説を支持する理由としては、国家賠償法が主観的要件の充足等、不法行為の成立を公務員について判断すること、国または公共団体の公務員に対する求償権を認めていること、が挙げられる。また、「国又は公共団体が、……」という文理解釈からしても、立法者意図からしても妥当な考えとされている。

自己責任説とは、国または公共団体がその活動に伴って生ずる損害について自らの責任を負うとする説である。不法行為の成立要件、特に加害公務員の主観的責任要件を厳格に判断すると、代位責任説では、過失の客観化、組織的過失論などにおいて窮屈な解釈を強いられることになることがこの説を支持する理由である。

上記の代位責任説の難点を考慮すると、立法論としては、自己責任説が適切であるという指摘は可能である。自己責任説は、国・公共団体の責任を積極的に明確にすべきことを主張する。しかし、最高裁も「公務員の故意過失を問わずその公務運営上の瑕疵によって発生するとの解釈は採用しがたい」として、形の上では自己責任説を否定している（最3小判昭44.2.18集民94.333）。

なお、国家賠償法1条による国または公共団体の賠償責任は、民法715条のような責任監督者としての責任ではないので、国または公共団体が公務員の責任監督について過失がなかったとしても免責されない。

2　2条責任（営造物責任）

公の営造物の設置管理の瑕疵に基づく損害については、公権力の行使による損害の場合とは異なり、戦前においても民法717条で国または公共団体の責任が認められることが多かった。国家賠償法2条は、この点を明確にするため、「道路、河川その他の公の営造物の設置又は管理に瑕疵があつたために他人に障害を生じたときは、国又は公共団体は、これを賠償する責に任ずる」と定めている。国家賠償法2条による国または公共団体の賠償責任は、損害の発生を防止するのに必要な注意をしても免責されない、無過失責任である。

判例は公の営造物の物的欠陥の場合のみならず、公の営造物の管理者の管理行為の不手際（安全配慮義務違反）に起因して損害が生じた場合にも、本条の賠償責任を認める傾向にある。公の施設等の設置管理者は、高度の安全確保義務を負い、2条は危険責任の法理により広く責任を負担する制度としての地位を付与されている。

第3節　1 条責任

1　1条責任の要件

(1)　公権力の行使

国家賠償法１条の賠償責任が認められるためには、まず、公権力の行使に当たる公務員の行為であることがその要件として挙げられる。この公務員であるが、ここでは広く捉えられ、国家公務員、地方公務員だけでなく、公社や公団の職員を含む。また、民間人も、公権力行政を行う権能を委任されている場合には、その範囲内で公務員とされる。要するに、ここでいう公務員は、「公権力の行使」に当たる行為を行う者を指す。

公権力の行使の意味に関しては、狭義説と広義説の対立がある。まず、狭義説は、本来的な権力作用に限定する考え方である。すなわち、権力作用以外の行政領域に関する公務員の不法行為については、民法の不法行為法の原則に従って処理すればよいと考えるのである。本来的な権力作用としては、行政行為、行政上の強制執行、即時強制などが挙げられる。

これに対して、広義説は、非権力作用に属する行政活動であっても、純然たる私経済作用や公の営造物の設置管理作用を除いて、公益的な行政作用を広く含むとする考え方である。具体的には、行政指導、公的事実行為などを含む。

裁判所は、概ね広義説に好意的であり、例えば、公立中学校の教師の教育活動は、国家賠償法１条にいう公権力の行使に当たるとするものがある（最2小判昭 62.2.6 判時 1232.100。行政判例百選〔第７版〕Ⅱ-215）。

ただし、公立病院の通常の治療行為については、裁判所は概ね公権力行使ではないとして、国家賠償法の適用を退け、民法の不法行為責任や債務不履行責任としている（例えば、最１小判昭 36.2.16 民集 15.2.244。東大病院梅毒輸血事件）。もっとも、予防接種法に基づくものや刑務所での医療行為などの特殊な事例については、国家賠償法の適用がなされる場合もある。

公権力の行使は、行政権だけでなく、立法権や司法権の行使をも含む。判例も立法行為や裁判にも国家賠償法１条の適用があることを認めている。

国会議員の立法活動が国家賠償法の対象となるかについて、これを肯定し、違法となるべき要件を論じた判例がある（最大判平17.9.14 民集59.7.2087。行政判例百選〔第７版〕Ⅱ-226。在外国民選挙権不可違憲訴訟）。

最高裁は、まず、仮に当該立法の内容が憲法の規定に違反するおそれがあるとしても、それゆえに国会議員の立法行為が直ちに違法の評価を受けるものではないとし、「国会議員の立法行為は、本質的に政治的なものであつて、その性質上法的規制の対象になじまず、特定個人に対する損害賠償責任の有無という観点から、あるべき立法行為を措定して具体的立法行為の適否を法的に評価するということは、原則的には許されないものといわざるを得ない」とする。そして、「国会議員の立法行為は、立法の内容が憲法の一義的な文言に違反しているにもかかわらず国会があえて当該立法を行うというごとき、容易に想定し難いような例外的な場合でない限り、国家賠償法１条１項の規定の適用上、違法の評価を受けないものといわなければならない」とする。結果として、「在宅投票制度を廃止しそれを復活しなかつた本件立法行為が前示の例外的場合に当たると解すべき余地はなく、……違法の評価を受けるものではない」とした。

司法権への適用について、最高裁第２小法廷昭和57年３月12日判決（民集36.3.329。行政判例百選〔第７版〕Ⅱ-227）は、裁判官の訴訟上の行為が国家賠償法の対象となることを肯定し、それが違法となる要件を論じた。

すなわち、最高裁は、「裁判官がした争訟の裁判に上訴等の訴訟法上の救済方法によつて是正されるべき瑕疵が存在したとしても、これによつて当然に国家賠償法１条１項の規定にいう違法な行為があつたものとして国の損害賠償責任の問題が生ずるわけのものではなく、右責任が肯定されるためには、当該裁判官が違法又は不当な目的をもつて裁判をしたなど、裁判官がその付与された権限の趣旨に明らかに背いてこれを行使したものと認めうるような特別の事情のあることを必要とすると解するのが相当である」とする。

なお、検察官が控訴を提起したが、裁判において無罪が確定した場合、当初の検察官の公訴提起の合理性は、後の国家賠償訴訟においても貫かれるべきことが示された判例がある（最2小判昭53.10.20民集32.7.1367。行政判例百選〔第7版〕Ⅱ-228）。

(2) 職務を行うについて

次に、国家賠償法1条の賠償責任が認められるためには、「職務を行うについて」であることが求められる。すなわち、「職務を行うについて」とは、「職務行為自体」より広いが、単に「職務に際して」というよりは狭い。それは、公務員の行為で、客観的に見てその行為の外形が職務行為と認められるものであればよいとされる。

裁判所もこのような外形主義、外形標準説の立場に立っている。すなわち、最高裁は、「同条は公務員が主観的に権限行使の意思をもつてする場合にかぎらず、自己の利をはかる意図をもつてする場合でも、客観的に職務執行の外形をそなえる行為をしてこれによつて、他人に損害を加えた場合には、国又は公共団体に損害賠償の責を負わしめて、ひろく国民の権益を擁護することをもつて、その立法の趣旨とするものと解すべきである」とする（最2小判昭31.11.30民集10.11.1502。行政判例百選〔第7版〕Ⅱ-229）。

(3) 公務員に故意・過失が存在すること

国家賠償法1条の賠償責任が認められるためには、公務員に故意・過失が存在することが求められる。一般的に、故意とは、結果事実を認識しこれを認容する精神的態度である。客観的に違法な結果事実を認識していれば故意が成立するのであれば、違法性の要件のみで不法行為が成立し主観的要件である故意は不要となる。したがって、ここでの故意には違法性の認識（あるいはその可能性）の存在が必要と考えるべきである。過失とは、不注意、すなわち注意義務違反をいい、注意義務は、さらに結果事実に対する予見義務と結果の回避義務に分解できる。過失は、個人の主観的能力にかかわるので、その成立には、結果事実に対する予見可能性と結果の回避可能性が存在することが必要とされる。可能でない事柄を行う能力を個人に負担させることはできないからである。

過失の認定に関して代位責任説を採り厳格に解釈すると、違法な結果について誰がどの程度予見でき、回避できたかが不明確な場合、過失の認定が困難になることがある。過失の認定について個別の公務員の義務を要求しつつ、その義務を「標準的注意義務」とし、その違反があれば過失の成立を認める、すなわち「抽象的過失」でよい、という傾向が出てきている。

さらに、個別の責任主体が不明確な場合には、公務運営の欠陥自体を過失とみる「組織的」あるいは「制度的」過失を認める解釈も見られるようになっている。このような過失の客観化の動きを見ると、自己責任論との境が失われているともいえる。

主観的要件としての過失の認定に関連して、加害公務員の特定、さらに加害行為の特定が必要か、どの程度の特定が必要かの問題が生じる。加害行為が組織的決定である場合は、組織体ないし行政庁たる公務員が特定され、組織的過失が判断されればよいとされ、また、加害行為が集団で行われた場合は、加害公務員が属する集団組織が特定されればよいと解されている。

異なる機関に属する複数の公務員が関与した一連の職務の過程において被害が発生した場合はどうか。最高裁は、この一連の行為のいずれかに行為者の故意または過失による違法行為があったのでなければ被害が生ずることはなかったであろうこと、どの行為であろうと加害行為による被害について行為者の属する国または公共団体が法律上賠償の責任を負うべき関係にあること、一連の行為を組成する各行為のいずれもが国または同一の公共団体の公務員の職務上の行為に当たる場合に限られること、を基準として責任を認定している（最1小判昭57.4.1民集36.4.519。行政判例百選〔第7版〕Ⅱ-230）。

(4) 違法な加害行為が存在すること

国家賠償法1条の賠償責任が認められるためには、違法な加害行為が存在することが求められる。ここにいう違法とは、厳密な意味での法令違反である必要はなく、客観的に正当性を欠く行為も含まれる。また、一般に加害行為は、積極的な作為が想定されているが、公務員が職務上の作為義務に違反する場合も、その不作為が違法な加害行為とされることもありうる。

最高裁は、警察官の危険防止措置の不作為について、違法行為性を認めている（最3小判昭57.1.19民集36.1.19）。本件では、ナイフを携帯して危険な状況にあった者を安易に帰宅させ、結果として殺傷事件を防げなかったもので、警察官には少なくともナイフを提出させて一時保管の措置をとるべき義務があったものと解するのが相当であって、かかる措置をとらなかったことは、その職務上の義務に違背し違法であるというほかはない、としている。

不作為の違法性の問題と関連して、行政庁が行政上の規制権限を適切に行使しなかったために、国民に損害が生じたとき、行政庁の不作為の責任を問うことができるかが問題となっている。

従来の通説は、取締り行政の結果、国民・住民が受ける利益は、「権利ないし法律上保護された利益」ではなくいわゆる「反射的利益」にすぎないのであるから、たとえ行政庁が取締りをせずに不法を放置して（規制権限の不行使があって）、その結果個人に損害が及んだとしても、その賠償を国または公共団体に請求することは論理的に不可能とする。

判例もこの反射的利益論に依拠しているものがみられる（例えば、強制労働等に対する救済法制定の不作為について、最3小判平2.2.20判時1380.94）。しかし、権限行使を不当に怠ることが法の趣旨目的を損なうものであり、違法な不作為となり法執行の受益者である国民・住民に不利益を及ぼせば、「保護を受ける権利」を侵害されたものとみる考えも認められるようになった。このような考えは、従来の行政便宜主義に対して、行政権限の“ゼロ収縮論”として展開された議論と同じ方向性を持つ。すなわち、裁量権も一定の違法基準を超えるとゼロに収縮し、権限行使義務が生じ、その不行使は違法性を有するものとなると説かれる。

石綿（アスベスト）製品の製造作業等に従事したことにより、中皮腫等の石綿関連疾患に罹患したと主張する者たちが、国が労働基準法および労働安全衛生法に基づく規制権限を行使しなかったことが違法であるとして国賠法1条に基づく損害賠償請求を訴求した事案が注目された。最高裁は、「国又は公共団体の公務員による規制権限の不行使は、その権限を定めた法令に趣旨、目的や、その権限の性質等に照らし、具体的事情の下において、その不行使が許容される限度を逸脱して著しく合理性を欠くと認められるときは、その不行使により被害を受けたものとの関係において、国家賠償法1条1項の適用上違法となる」と判示した（最1小判平26.10.9民集68.8.799。行政判例百選〔第7

版〕Ⅱ-224)。以上の論旨から（旧）労働大臣が排気装置の設置を義務付ける省令の制定権限を行使しなかったことが労基法等の趣旨や権限の性質等に照らし、著しく合理性を欠くものとして賠償請求が認容されている。

(5) 損害の発生と因果関係

加害行為と損害の発生の間に因果関係が必要である。この因果関係は、単なる条件関係の存在ではなく相当因果関係を意味している。損害は、加害行為により通常発生するものに限定され、特別な事情による損害は原則として含まれない。ただし、判例は、相当因果関係を認めることによって、通常発生する損害の範囲を広く認める傾向にある。損害には、生命、健康、財産等の他、精神的損害も含まれる。

2 国家賠償法１条の法的効果

不法行為の要件が充足されたとき、国または公共団体は、生じた損害を金銭によって賠償しなければならない。金銭によっては償えないような事情がある場合には、例えば、新聞への謝罪広告などの方法がとられることもありうるのである（民723条)。

国や公共団体が損害賠償をした場合において、加害公務員に故意または重過失があったときは、国または公共団体はその公務員に対して求償権を行使することができる（国賠１条２項)。

なお、被害者が直接公務員個人に対して賠償を求めることができるかどうかについては、学説上の争いがあるが、最高裁は、国または公共団体に賠償責任が認められる以上、被害者の救済は十分であり、あえて公務員個人の賠償は不要とする。したがって、国家賠償法１条の適用が認められる限りにおいて、公務員個人の責任を追及することはできないとされる（最３小判昭30.4.19民集9.5.534。行政判例百選〔第７版〕Ⅱ-234)。

《コラム》原子力損害の賠償に関する法律と政府の救済措置

(1)　原子力損害の賠償に関する原則

我が国では、被害者の保護および原子力事業者の健全な発達を図ることを目的として、原子力損害の賠償に関する法律（昭和36年法律第147号。以下、原子力賠償法）に基づく原子力損害賠償制度を設けている。原子力賠償法では、①原子炉の運転等により生じた原子力損害は、原子力事業者が賠償責任を負うこと（無過失責任、責任集中、無限責任。3条）、②原子力事業者に、原子力損害を賠償するための措置（賠償措置）として、原子力損害賠償責任保険契約（民間保険契約）および原子力損害賠償補償契約（政府補償契約）の締結等の義務付け（6条～14条）、③賠償責任が賠償措置の額を超える場合の政府の援助（16条）、異常に巨大な天災地変または社会的動乱により原子力損害が生じた場合の政府の措置（17条）、等が規定されている。

(2)　「巨大な天災事変」と政府の援助

東日本大震災による東京電力株式会社の福島第1原子力発電所事故によって、地元の住民や事業者等に大きな損害が発生した。この事故が「巨大な天災地変」によるものであれば原子力事業者に賠償責任を求めることはできない（原子力賠償法3条但書）が、今回の地震・津波は「巨大な天災地変」に当たらないとされ、一義的に原子力事業者が賠償責任を負うこととなった。この場合、政府は原子力事業者が損害を賠償するために必要な援助を行うとされている（同16条）。

(3)　原子力賠償法16条の援助の要請

東京電力から政府に対し、事故等による資金面での困難を理由として原子力賠償法16条に基づく国の援助の枠組みの策定に係る要請がなされた。この要請に関し、政府は、①賠償総額に事前の上限を設けることなく、迅速かつ適切な賠償を確実に実施すること、②東京電力福島原子力発電所の状態の安定化に全力を尽くすとともに、従事する者の安全・生活環境を改善し、経済面にも十分配慮すること、③電力の安定供給、設備等の安全性を確保するために必要な経費を確保すること、④上記を除き、最大限の経営合理化と経費削減を行うこと、⑤厳正な資産評価、徹底した経費の見直し等を行うため、政府が設ける第三者委員会の経営財務の実態の調査に応じること、⑥すべてのステークホルダーに協力を求め、とりわけ、金融機関から得られる強力の状況について政府に報告を行うことについて、東京電力に確認を行った。

(4)　支援の枠組みと支援機構の趣旨

政府としては、第一に迅速かつ適切な損害賠償のための万全の措置、第二に東京電力福島第１原子力発電所の状態の安定化および事故処理に関係する事業者等への悪影響の回避、そして、第三に国民生活に不可欠な電力の安定供給という３課題を実現するべく、原子力政策を推進してきた社会的責務を認識しつつ、原子力賠償法の枠組みの下で、国民負担の極小化を図ることを基本として、東京電力に対する支援およびその具体的な支援の枠組みが決定された。

こうして原子力発電所の事故に伴う賠償責任を支援する機構に関する法が制定されたが、これは、東京電力を救済するためのものでなく、原子力賠償法16条の趣旨を踏まえ、原子力事故による被害者の救済および電力の安定的な供給を確保する観点から、原子力事業者が大規模な原子力事故により巨額の損害賠償責任を負った場合において、原子力事業者による損害賠償責任の適切な履行を確保するため、すべての原子力事業者の負担の下で当該原子力事業者を支援するための枠組みであることが強調されている。

第14章

国家賠償法２条責任（公の営造物の瑕疵責任）

第1節　公の営造物とは

公の営造物とは、行政法学上の本来の用法は「公共用の物的・人的施設の総体」を意味するが、国家賠償法２条の用法としては、国または公共団体が公用または公共の用に供している有体物、つまり公物のことを指すと解されている。行政主体が設置管理する有体物であっても、直接公の目的に供されないものは「私物」であり、公の営造物ではない。

ところで、物には動産と不動産があるが、規定の文言からすると、営造物は不動産のみを指すようにもみえる。動産については、理論上、公務員の行為責任の問題に転嫁して処理することができるので、否定的に解することもできるのであるが、判例は、公用ないし公共用の動産から生じた物的損害に対して、国家賠償法２条を適用している。例えば、警察官の放置したピストルが暴発して通行人に傷害を与えた事例なども、２条責任の問題とすると、１条責任の「公務員の過失立証の困難さ」を回避でき、被害者の救済に厚くなるという実益があると考えられる。

また、「自然公物」が営造物に当たるかも問題である。自然公物そのものではなく、実際には自然公物に付加された人工施設が営造物であるという見解もあるが、判例は、自然公物にも営造物性を認めている。

第２節　設置・管理の瑕疵

１　概　　要

一般的な解釈として、営造物の設置・管理の瑕疵とは、その物が構造上の欠陥を有し、「通常有すべき安全性を欠いている状態」を指す。厳密にいえば、設置の瑕疵とは、その公物が成立当時から原始的に欠いている瑕疵をいい、管理の瑕疵とは、成立後、後発的に欠くに至った瑕疵をいう。

最高裁も「国家賠償法２条１項の営造物の設置または管理の瑕疵とは、営造物が通常有すべき安全性を欠いていることをいい、これに基づく国および公共団体の賠償責任については、その過失の存在を必要としないと解するのを相当とする」（最１小判昭45.8.20民集24.9.1268。行政判例百選〔第７版〕Ⅱ-235）として、客観説の立場を明らかにしている。

管理者の過失は問題としないのが判例であるが、管理上の予算制約が抗弁となるかが問題とされる。判例は、予算不足の抗弁を認めない傾向にある。前掲最高裁判決（最１小判昭45.8.20）も、「……本件道路における防護柵を設置するとした場合、その費用の額が相当の多額にのぼり、〔県〕としてその予算措置に困却するであろうことは推察できるが、それにより直ちに道路の管理の瑕疵によって生じた損害に対する賠償責任を免れうるものと考えることはできないのであり、その他、本件事故が不可抗力ないし回避可能性のない場合であることを認めることができない」旨判示している。

したがって、国または公共団体の管理責任は、⑴ 事故が天災などの不可抗力によって生じた場合（「不可抗力の抗弁」）、⑵ 被害者が通常の用法を逸脱した異常な行為をしたため損害が生じた場合、のみに限り免責される、と解されている。特に、⑵ については、行動についての予測可能性が問題となる事例が多く見られる。

最高裁第３小法廷昭和53年７月４日判決（民集32.5.809。神戸夢野台高校転落事件）では、「……転落事故は、同人が当時危険性の判断能力に乏しい６歳の幼児であつたとしても、本件道路及び防護柵の設置管理者……において通常予測することのできない行動に起因するものであつたということができる。したがつて、右営造物につき本来それが具有すべき安全性に欠けるところがあったとはいえず、……設置管理者としての責任を負うべき理由はないものというべきである」と述べている。

しかし一方において、プールと児童公園が高さ約1.8mの金網フェンスで隔てられていた現況で、満3歳7ヵ月の幼女が児童公園で遊んでいるうちに、金網フェンスを乗り越えてプールサイドに入り、プールに転落し死亡した事例で、瑕疵を認めた例もある（最1小判昭56.7.16判時1016.59。「プールは誘惑的存在」事件）。判決では、「……児童公園で遊ぶ幼児にとつて本件プールは一個の誘惑的存在であることは容易に看取しうるところであつて、当時3歳7か月の幼児がこれを乗り越えて本件プール内に立ち入つたことがその設置管理者の予測を超えた行動であつたとすることはできず、結局、本件プールには営造物として通常有すべき安全性に欠けるものがあつた」と述べている。

客観説によると、物自体に欠陥がない場合には、たとえ営造物の管理に誤りがあって事故が発生したときでも、2条責任を問うことはできないはずである。しかし、公物管理者の安全義務を尽くさなかったことによって、その公物から損害が生じた場合、この公物管理者の管理行為の過誤（義務違反）を瑕疵の要素として捉えようとする考え方もある。このような考えは、被害者の救済の範囲を広げる役割を持っているが、判例にはこの考えによるものが少なくない。

2　道路における設置・管理の瑕疵

最高裁の判例の中には、管理者の管理行為の不手際という要素を取り入れ、管理責任を限定的に解釈した判例がある。工事現場の赤色灯標柱が他車によって倒されたものである場合に、道路管理者が遅滞なく現状に復旧させ、安全状態を保つことが不可能とされた、道路管理の事例がある（最1小判昭50.6.26民集29.6.851。奈良市赤色灯事件）。また、凍結道路でのスリップ事故について、路面の凍結状態を解消し、危険の除去を即座に行うことは不可能とするもの（最1小判昭51.6.24交民集9.3.617）などがある。

ただし、道路に放置された故障車に追突して死亡した事故に関する判例で、瑕疵責任を肯定したものが注目される（最3小判昭50.7.25民集29.6.1136。行政判例百選〔第7版〕Ⅱ-236）。この事例は、「……幅員7.5メートルの道路中央線付近に故障した大型貨物自動車が87時間にわたつて放置され、道路の安全性を著しく欠如する状態であつたにもかかわらず、……道路の安全性を保持するために必要とされる措置〔道路法42条；筆者注〕を全く講じていなかつたことは明らかであるから、……同出張所の道路管理に瑕疵があつたというのほかなく……」とされ、道路管理者の管理義務の懈怠が問題となり、賠償責任が肯定された。

3　河川における設置・管理の瑕疵

水害訴訟においては、道路管理の事例以上に管理可能性が問題とされるが、堤防などの危険防止施設自体に物的欠陥があって、それに起因して損害が生じた事例では、原則的に河川管理の瑕疵が認められる。堤防、防波堤等の危険防止施設であっても、それが完成した以上、道路などの施設と同様に維持管理されなければならないことを前提とするべきである。

例えば、多摩川水害訴訟において、最高裁は、「改修済の河川は、改修整備がなされた段階で想定されていた洪水（計画高水量規模の洪水）に対応しうる安全性を備えていなければならない」と判示している（最1小判平2.12.13民集44.9.1186。行政判例百選〔第7版〕Ⅱ-238）。

本判決では、河川の管理についての瑕疵の有無は、「過去に発生した水害の規模、発生の頻度、発生原因、被害の性質、降雨状況、流域の地形その他の自然的条件、土地の利用状況その他の社会的条件、改修を要する緊急性の有無及びその程度等諸般の事情を総合的に考慮し、河川管理における財政的、技術的及び社会的諸制約のもとでの同種・同規模の河川の管理の一般的水準及び社会通念に照らして是認し得る安全性を備えていると認められるかどうかを基準として判断すべきである」とし、そして、河川の改修、整備の段階に対応する安全性とは、「同計画に定める規模の洪水における流水の通常の作用から予測される災害の発生を防止するに足りる安全性をいう」。改修、整備がされた河川は、「その改修、整備がされた段階において想定された洪水から、当時の防災技術の水準に照らして通常予測し、かつ、回避し得る水害を未然に防止するに足りる安全性」が要求され、「危険の予測が可能となった時点から当該水害発生時までに、予測し得た危険に対する対策を講じなかったことが河川管理の瑕疵に該当するかどうかを判断すべき」である、と判示している。

防災施設が不十分であったために被害が生じた事例については、原則的に河川管理上の瑕疵を追及するのは困難とされる。例えば、大東水害訴訟における最高裁判決（最1小判昭59.1.26民集38.2.53。行政判例百選〔第7版〕Ⅱ-237）においては、河川の管理についての瑕疵の有無の基準については多摩川水害訴訟と同趣旨を述べた上で、「既に改修計画が定められ、これに基づいて現に改修中である河川については、右計画が全体として右の見地からみて格別不合理なものと認められないときは、その後の事情の変動により当該河川の未改修部分につき水害発生の危険性が特に顕著となり、当初の計画の時期を繰り上げ、又は工事の順序を変更するなどして早期の改修工事を施行しなければならないと認めるべき特段の事由が生じない限り、右部分につき改修がいまだ行われていないとの一事をもつて河川管理に瑕疵があるとすることはできないと解すべきである。そして、右の理は、人口密集地域を流域とするいわゆる都市河川の管理についても、前記の特質及び諸制約が存すること自体には異なるところがないのであるから、一般的にはひとしく妥当するものというべきである」と判示している。

第3節　営造物の直接的利用者以外の者の損害

瑕疵すなわち、安全性の欠如が「利用関連危害」からの危険性も含み、危害が利用者以外の第三者に対するものも含むとされる場合がある。つまり、公の営造物には社会的機能があるので、この機能上の瑕疵が国家賠償法2条の責任の対象とされるのである。

空港の周辺住民の騒音被害が公共利益のための特別の犠牲を強いているも

のと判定した判例がある（最大判昭56.12.16民集35.10.1369。行政判例百選〔第7版〕Ⅱ-241。大阪国際空港事件）。

本判決は、「当該営造物の利用の態様及び程度が一定の限度……を超える利用によつて危害を生ぜしめる危険性がある状況にある場合には、……右営造物の設置・管理者において、かかる危倹性があるにもかかわらず、これにつき特段の措置を講ずることなく、また、適切な制限を加えないままこれを利用に供し、その結果利用者又は第三者に対して現実に危害を生ぜしめたときは、それが右設置・管理者の予測しえない事由によるものでない限り、国家賠償法2条1項の規定による責任を免れることができないと解されるのである」としている。

そして、本件については、「……本件空港の供用によつて被害を受ける地域住民はかなりの多数にのぼり、その被害内容も広範かつ重大なものであり、しかも、これら住民が空港の存在によつて受ける利益とこれによつて被る被害との間には、後者の増大に必然的に前者の増大が伴うというような彼此相補の関係が成り立たないことも明らかで、結局、前記の公共的利益の実現は、〔原告＝被上告人〕らを含む周辺住民という限られた一部少数者の特別の犠牲の上でのみ可能であつて、そこに看過することのできない不公平が存することを否定できないのである」として、空港周辺の住民の賠償請求を認めている。

《コラム》自然災害と法

自然災害に対する法制度は、災害に備える防災法制から生活や産業を復興させる復興法制まで、段階を踏まえると様々な法制度が整備されている。我が国の災害法制の特徴は、大きく2点挙げられる。一つは、防災中心であり災害発生後の対応が相対的に手薄であったこと、もう一つは、緊急事態に対して権限・責任が行政庁ごとに分属し専門性を備えた統一的な司令塔的機関が整備されていないことである。前者については、戦後の経済成長を支えた開発行政に伴う公共事業と共時性的に発展した背景がある。災害対策基本法1条の目的も防災施策を中心とすると規定する。また後者については、従来の運用上の縦割り行政の習性が立法面へも反映されていることが指摘できる。緊急時に政府は対策本部を設置することになっているが、各省庁の権限を前提とし人員も「寄せ集め」の疑いを免れず、2011（平成23）年3月の東日本大震災時の対応はこの観を深くした。

災害後の対応についての対応の一般法としては、災害対策基本法が制定されている。同法は、災害時（原発事故などの人工物災害を含め）における国、都道府県、市町村などの責務を明らかにしている。ここでは、現場主義の立場から市町村が緊急対応の第一次的責任を負うとされる。ただし、市町村が機能不全に陥った場合の都道府県の代行等の調整の運用は重要である。災害対策基本法の特別法としての被災者の救済・保護の役割を果たすのが災害救助法である。同法は、物資提供や人命救助のような現物的対応を規定するが、急場の現金給付や情報提供などの重要性も言及されている。

災害対策基本法の規定によると、災害からの復旧の実施責任は地方公共団体の長にある（67条）。地方公共団体への財政支援が欠かせないが、そのための国庫補助の制度が用意されている。①道路・河川等の公共土木施設の被害、②公立学校等の公共施設の被害、③農地等の農林水産業施設の被害に対する国庫補助についてそれぞれ補助率を定めて給付する。なお、激甚災害に指定されると補助率が引き上げられる。その他の支援としては、地方交付税法に基づく特別交付税の交付、生活再建支援の法制として災害弔慰金支給法に基づく弔慰金、さらに、一般法として被災者生活再建支援法が置かれている。その他の金銭支給としては、義援金、地震保険、生活保護などの法制がある。

第15章

国家賠償法の諸規律と賠償制度の谷間の問題

第1節　国家賠償法の諸規律

1　賠償責任者（3条）

賠償責任を負うのは、国または公共団体であるが、具体的には、①公務員の選任監督または営造物の設置管理について責任を持つ団体と、②公務員の給与そのほかの費用または営造物の設置管理の費用を負担する団体とが存在する。①と②とが同一である場合には問題は生じないが、異なる場合には交通整理が必要である。国家賠償法3条はこれについて定める。

①と②とが異なる場合、被害者は、そのいずれの団体に対しても被害賠償請求をすることができることを定めている。これは被害者の救済の便宜を図ったものである。例えば、国の法定受託事務の執行にかかわる損害賠償については、被害者は、委任者たる国に対しても受任者の地方公共団体に対しても賠償請求ができるとされる。なお、この場合において、被害者に対して損害賠償をした団体は、内部関係において、被害を賠償する責任を有する団体に対して「求償権」を有する（国賠3条2項）。ところで、警視正以上の警察官は国家公安委員会によって任命される国家公務員とされ、強い国家的関与のもとに置かれているが、これらの者の不法行為について国の賠償責任が生じるのか問題となる。最高裁は、これらの者も地方警察職員として指揮監督を受けて職務をしているので、その行為が国の公権力の行使となるわけではない、としている（最3小判昭54.7.10民集33.5.481。行政判例百選〔第7版〕Ⅱ-231）。

2　民法規定の適用（4条）

本条は、国または公共団体の損害賠償の責任については、1～3条までの規定によるほかは、民法の規定による旨を規定している。この規定は次のような意味を持っている。

第一に、国家賠償法1条・2条に基づいて賠償請求できない事項については、民法の規定を根拠に損害賠償を請求できるということ。すなわち、公務員の不法行為であっても、公権力の行使に関しない行為に伴う場合は、国家賠償法1条によるのではなく、民法715条などによって賠償を求めることになる。また、行政主体が管理する物のうち、公の営造物とはいえない物の設置管理に瑕疵があった場合の損害については、国家賠償法2条の適用はないので、民法717条等によって賠償が求められることになる。

第二に、国家賠償法1条・2条に基づく損害賠償についても、民法の不法行為に関する規定（特に、710条・711条・718条～724条等）が適用されるということである。

3　特別法の優先適用（5条）

国家賠償責任につき、民法以外の「特別法」がある場合には、特別法の定めが優先的に適用される。特別法の定めの内容としては、国または公共団体の無過失責任を認める等の責任範囲の拡大を定めるものと、賠償責任を免除し、賠償金額を制限するものがある。

消防職員の消火活動についても「失火責任法」の適用があるかどうかが問題となった。最高裁は、「失火責任法は失火者の責任条件について民法709条の特則を規定したものであるから、国家賠償法4条の『民法』に含まれると解するのが相当である。また、失火責任法の趣旨にかんがみても、公権力の行使にあたる公務員の失火による国又は公共団体の損害賠償責任についてのみ同法の適用を排除すべき合理的理由も存しない。したがって、公権力の行使にあたる公務員の失火による国又は公共団体の損害賠償責任については、国家賠償法4条により失火責任法が適用され、当該公務員に重大な過失のあることを必要とするものといわなければならない」と判示している（最2小

判昭53.7.17民集32.5.1000。行政判例百選〔第7版〕Ⅱ-244)。

4　外国人についての相互主義（6条）

外国人の国家賠償法の適用については、「相互保証主義」がとられている。これは、日本人が外国においてその国の公務員から不法行為を受けたとき、条約、法令などにより、その外国から国家賠償が受けられる場合に限り、その外国人に我が国の国家賠償法を適用するという制度である。ただ、実務においては原則的に外国人にも国家賠償法の適用を拒まない方針である。

5　国家賠償と行政行為の公定力との関係

違法な行政行為によって生じた損害について賠償請求をする場合、あらかじめその行政行為を取り消しておく必要があるかどうか、という問題がある。

一般的な説明によると、行政行為は無効原因がない限り適法性の推定を受け、取り消されるまでは有効な行為とされる。したがって、理論的に一見、行政行為を取り消しておかなければ違法とされることもなく、賠償請求ができないようにみえる。しかし、損害賠償は、違法な国家行為によって損害が生じたという事実に着目し、損害を補填する制度であるが、行政行為が取り消しうべきものかどうかは、その行政行為の法的効果に着目し、その行政行為の効力をとりあえず肯定して、その課すべき法的義務で拘束するかどうかの問題である。損害賠償請求と取消争訟とは次元を異にする別の制度である。前者は、行為の違法性そのものが問題であり、後者は行為の法的効力＝有効性が問題である。判例も、国家賠償を求めるについて、行政行為の取消しないし無効確認を経る必要はないとする（最2小判昭36.4.21民集15.4.850。課税処分に対して納付した事例については、最1小判平22.6.3民集64.4.1010。行政判例百選〔第7版〕Ⅱ-233)。

なお、賠償請求できることと訴えの利益との関係であるが、前掲最高裁第2小法廷昭和36年4月21日判決は、損害賠償請求には公定力は働かず、損害賠償請求をするためであることを理由に無効確認訴訟の訴えの利益があるとはいえないとした。

第２節　補償の谷間の問題

1　問題の所在

戦後の国家賠償制度は、先に見たとおり、国民生活のあらゆる行政分野に及んでおり、賠償責任制度としてはかなり進んだものとなった。しかし、国家賠償法１条は、あくまで「過失責任主義」をとっている関係上、客観的に違法な行為または結果的に違法な事態を生じさせ、国民・住民に損害を与えたとしても、公務員に故意・過失がない限り、国家賠償法の適用はない。また、適法な行為ではないので損失補償の適用もない。さらに、財産的損失がない場合には、損失補償は適用されない。このように、国家賠償制度も損失補償制度も適用されない、いわゆる国家補償制度の谷間の問題が生じる。

2　解釈による対応

このような不備を補うために、特別法で特定の行政分野については、特別の補償制度を設定する場合がある。刑事補償制度は、憲法上の根拠を持つとはいえ、このような補償の典型例である。また、この問題のきっかけになった予防接種に起因する疾病や死亡事故に関しては、1976（昭和51）年から補償給付の制度が設けられるようになった。しかし、給付額が通常の医療事故の賠償額と比較して著しく低額であり、問題の解決には至っていないことが指摘されている。

特別な立法措置がない場合、あっても補償が不十分である場合、この谷間を埋める作業は必要となる。判例も過失概念を拡大するなどによって救済しようとしている。小樽予防接種禍事件（最２小判平3.4.19民集45.4.367。行政判例百選〔第７版〕Ⅱ-217）の示している傾向は注目すべきである。

本事件について最高裁は、予防接種禍について、厳格に「過失」の認定を要求したものであるが、「予防接種によって右後遺障害が発生した場合には、禁忌者を識別するために必要とされる予診が尽くされたが禁忌者に該当すると認められる事由を発見することができなかったこと、被接種者が右個人的素因を有していたこと、等の特段の事情が認められない限り、被接種者は禁忌者に該当していたと推定するのが相当である」、「したがって、必要な予診を尽くしたかどうか等の点について審理することなく、本件接種当時の〔原告＝上告人〕が予防接種に適した状態にあったとして、接種実施者の過失に関する〔原告＝上告人〕らの主張を直ちに排斥した原審の判断には審理不尽の違法があるというべきである」と判断して、破棄差戻しをしている。

したがって、禁忌者の識別判断を誤って予防接種をして、接種対象者が異常な副作用により死亡ないし罹患した場合には、担当医師の過失（予見義務違反）が推定されるとする最高裁判決（最1小判昭51.9.30民集30.8.816）に照らせば、禁忌該当者が推定されれば、禁忌すべき者に接種した行為についての過失も認定がたやすい。

この最高裁の翌年の東京高裁の判決は、最高裁の判断を踏まえて禁忌該当者を推定し、厚生大臣（当時）が禁忌該当者に予防接種を実施させないための十分な措置をとることを怠った過失を認定して、国家賠償責任を認めた（東京高第10民事部判平4.12.18高裁判例集45.3.212）。この判例は、個々の担当医師の過失ではなく、厚生大臣の過失を問題にしているところから、いわゆる「制度的過失」ないし「組織的過失」を認定していると評価されている。

以上のように、損害賠償制度の中で解決しようという動きもあるが、過失責任主義をとる現行法の下では、どんなに過失の概念を拡大しても限界は残る。そこで、公益のために受忍義務や不作為義務を強制され、それによって損害を受けた者の救済については、公益の実現から生じる犠牲に対する公平負担の原理に立ち返り、憲法29条3項を一般化して人の健康被害等についても適用するべきであるという見解も提唱されている。

3　立法による対応

(1)　結果責任主義の法制

この場合の結果責任主義は、国または公共団体の行為に起因して生じた損害・損失を、その責任要素（故意過失、違法性）がなくとも、責任を負担させる考えである。国または公共団体の行為に起因するのではなく、実際の生活上の欠損（ニーズ）に対応して、これを保障する制度である社会保障と区別すべき概念である。

(2) 刑事補償

刑事補償請求権は、日本国憲法が認める国務請求権の一つである（憲40条）。この憲法規定に基づいて刑事補償法が制定されている。ただし、この請求権に対応する責任については、訴追等による抑留・拘禁が違法であったことを前提とする無過失責任なのか違法か適法かを問わず認められる結果責任なのかの争いがある。また、同法4条4項が補償金の額について、上限額（同条3項）のほか、「本人の年齢、健康状態、収入能力その他の事情を考慮しなければならない」と規定していることをみると、この補償には社会保障的な側面もある。

なお、少年審判手続において、非行事実の不存在を理由とする不処分決定の場合についても、少年の保護事件に係る補償に関する法律が制定され、家庭裁判所による職権によるという形をとっているが、補償制度が設けられている。

《コラム》国家補償と社会保障

国家補償は、国または公共団体の原因行為によって国民住民に損害・損失が生じた場合に国または公共団体が保障するものである。このように国家補償は、行為が適法であるか違法であるかを問わず、さらに特別法により結果責任を保障する場合には過失があると無過失であるとを問わず、起因性を基準に補償する。ところで、社会保障は、要保護性を基準として一定の要件適合を条件として給付されるものである。社会保障においては、国または公共団体の行為の起因性は問題とならないが、保護資格要件、負担要件、資力要件等の要件充足が重要となる。いずれの制度を採用するかは立法政策の問題といえようが、現実の立法の中にはどちらの制度として処理すべきかの判断が要請されるものもある。以下の（旧）原爆医療法の医療給付をめぐる事例はその好例である（最１小判昭 53.3.30 民集 32.2.435。行政判例百選〔第７版〕Ⅱ-255）。

本件は、適法な在住要件を充たさない外国人が原爆医療法（現被爆者援護法）に基づいて被爆者健康手帳の申請をしたが、県知事によって却下されたので、申請却下処分の取消しを求めたものである。最高裁は、原爆医療法を公費に基づく公的医療給付立法であり、社会保障に属することを認めた上で、本法が「戦争という国の行為によつてもたらされたものであり、しかも、被害者の多くが今なお生活上一般の戦争被害者よりも不安定な状態に置かれている」という事実を背景に制定されていること、「特殊の戦争被害について戦争遂行主体であつた国が自らの責任によりその救済をはかるという一面をも有する」ことから、この医療給付が実質的に国家補償的配慮を制度の根底に持つとする。すなわち、原爆医療法は、社会保障法と国家補償法の性格を併有していると見る。そして、外国人の居住関係について、適法な居住が原則であるが、同法の人道的目的を考慮すると、被爆者であってわが国内に現住する者である限り、その理由を問わず（不法入国者を含めて）広く同法の適用を認めて救済を図ることが同法の国家補償の趣旨に適合すると判示した。

なお、国外に居住地を移した被爆者について、法上の「被爆者」たる地位を失い、各種の受給権も失権するという通達は、2003（平成 15）年に廃止された。その後の判例（最３小判平 19.2.6 民集 61.1.122。行政判例百選〔第７版〕Ⅰ-27）においても、この通達が違法であることを前提として判示している。また、2008（平成 20）年の法改正において、国外からの申請も認めるに至っている。

第16章

不服申立制度の意義と概要

第1節　行政不服審査法の意義

1　制度の理念と方法

(1)　理　　念

行政不服申立ての制度は、法治主義行政の要請に基づき、行政作用の相手方である国民・住民の側から法適合性を要求し、それによって、国民・住民の行政上の権利利益の救済を図ろうとする制度である。行政の違法ないし不当な行為の是正や排除を目的とすると同時に、そのことによって国民・住民の権利利益の救済をも目的としている手続である点において、もっぱら国民住民の権利利益の救済を目的とする訴訟手続と区別される。しかし、正式な審理と判断に基づく手続である点では訴訟と共通した性格をもち、単なる苦情処理の制度とは区別される。

(2)　不服申立ての方法

不服申立ての方法には、その審理判断の主体の違いによって以下のような種別がある。①一つは違法・不当な作用を行った行政の側に申し立てる方法で、本章でとりあげる我が国の行政不服申立ての制度がこれに含まれる。②他は行政機関とは別個の独立した第三者的審判機関に申し立てる方法である。

後者には、制度的沿革上、大きく2つの形態がある。一つは、行政内部にあって通常の行政機関とは独立した「行政裁判所」を設ける制度であり、ドイツ等の欧州大陸諸国が採用している。もう一つは、通常の「司法裁判所」によってこれを受け入れる制度であり、アメリカや日本が採用している。

2　制度の位置付けと特色

(1)　制度の位置付け

行政不服申立制度は、慎重さと信頼性を欠くとしても、簡易迅速な手続により、行政の適正の確保と国民の権利利益の救済とを実現する制度として意義を有する。すなわち、訴訟手続と比べると、時間、費用、手間が省けるメリットがある。また、司法裁判所がその機能上、違法な行政作用しか審判の対象とすることができないのに対し、不服申立ては、不当な行政作用についても審判の対象とすることができるなどの利点を持っている。

行政不服申立てについては一般法があり、行政不服審査法がそれである。1962（昭和37）年に行政事件訴訟法と並んで制定されたが、この法律は、1890（明治23）年制定以来施行されていた「訴願法」に代わるものであった。しかし、訴願制度は、そもそも行政監督の手段としての性格を持ち、国民・住民の救済の側面は薄かった。国民の訴願の申立ては、いわば行政監督の契機となる手続にすぎなかった。不服審査の過程において申立人の手続上の権利が考慮されなければならない点でも両制度は根本的に相違する。

なお、不服申立ての制度は、行政不服審査法以外にも個別の法律で定められることがあるが、行政不服審査法の規定が適用される場合には、同法上の名称が用いられ、同法の規定が適用されない場合には、「異議の申出」等の別の名称が用いられることとされている。行政不服審査法とは別な独自の不服申立てが定められている場合（例えば、地方自治法255条の4の「審決の申請」等）、同法の規定とは様々な異なる定めがなされている。

(2)　制度の特色

行政不服審査法の目的は、簡易迅速な手続による国民の権利利益の救済を図るとともに、行政の適正な運営を確保することを目的とすることを明らかにした（行審1条1項）のであるが、従来の訴願法の制度と比較して、次のような特色がある。つまり、①不服申立事項について「一般概括主義」をとり、処分のほか事実行為や不作為も不服申立の対象にしたこと、②不服申立ての種別を明確にしたこと、③一般的に教示制度を設け、教示の過誤等についての救済制度も定めたこと、④申立人の手続上の権利についても詳細に定めたこと、⑤裁決・決定における「不利益変更禁止」の原則を明定したことである。

第2節　新法の目的と位置付け

行政不服審査制度の改正について政府部内において検討作業が行われていたが、2013年3月、士業団体、知事会等にヒアリングをし、同5月、パブリックコメント、同6月、総務省として「見直し方針」を決定、2014（平成26）年3月、行政不服審査法関連3法案を国会に提出、同6月13日公布され、2016（平成28）年4月1日施行された。

新行政不服審査法は、旧法の基本理念を継承しつつ、行政の公正性・透明性の向上と行政庁の処分に関する国民の救済手続の水準を踏まえて、行政不服審査制度が「公正な手続」の下で国民の権利利益の救済を図ることを明らかにするため、「国民が簡易迅速かつ公正な手続の下で広く行政庁に対する不服申立てをすることができるための制度を定めることにより、国民の権利利益の救済を図るとともに、行政の適正な運営を確保することを目的とする」と規定している（行審1条1項）。ここでは、「簡易迅速かつ公正な手続」と利便性と公正性という一見矛盾する目的が並列されているが、両目的の調和に留意して、国民の権利利益を現実的に実現できるように解釈することが要請されている。なお、国民の権利利益の救済とともに行政の適正運営の確保が目的とされ、旧法と同様、行政事件訴訟がもっぱら国民の権利利益の救済を目的としていることとの相違を明らかにしている。見直しの基本的な要点としては、①公正性の向上、②使いやすさの向上、③国民の救済手段の充実・拡大、の3点が掲げられている。

新行政不服審査法は、旧法と同様、行政庁の処分その他の公権力の行使にあたる行為（「処分」）に関する不服申立ての一般法として位置付けられる。すなわち、処分に関する不服申立てについては、他の法律に特別の定めがある場合を除くほか、この法律の定めるところによる（同1条2項）。

《図表 16-1　新法における利便性の向上と公正性の向上の制度化の概要》

利便性の向上	・不服申立て期間の延長 ・審査請求への手続の一本化 ・審理の迅速化（標準審理期間の設定、審理手続の計画的遂行） ・不服申立前置の見直し
公正性の向上	・審理員による審理手続 ・行政不服審査会等への諮問手続 ・審査請求人、参加人の手続的権利の拡充

第3節　新法の不服審査の種類

1　審 査 請 求

審査請求は、行政庁の処分（行審2条）または処分に係る行政庁の不作為（同3条）について、審査庁に対して不服申立てをする手続である。旧法では、審査請求、異議申立て、再審査請求という3種類の不服申立て手続が定められていた。新法は、異議申立てについてはこれを廃止し、原則として最上級行政庁に不服を申し立てる審査請求に手続を一元化した。旧法における異議申立ては、原則として審査請求と択一的な関係、すなわち審査請求ができない場合に異議申立てができるという関係にあり、新法は、公平性、明確性、効率性、利便性の向上等の理由で異議申立てを廃止した。

2　再調査の請求

新法は、個別法により、処分庁に対する再調査の請求を定めることを認めている（行審5条1項）。この再調査の請求は、租税関係や社会保障関係などのような処分が大量に行われるものであって、処分に関する不服が個別法の定める要件事実の認定の当否に係る形態の法制度において、処分庁が審査請求より簡易な手続で処分の見直しを行い、迅速に紛争の処理を可能にするために個別法により認められる手続である。再調査の請求は、個別法の立法政策を踏まえて、審査請求の前段階で処理することにより審査庁の負担を軽減する趣旨で設けられたといえる。

3　再審査請求

再審査請求は、社会保険、労働保険等の領域で、審査請求に続く2段目の救済手続として社会的に機能しているという判断の下に、新法においても存置されることになった。処分の性質の多様性に応じて国民の権利利益を救済する仕組みが要求されるが、不服申立制度においても多元的な対応が必要とされるからである。また、再審査請求ができる場合において、審査請求の裁決に不服がある者が再審査請求をするか、直接裁判所に出訴するかは、自由選択が原則である。

《図表 16-2　不服申立ての形態新旧比較》

	請求形態	特　　色
新法	審査請求	審査請求一元化。申立庁は最上級行政庁
	再調査の請求	不服は個別法が定める要件事実の認定の当否に係る。個別法の規定に基づいて請求。審査請求とは自由選択。不作為は除外
	再審査請求	特別規定に基づく再審査請求のみ。社会保険・労働保険の領域。出訴は自由選択
旧法	審査請求	審査請求中心主義、異議申立てとは択一的。申立庁は直近上級行政庁
	異議申立て	異議申立前置が原則
	再審査請求	権限委任に伴う再審査請求あり。再再審査請求あり

《コラム》行政不服審査法以外の不服申立て

（新）行政不服審査法の規定する不服申立ては、「審査請求」、「再調査の請求」、「再審査請求」の３種類である。各法規において規定されている不服申立てには、行政不服審査法を適用するものと、適用されないものとがある。そこで、行政不服審査法の適用されない不服申立てについては、審査請求等の行政不服審査法が用いている用語は使用しないルールがある。そこにおいては、「異議の申出」、「審査の申立て」、「審決の申請」、「裁定の申請」等の用語が用いられている。なお、各法規において行政不服審査法が部分的に適用される場合もあるし、行政不服審査法が適用されながら、多くの特例が付されている法規もある。

他の法令の不服申立てのうち抗告争訟的な不服申立てとして独自なものの例としては、地方自治法 255 条の４の「審決の申請」がある。すなわち、異議申立てや審査請求のほかに、普通地方公共団体の機関がした処分により違法に権利を侵害されたとする者は、その処分があった日から 21 日以内に、都道府県の機関がした処分については総務大臣、市町村の機関がした処分について都道府県知事に審決の申請をすることができる。この審決の申請の特色は、申立期間が短期であること、違法性のみの審査であること、総務大臣の関与は自治体事務に対する「関与」の方式を持つこと等にある。また、いわゆる「行政審判」は、準司法的手続の制度として特に司法手続との関係で、事実認定において「実質的証拠法則」（実質的な証拠によって証明された事実は、裁判所を拘束するルール）、「裁決主義」（審判手続の裁決のみに出訴を認めるルール）などの特色を有する。

さらに各法令に独自なものとして、以下のような形態が見られる。行政不服審査法が適用除外としている事項について定めるもの。例えば、同法４条１項 11 号の検査検定処分について、再検査の申立てを認めるもの（植物防疫法 36 条２項）。行政不服審査法が予定していない事項について定めるもの。例えば、中間的決定についての不服申立てを認めるもの（土地改良法９条１項）。さらに、行政不服審査法が対象外としている客観争訟を認めている規定がある。民衆争訟の例としては、公職選挙法の「異議の申出」、「審査の申立て」が挙げられる。また、機関争訟の例としては、地方自治法 176 条５項の長の「審査の申立て」が挙げられる。

第17章

審 査 請 求

第1節　審査請求の要件

1　審査請求の対象

(1) 処　　分

行政不服審査法上の審査請求の対象は、行政庁の「処分」と「不作為」である（行審2条・3条）。ここで、「処分」とは、公権力の行使にあたる行為（同1条）をいうが、処分には、各本条に特別の定めがある場合を除いて、公権力の行使に当たる事実上の行為で、人の収容、物の留置その他内容が継続的性質を有するもの（事実行為）が含まれるとされる。「公権力の行使」が何を指すかについては、学説や判例の積み重ねに委ねられている。基本的には行政事件訴訟法の取消訴訟の対象性と同じ基準で考えられている。

(2) 不 作 為

不作為とは、行政庁が法令に基づく申請に対し、相当の期間内に何らかの処分その他の公権力の行使に当たる行為をすべきであるにもかかわらず、これをしないことをいう（行審3条）。

(3) 一般概括主義の採用

行政不服審査法は除外事項に該当しない限り、広く行政庁の処分について不服申立てができるようにしている（行審4条1項本文）。旧訴願法時代の「列記主義」には、濫訴の弊害の防止や対象の不明確性等の理由が挙げられていたが、行政領域の拡大している現代においては、列記主義は現実的ではないことが指摘された。そこで、除外事項が問題となるのであるが、これについては、7条1項の各号の事項に関する処分、本法以外の法律で不服申立てが除外されている処分がある。

まず、7条1項の各号の事項に関する処分であるが、これには、①国会、議会の議決によって行われる処分、②裁判によりまたは裁判の執行として行われる処分、③国会、議会の議決を経て、またはその同意、承認を得て行われるべきものとされている処分、④検察官会議で決すべきものとされている処分、⑤法律関係の当事者の一方を被告とすべきものと定められている、確認または形成的処分、⑥刑事法に基づき、検察官等が行う処分、⑦国税または地方税の反則事件に関する法令に基づいて、国税庁長官等が行う処分、⑧学校、訓練所等において教育、訓練等の目的達成のため、学生、訓練生等に対して行われる処分、⑨刑務所、少年院等において、収容目的を達成するために、被収容者に対して行われる処分、⑩外国人の出入国または帰化に関する処分、⑪もっぱら人の学識技能に関する試験または検定の結果についての処分、⑫行政不服審査法に規定に基づいて行われる処分、例えば利害関係人の参加の許可（行審13条1項）、書類その他物件の提出命令（同33条）等、が掲げられている。これらの処分は、別の不服申立て制度が存在しているもの、通常の不服申立ての手続が不適切なものであることによって除外されている。

そして、本法以外の法律で不服申立てが除外されている処分であるが、例えば、行政手続法27条は、聴聞手続において、その手続規定に基づいて行政庁や主宰者が行った処分（同条1項）や聴聞を経て行われた不利益処分（同2項）については、審査請求を行うことはできないと規定する。

2　審査請求人

(1)　処分に対する審査請求の場合

1）不服申立資格　不服申立てを行うことができる一般的資格のことを不服申立資格という。訴訟における当事者能力に当たるものである。実体法上の「権利能力」を有する者は、自然人であると法人であるとを問わず、この資格を有する。また、法人でない社団または財団で代表者または管理人の定めがあるものは、その名で不服申立てをすることができる（行審10条）。

多数人が共同して不服申立てをしようとするときは、3人以下の互選された総代によることができる（同11条1項）。また、代理人によっても行うことができる（同12条1項）。代理人には、申立ての取り下げ以外は、一切の行為をすることができる（同条2項）。

問題となるのは、公共団体の不服申立資格である。行政不服審査法7条2項は、地方公共団体その他の公共団体に対する処分で、当該公共団体がその固有の資格において処分の相手方となるものについては、適用しない、と規定しているが、この「固有の資格」（公共団体であるからこそ性質上立ちうる地位のこと）でなく、一般私人と同一の立場で処分の相手方になる場合は、不服申立資格を認める趣旨なのか、検討を要する。公共団体も一般国民と同じ立場にあるときは、本法の趣旨が一般国民の救済にあることを考慮して、不服申立資格を有すると考えるべきであるとする学説が有力である。

2）不服申立適格　当該不服申立てにおいて当事者（特に申立人）となりうる具体的な地位・資格のことを不服申立適格という。訴訟における原告適格と同様の趣旨に基づく資格である。行政不服審査法にはこれに関する明文規定は設けられていない。本法の趣旨が「国民の権利利益の救済を図る」ことであることを考慮すると、行政事件訴訟法の取消訴訟の原告適格に関する規定（行訴9条）と同じような考察が可能である。すなわち、瑕疵ある行政処分によって自己の権利利益を侵害された者であり、不服申立てによって救済されるべき利益（争訟の利益）を有する者のみが提起する資格を有する。これについて判例は、「処分について不服申立てをする法律上の利益を有する者」としている。この場合の法律上の利益とは、単なる事実上の利益ではなく、「法律が保護するに値する利益」ということである。この立場は、判例が取消訴訟の原告適格を認定する際の基本的基準である。

処分の名宛人（相手方）である必要はないが、その処分について自己の利益とかかわりのない者は、不服申立てをする資格を有しない。特に、処分の相手方でない、一般の住民・消費者等の立場では、申立適格は認められないのが通常である。主婦連ジュース不当表示事件（最3小判昭53.3.14民集32.2.211。行政法判例百選〔第7版〕Ⅱ-132）では、以下のように判示されている。

「『法律上保護された利益』とは、行政法規が私人等権利主体の個人的利益を保護することを目的として行政権の行使に制約を課していることにより保障されている利益であって、それは、行政法規が他の目的、特に公益の実現を目的として行政権の行使に制約を課している結果、たまたま一定の者が受けることとなる反射的利益とは区別されるべきものであ」り、「景表法の規定により一般消費者が受ける利益は、Y（＝公正取引委員会）による同法の適正な運用によって実現されるべき公益の保護を通じ国民一般が共通してもつにいたる抽象的、平均的、一般的な利益、換言すれば、同法の規定の目的である公益の保護の結果として生ずる反射的な利益ないし事実上の利益であって、本来私人等権利主体の個人的な利益を保護することを目的とする法規により保障される法律上保護された利益とはいえないものである」、「したがって、仮に、Yによる公正競争規約の認定が正当にされなかったとしても、一般消費者としては、景表法の規定の適正な運用によって得られるべき反射的な利益ないし事実上の利益が得られなかったにとどまり、その本来有する法律上の地位には、なんら消長はないといわなければならない。そこで、単に一般消費者であるというだけでは、Yによる公正競争規約の認定につき景表法10条6項による不服申立をする法律上の利益をもつ者であるということはできない」、とされる。

(2) 不作為に対する審査請求の場合

不作為に対する不服申立適格を有する者は、その不作為にかかる処分その他の行為を申請した者である（行審7条）。申請は、必ずしも適法なものであることは要しない。

3 審査庁—審査請求をすべき行政庁

審査請求は、法律（条例に基づく処分については条例）に特別の定めのある場合を除いて、原則として、処分庁・不作為庁の最上級行政庁に対してする（行審4条4号）。旧法においては、審査庁は直近上級行政庁が原則とされていたが、審査請求に一元化された新法では、最上級行政庁による審理を原則とした。例外として、①処分庁・不作為庁に上級行政庁がない場合（または処分庁・不作為庁が主任の大臣、宮内庁長官、庁の長である場合）には、当該処分庁・不作為庁（同条1号）、②宮内庁長官、庁の長が処分庁・不作為庁の上級行政庁である場合には、宮内庁長官、庁の長（同条2号）、③主任の大臣が処分庁・不作為庁の上級行政庁である場合（上記①②を除く）には、当該主任の大臣が審査庁となる（同条3号）。

ところで、現行の法定受託事務は、かつての機関委任事務の場合と異なり当該地方公共団体の事務であり、知事や市町村長等が国家機関の下級行政庁になるわけではない。しかし、地方自治法は、法定受託事務に係る都道府県の知事その他の執行機関の処分または不作為に対しては主務大臣に、市町村の長その他の執行機関のそれに対して都道府県知事に対し「審査請求」すべきものとしている（自治255条の2）。

4　審査請求の方式

法律または条例に口頭ですることができる旨の定めがある場合を除き、書面を提出しなければならない（書面申立主義の原則、行審19条1項）。口頭により審査請求をする場合には、書面に記載すべき事項を陳述しなければならない。そして、陳述を受けた行政庁は、陳述内容を録取し、陳述人に読み聞かせ誤りなきことを確認し、陳述人に押印させなければならない（同20条）。審査請求書の記載事項（同19条2項）は、次のようなものである。(1) 審査請求人の氏名（名称）・住所（居所）、(2) 審査請求に係る処分、(3) 審査請求に係る処分のあったことを知った年月日、(4) 審査請求の趣旨・理由、(5) 処分庁の教示の有無・その内容、(6) 審査請求の年月日。その他、代表・管理人・総代・代理人（これらの者の資格証明書が必要）の氏名・住所（同4項）。

5　審査請求期間

処分についての審査請求は、処分の法的効果の早期安定という政策的観点と、処分＝行政行為の不可争性という本質論的観点から、請求期間が制限されている。

(1)　主観的請求期間

処分についての審査請求は、正当な理由があるときを除き、処分があったことを知った日の翌日から起算して3ヵ月を経過したときは、することができない(行審18条1項)。また、当該処分について再調査の請求をしたときは、当該再調査の請求についての決定があったことを知った日の翌日から起算して1ヵ月を経過したときもすることはできない(同項カッコ書)。ところで、処分が個別の通知ではなく告示ないし広告をもって多数の関係権利者等に画一的に告知される場合には、告示があった日を「処分があったことを知った日」とみなすのが判例法理である(最1小判平14.10.24民集56.8.1903。行政判例百選〔第7版〕Ⅱ-131)。また、教示がなされなかったことが不服申立期間の進行を止めることはないとされる(最1小判昭61.6.19判時1206.21。行政判例百選〔第7版〕Ⅱ-140)。

(2)　客観的請求期間

処分についての審査請求は、正当な理由があるときを除き、処分があった日の翌日から起算して1年を経過したときは、することができない(行審18条2項)。また、当該処分について再調査の請求をしたときは、当該再調査の請求についての決定があった日の翌日から起算して1年を経過したときもすることはできない(同項カッコ書)。正当な理由による例外は認められている(同項但書)。この場合の正当な理由とは、災害などの客観的状況があることであり、本人の個人的主観的理由は含まれない。

不作為についての審査請求については、その性格上不作為状態が継続する限り請求が可能であるから、審査請求期間の制限はない。ただし、不作為についての審査請求の不適法却下の事由には、審査請求が「申請から相当の期間が経過しないでされた」ものである場合も含むとされている(同49条1項)。

審査請求を信書で提出した場合、審査請求期間の計算については、送付に要した日数は算入しない(同18条3項)。期間遵守を厳格に考えて、「発信主義」を採用したのである。

第2節　審査請求の効果

1　執行不停止の原則

処分に対する不服申立ての提起について処分の停止効を認めるかは、もっぱら立法政策の問題とされる。制度設計においては、行政の円滑性と不服申立人の権利利益の実質的救済のどちらを優先すべきかが考慮されなければならない。現行の行政不服審査法は、執行停止の原則を採用する。すなわち、不服申立ては、処分の効力、処分の執行又は手続の続行を妨げない（行審25条1項・61条・66条1項）。審理中に申し立てられた場合も、処分庁は、法律に別段の定めがない限り、処分の執行を続行することができる。

2　例外としての執行停止の要件

(1)　任意的執行停止

審査庁は、権利救済の必要があると認めるときは、処分庁の上級行政庁または処分庁である審査庁は、申立てによりまたは職権で、処分庁の意見を聴取した上で、執行停止（処分の効力、処分の執行または手続の続行の全部または一部の停止その他の措置）をすることができる（行審25条2項）。処分庁の上級行政庁または処分庁以外の審査庁は、審査請求人の申立てにより、処分庁の意見を聴取した上で、執行停止（「その他の措置」を除く）をすることができる（同条3項）。

(2)　必要的執行停止

審査請求人より執行停止の申立てがあった場合、処分、処分の執行または手続の続行により生ずる「重大な損害」を避けるため緊急の必要があると認めるときは、審査庁は、執行停止をしなければならない（行審25条4項本文）。裁判所は、前項に規定する重大な損害を生ずるか否かを判断するに当たっては、損害の回復の困難の程度を考慮するものとし、損害の性質および程度ならびに処分の内容および性質をも勘案するものとする（同条5項）。

次のような場合には、執行停止をしなくてもよいとされる（同条4項但書）。

つまり、①公共の福祉に重大な影響を及ぼすおそれがあるとき、②本案について理由がないとみえるとき。なお、処分の効力の停止は、それ以外の措置によって目的が達せられるときは、することはできないとされる（同条6項）。

執行停止の申立てがあったとき、または審理員から執行停止をすべき旨の意見書が提出されたとき（同40条）は、審査庁は、速やかに執行停止をすべきかどうかを決定しなければならない（同25条7項）。

執行停止をした後において、執行停止が公共の福祉に重大な影響を影響を及ぼすことが明らかとなったとき、その他事情が変更したときは、審査庁は、その執行停止を取り消すことができる（同26条）。

《コラム》県の埋立承認の撤回に対する防衛大臣の不服審査請求

2018（平成30）年10月17日、防衛省沖縄防衛局は、名護市辺野古の埋立承認を沖縄県が撤回した処分に対し、国土交通大臣に対して行政不服審査法に基づく不服審査請求を行った。これに関して、行政不服審査法が「公権力の行使たる行為に対する国民の不服申立てについて規定する」法律であるという認識からの違和感を表明する報道がなされた。また、多くの行政法研究者も「国の機関の審査請求は不適法であり、それを前提とする執行停止の申立ても不適法」と指摘していた。

2019（平成31）年4月、審査庁の国土交通大臣は本件撤回処分を取り消す裁決を下した。この取消裁決の有効性が争われた。行政不服審査法は、国の機関に対する処分で、その機関が「その固有の資格において当該処分の相手方となるもの」については適用されないと規定する（行審7条2項）。沖縄県は、防衛省が受けた埋立の承認や撤回は「固有の資格」に対する処分であると主張し、そもそも審査請求適格を欠き国土交通大臣の撤回取消しの裁決は違法であることを理由にその取消しを求めた。第一審の福岡高裁那覇支部は、19年10月の判決で、埋立てに対する知事の処分が必要なのは「一般私人でも国の機関でも変わらない」と判断し、したがって、「固有の資格」には当たらず防衛省の審査請求は可能であり、国土交通大臣の裁決は適法であると判示した。そして、沖縄県の主張する国の違法な関与はなかったとして、地方自治法251条の5第1項の取消訴訟の対象とならないとして却下した。

2020（令和2）年3月26日、最高裁は第一審の判断を支持して、県側の上告を棄却した。問題は、知事の埋立承認の処分が、民間企業のリゾート施設建設を目的としている申請に対してのものと軍事施設建設を目的とした防衛省の申請に対してのものと同一と考えてよいかである。政府と最高裁は、両者を同一とみて、埋立承認は防衛省が「固有の資格」においてその相手方となる処分ではないと判断している。確かに、埋立を認めるかどうかという処分の形式的内容のみに着目すれば、政府機関の「固有性」は無視してよいであろう。しかし、軍事施設建設という民間企業では行えない、まさに政府機関に固有の事業に向けてのものという処分の実質的内容に着目すれば、別な結論が引き出される可能性はある。

第18章

行政不服審査の審理過程

第1節　審理権の範囲

1　要件審理と本案審理

要件審理とは、不服申立てが適法な申立てとしての要件を備えているかを調べる作用をいう。要件を一つでも欠くと、不適法な申立てとして却下される（行審45条1項・49条1項・66条1項）。ただし、形式的要件の欠缺には、補正命令（同23条）が下される。

本案審理とは、不服申立ての内容に理由があるかどうかを調べる作用をいう。理由がある場合には、認容の裁決が下され（同46条）、理由がないときは棄却の裁決が下される（同45条2項・49条2項・66条1項）。

2　審理権の内容

不服申立ての審理権の範囲は、司法審査におけるような「法律上の争訟」上の制約は及ばない。したがって、審査の対象は、処分または不作為の違法性の問題（法律問題）に限らず、当不当の問題（裁量問題）にも及ぶのである。また、申立人に不利益にならない限り（行審48条）、裁決で処分の内容を変更することもできる（同46条1項）。

第2節　審理手続

1　手続の開始

審査請求は、他の法律（条例に基づく処分については、条例）に口頭ですることができる旨の定めのある場合を除き、政令で定めるところにより、審査請求書を提出してしなければならない（行審19条1項）。審査庁が処分庁・不作為庁と異なる場合における審査請求は、処分庁・不作為庁を経由してすることができる（同21条1項）。この場合、処分庁・不作為庁は、審査請求書・審査請求録取書を審査庁となるべき行政庁に送付しなければならない（同条2項）。なお、審査請求録取書は、口頭陳述した場合（同20条）に、その陳述内容を録取し、確認して陳述人に押印させたものである。

処分庁等経由の場合の審査請求期間の計算については、処分庁に審査請求書を提出した時（または口頭陳述をした時）に、処分についての審査請求があったものとみなされる（同21条3項）。

2　標準審理期間

審査請求の審理の遅延を防ぎ、審査請求人の権利利益の迅速な救済に資するという観点から、審理期間の目安となる標準審理期間の設定と公表が規定されている。すなわち、審査庁となるべき行政庁は、審査請求がその事務所に到達してから当該審査請求に対する裁決をするまでに通常要すべき標準的な期間を定めるよう努めるとともに、標準審理期間を定めたときは、審査庁および関係処分庁（当該処分の権限を有する行政庁のうち審査庁以外のもの）の事務所における備付けその他適当な方法により公にしておかなければならない（行審16条）。標準審理期間の設定は努力目標であるが、設定された標準審理期間の公表は法的義務である点に注意が必要である（行手6条参考）。なお、裁決までの期間であるから、行政不服審査会等への諮問に要する期間も含む。

3　審理員による審理

新法は、処分、再調査の請求についての決定、処分に係る不作為に関与していない審理員による審理手続を導入し、審理員が主張・証拠の整理などを含む審理を行い、審理員意見書（審査庁がすべき裁決に関する意見書）を作成し、これを事件記録とともに審査庁に提出する制度を設けた。旧法では、審査請求手続において、係争の処分等に関与した職員が審理や裁決書の起案に係わることを排除していなかったので、処分等を見直すという行政の自己統制の機能が十分に保証されていないことが指摘されていた。

審査庁は、原則として、審査庁に所属する職員のうちから審理手続を行う者を指名し、この旨を審査請求人および処分庁等に通知しなければならない（行審9条1項）。府省庁等の長などが審査庁の場合、審理手続を経ないで却下裁決をする場合などは例外とされる（同項但書・同項1号～3号・24条）。審査庁が指名する者は、審査請求に係る処分もしくは当該処分に係る再調査の請求についての決定に関与した者または審査請求に係る不作為に係る処分に関与し、もしくは関与することとなる者以外の者でなければならない（同9条2項1号）。その他審査請求人等が除外されている（同項2号～7号）。

4　審理手続の計画的遂行

新法は、審理手続の計画的な遂行を規定した。すなわち、審査請求人、参加人、処分庁・不作為庁などの審理関係人ならびに審理員は、簡易迅速かつ公正な審理の実現のため、審理において、相互に協力するとともに、審理手続の計画的な進行を図らなければならないとする（行審28条）。さらに、審理員は、審査請求に係る事件について、審理すべき事項が多数ありまたは錯綜しているなど事件が複雑であることその他の事情により、迅速かつ公正な審理を行うため、口頭意見陳述（同31条）、証拠書類等の提出（同32条）、物件の提出要求（同33条）、参考人の陳述および鑑定の要求（同34条）、検証（同35条）、審理関係人への質問（同36条）を計画的に遂行する必要があると認める場合には、期日および場所を指定して、審理関係人を招集し、あらかじめ、これらの審理手続の申立てに関する意見の聴取を行うことができる（同37条

1項)。

5　行政不服審査会等への諮問

審査庁は、審理員意見書の提出を受けたときは、審査庁が①主任の大臣、宮内庁長官、庁の長である場合には、「行政不服審査会」に、②地方公共団体の長(地方公共団体の組合の場合は、長、管理者、理事会)である場合には、「執行機関の附属機関」として置かれた機関(行審81条1項・2項)に、それぞれ諮問しなければならない(同43条1項)。ただし、処分をしようとするとき法令や条例に審議会等の議を経るべき旨または経ることできる旨の定めがあり、かつ、当該議を経て当該処分がされた場合(同項1号)や、裁決をしようとするとき法令や条例に審議会等の議を経るべき旨または経ることできる旨の定めがあり、かつ、当該議を経て当該裁決をしようとする場合(同項2号)等は例外として、諮問を経なくてもよいとされる(他に、同項3号〜8号)。

6　審理の諸原則

(1)　書面審理主義の原則

行政不服審査法は、審査請求は手続の簡易性と迅速性が強く要求されるから、書面審理を原則とする(行審29条・30条)。具体的手続においては、不服申立書を受け取った審査庁は、不服申立要件を具備するか審査して、適法と認めたときはこれを受理し、不適法であるときは却下し、補正ができるものであるときは相当な期間を定めて補正を命じなければならない(同23条・61条・66条1項)。次に、審査庁は、審査請求書の副本(口頭の申立ての場合は審査請求録取書)を処分庁に送付し、期間を定めて弁明書の提出を求めることができる(同29条2項)。さらに、審査請求人は、弁明書の副本の送付を受けたときは、これに対する反論書を提出することができる(同30条)。弁論書の提出は行政の便宜のためであるから、その内容を考慮せずになされた裁決は違法とはいえないが、反論書は審査請求人の権利保護のためであるから、反論書の内容が考慮されずになした裁決の瑕疵は違法性を帯びる可能性があると解されている。

(2)　口頭陳述の例外

この書面審理主義は、簡易迅速な手続の要請から設けられた原則であるが、不服申立人の手続的権利を補完する制度も必要である。行政不服審査法は、審査請求人または参加人の申立てがあったときは、審査庁は、申立人に口頭で意見を述べる機会を与えなければならない（行審31条1項)、と規定する。この口頭意見陳述権は、本案審理のみに適用され、要件審理には適用されないとするのが通説である。これに対して、不服申立ての利益の審理などは、不服申立人の利害にかかわり単なる形式的審査では済まされない内容をもつので、要件審理にも適用すべきとする有力な反対説がある。なお、口頭陳述の場合、審査請求人および参加人は、審査庁の許可を得て補佐人とともに出頭することができる（同条3項)。

口頭意見陳述を公開で行うか否かについては明文の規定はない。一般には、行政不服審査法は公開審査請求権まで認めているのではないと解されている。ただし、個別法において、公開を義務付けているものや公開審理請求権を認めるものがみられる。これに関し、地方税法の固定資産税の登録価格に関する不服審査の口頭審理について、民事訴訟のような厳格な意味での口頭審理の方式を要請されているわけではないとする判例がある（最1小判平2.1.18民集44.1.253。行政判例百選〔第7版〕Ⅱ-136)。

(3)　職権主義の原則

審理は、原則として審査庁の職権で進められる。すなわち、訴訟のような弁論主義は採らない。当事者主義的要素を取り入れながら、以下のような規定が設けられている。

①　審理員が、証拠書類または証拠物を提出すべき相当の期間を定めたときは、その期間内にこれを提出する義務が審査請求人または参加人に負わされている（行審32条3項)。

②　審理員は、適当と認める者に、参考人としてその知っている事実を陳述させ、または鑑定を求めることができる（同34条)。

③　審理員は、書類その他の物件の所持人に対し、その物件の提出を求め、その物件を留置することができる（同33条)。

④　審理員は、必要な場所について検証することができる（同35条1項）。

⑤　審理員は、審理関係人に質問することができる（同36条）。

しかし、審査請求においてもあくまで処分権主義が妥当し、「不告不理の原則」の適用がある。したがって、審理は請求の範囲内にとどまり、講求の範囲外の事項を判断対象とすることはできない。

ところで、通説は、行政事件訴訟法では職権証拠調べ（行訴24条）までで事実の部分についての職権探知は認められないのに対して、行政不服審査法では直接の規定はないが職権探知まで認める。その理由としては、（ⅰ）行政統制も目的としている不服申立てにあっては、公益実現のために事実についても審査庁の調査を認めるべきであること、（ⅱ）行政不服審査法では口頭陳述は例外的に認められているにすぎず、それとて対審構造にはなっていないこと、（ⅲ）不服申立ては本人が手続を行うのが通例であり、請求人の専門知識の不足を職権探知で補う必要があること、などが掲げられる。訴願法の時代のものであるが、職権探知を明確に認めている判例もある（最1小判昭29.10.14民集8.10.1858。行政判例百選〔第7版〕Ⅱ-135）。

（4）　申立人の審理保障

口頭意見陳述請求権（行審31条1項）のほかに申立人（審査請求人）に対して以下のような請求権を保障している。

①証拠書類・証拠物提出権（同32条1項）、②参考人の事実陳述・鑑定要求権（同34条）、③所持人の物件提出要求権（同33条）、④検証要求権（同35条）、⑤不服申立人・参考人に対する質問要求権（同36条）、⑥処分庁が提出した書類その他の物件閲覧請求権（同38条2項）。審査庁が直接処分庁から調査・収集した書類等あるいは審査庁が整理した調査メモ等の閲覧請求が認められるかについては問題がある。これについては判例が分かれるが、そのような資料が審査庁の裁決に不利益な影響を及ぼすものである場合には、閲覧請求を認めるべきであるとする考えもある。なお、審査庁は、第三者の利益を害するおそれがあると認めるとき、その他正当な理由があるときでなければ、閲覧を拒むことができない（同条1項後段）。この閲覧を拒否できる正当な理由とは、第三者や行政上の秘密を保持する必要があるときなどの行政事務に

支障を及ぼす具体的な事情がある場合を指す。

また、審査請求手続の承継の規定も設けている（同15条）。すなわち、審査請求人の死亡の場合、相続人その他の権利の承継者は、審査請求人の地位を承継する（同条1項）。審査請求人の合併・分割の場合、合併によって存続・設立された法人等または分割により権利を承継した法人は、審査請求人の地位を承継する（同条2項）。

(5) 参加制度

利害関係人は、審査庁の許可を得て、審査請求の手続に参加することができる（行審13条1項）、審査庁の職権により参加を要求されることもある（同条2項）。ここにいう利害関係人とは、広く審査請求の結果によって直接自己の権利利益について実質的に不利の影響を受ける者をいう。

第3節　審査請求の終了

1　審査請求の取下げと裁決義務

審査請求人は、裁決があるまでは、いつでも審査請求を取り下げることができる（行審27条1項）。「処分権主義」の原理が妥当とされる。ただし、この取り下げは、書面でしなければならない（同条2項）。

審査庁は、行政不服審査会等から諮問に対する答申を受けたときは、遅滞なく、裁決をしなければならない（同44条）。なお、43条1項の規定する諮問を要しない場合には、審理員意見書が提出されたときでよいとされ、同項2号・3号に該当する場合、同項の規定する機関の議を経たときでよいとされる（同44条カッコ書）。

2　裁　　決

(1) 却下裁決

処分についての審査請求が不適法である場合に下される（行審45条1項）。不作為について（同49条1項）も同様である。

(2) 棄却裁決

処分についての審査請求に理由がない場合に下される（行審45条2項）。不作為について（同49条2項）も同様である。

(3) 認容裁決

審査請求に理由がある場合に下される裁決をいう。

1）処分の審査請求の認容裁決　当該処分の全部もしくは一部を取り消し、またはこれを変更する裁決が下される（行審46条1項）。ただし、審査庁が処分庁の上級行政庁または処分庁のいずれでもない場合には、当該処分を変更することはできない（同項但書）。公務員法上「修正裁決」のような例外がある。ただし、判例には、人事院の懲戒処分の修正裁決が新たな懲戒処分がなされたと解されるのは相当でない、とするものがある（最3小判昭62.4.21民集41.3.309。行政判例百選〔第7版〕Ⅱ-138）。法令に基づく申請を却下し、棄却する処分の全部または一部を取り消す場合には、①処分庁の上級行政庁である審査庁は、当該処分庁に対し、当該処分をすべき旨を命ずる（同46条2項1号）、②処分庁である審査庁は、当該処分をする（同項2号）。

2）事実上の行為の審査請求の認容裁決　事実上の行為についての審査請求に理由がある場合には、審査庁は、当該行為が違法または不当である旨を宣言するとともに、①処分庁以外の審査庁は、当該処分庁に対し、当該事実上の行為の全部もしくは一部を撤廃し、またはこれを変更すべき旨を命ずる措置をとり、②処分庁である審査庁は、当該事実上の行為の全部もしくは一部を撤廃し、またはこれを変更する措置を執る（行審47条本文）。ただし、審査庁が処分庁の上級行政庁以外の審査庁である場合には、当該事実上の行為を変更すべき旨を命ずることはできない（同条但書）。

処分と事実上の行為の審査請求の認容裁決をする場合、審査庁は、審査請求人の不利益に当該処分を変更し、または当該事実上の行為を変更するべき旨を命じ、もしくはこれを変更することはできない（同48条）。

3）不作為の審査請求の認容裁決　当該不作為が違法または不当である旨を宣言する（行審49条3項）。この場合、当該申請に対して一定の処分をすべきものと認めるときは、①不作為庁の上級行政庁である審査庁は、当該不作為庁に対し、当該処分をすべき旨を命ずる措置をとり（同項1号）、②不作為庁である審査庁は、当該処分をする措置をとる（同項2号）。

(4) 事情裁決

審査請求に係る処分が違法または不当ではあるが、これを取り消し、または撤廃することにより公の利益に著しい障害が生ずる場合において、審査請求人の受ける損害の程度、その損害の賠償または防止の程度および方法その他一切の事情を考慮した上、処分を取り消し、または撤廃することが公共の福祉に適合しないと認めるとき、請求を棄却することができる。これを「事情裁決」というが、この場合、審査庁は、裁決の主文で、当該処分が違法または不当であることを宣言しなければならない（行審45条3項）。

3 裁決の方式と効力

(1) 裁決の方式

裁決は、審査庁が記名押印し裁決書によって行う（行審50条1項）。裁決書の記載事項は、①主文、②事実の概要、③審理関係人の主張の要旨、④理由（同項1号～4号）であり、特に、主文が審理員意見書または行政不服審査会等もしくは審議会等の答申書と異なる内容である場合には、異なることとなった理由の記載も必要となる（同項4号カッコ書）。理由付記の義務付けの意義は、①審査の慎重と公正を保障する、②その当否の再考の機会を与える、③不服のある場合の争訟に備える、などである。最高裁は、理由付記の要求を国民の権利と認め、理由不備の裁決が審査手続に違法がある場合と同様に、取消事由となりうると判示する（最2小判昭37.12.26民集16.12.2557。行政判例百選〔第7版〕Ⅱ-139）。

(2) 裁決の効力発生

裁決は、審査請求人に送達された時に、その効力を生ずる（行審51条1項）。なお、審査請求が処分の相手方以外の者のしたものである場合における認容裁決にあっては、審査請求人および処分の相手方に送達された時である（同項カッコ書）。

行政不服審査法は、この効力については拘束力を規定するのみであるが、裁決・決定も一種の行政行為であるから、公定力等の一般の行政処分の効力をもつ他に、争訟裁断的な行為の特性として、以下のような各効力を有する。

(3) 裁決の拘束力

裁決は、関係行政庁に対して拘束力を有する（行審52条1項）。すなわち、申請に基づいてした処分が手続の違法もしくは不当を理由として裁決で取り消され、または申請を却下し、もしくは棄却した処分が裁決で取り消された場合には、処分庁は、裁決の趣旨に従い、あらためて申請に対する処分をしなければならない（同条2項）。また、法令の規定により公示された処分が裁決で取り消され、または変更された場合には、処分庁は、当該処分が取り消され、または変更された旨を公示しなければならない（同条3項）。

この裁決の拘束力は、取消し・撤廃裁決についてのものであって、不服申立てを却下または棄却した裁決が、関係行政庁に原処分の維持を義務付けるものではない。したがって、処分庁が職権で取消し、変更できる処分であれば、たとえ審査庁の却下・棄却裁決があっても、それに拘束されることなく取消し、変更することができる（最2小判昭49.7.19民集28.5.759）。

(4) 形　成　力

認容裁決・決定があり、原処分の一部または全部が取り消されると、当該部分の効力は当然に失効する。すなわち、取消裁決・決定には形成力がある。変更裁決・決定によって原処分が取り消され、原処分に代わる新たな処分がなされた場合にも、新たな処分の効力は遡及的に発生すると考えられている。

(5) 不可変更力

裁決・決定は、当事者や利害関係人を参加させて慎重な手続に基づく紛争の裁断的行為である。そこで、紛争を抜本的に終了させるために、いったん決まった結論を蒸し返して、審査のやり直しを認めないことが制度の趣旨に合致する。裁決・決定は、計算違いや誤記入のような明白な誤り以外は、たとえ違法・不当なところがあっても、行政庁は自ら行った裁決・決定を取り消したり変更したりすることはできないとされる。このように裁決・決定をした行政庁自身を拘束する力を不可変更力あるいは自縛力という。

第19章

使いやすさ向上の制度

第1節　再調査の請求

1　制度の意義と概要

再調査の請求は、処分庁が簡易な手続で事実関係の再調査をすることにより、処分の見直しをする手続である（行審5条1項）。これは、個別法に定めがある場合に限り認められる制度で、不作為についての再調査の請求は規定されていない。新法が新しく設けた制度であり、旧法の異議申立てとは異なり前置されるものとはされず、審査請求と再調査請求の関係は自由選択とされる。再調査をした場合は、原則として、その決定後でなければ審査請求をすることはできない（同条2項）。

2　再調査の要件と手続

再調査の請求期間は、主観的請求期間としては、処分があったことを知った日の翌日から起算して3ヵ月（行審54条1項）、客観的請求期間としては、処分があった日の翌日から起算して1年（同条2項）とされる。いずれも、正当な理由があるときに例外が認められ得る。処分庁は、再調査の請求がされた日の翌日から起算して3ヵ月を経過しても当該再調査の請求が係属しているときは、遅滞なく、当該処分について直ちに審査請求をすることができる旨を書面でその再調査の請求人に教示しなければならない（同57条）。

3　再調査の効果

再調査の請求が不適法である場合には、処分庁は、決定で、当該再調査の請求を却下する（行審58条1項）。再調査の請求に係る処分が違法・不当でない場合には、処分庁は、決定で、当該再調査の請求を棄却する（同条2項）。再調査の請求に係る処分（事実上の行為を除く）が違法・不当である場合には、処分庁は、決定で、当該処分の全部もしくは一部を取り消し、またはこれを変更する（59条1項）。再調査の請求に係る事実上の行為が違法・不当である場合には、処分庁は、決定で、その旨を宣言するとともに、当該事実上の行為の全部もしくは一部を撤廃し、またはこれを変更する（同条2項）。これらの場合においても、不利益変更禁止の原則は適用される（同条3項）。

第2節　再審査請求

1　再審査請求の意義

不服申立ての特別の類型として、処分についての審査請求の裁決に不服がある者がする再審査請求が、個別法の特別な規定により設けることができると定められる。旧法では、上級行政庁からの処分権限の委任に伴う再審査請求の形態は、新法における審査請求が原則として最上級行政庁を審査庁とすることから、存在しない。しかし、専門技術性を有する第三者機関が審理・決定を行う場合等、新法における手続保障の厚い審査請求の裁決を経た後の救済手続としても、なおその意義が認められるものがあると考えられるので、法律の特別の定めに基づく再審査請求は存置されている。

2　再審査請求の手続

再審査請求は、基本的には、審査請求と同じ手続構造が与えられている（行審66条─準用規定）。したがって、審理員による審理手続等、審査請求と基本的に同等の手続が、もう一段階なされる。再審査請求は、原裁決または当該処分を対象とする（同6条2項）。

再審査請求期間については、主観的請求期間は原裁決があったことを知った日の翌日から起算して1ヵ月（同62条1項）、客観的請求期間は原裁決があった日の翌日から起算して1年であり（同条2項）、いずれにしても、正当な理由があれば例外が認められる。

新法における審査請求が原則として最上級行政庁を審査庁とすることから、旧法で規定されていた再再審査請求の形態は規定され得ない。また、個別法により再審査請求が存置される場合、審査請求と再審査請求の相互関係は自由選択とされ、審査請求の後に直接裁判所に出訴するか再審査請求をするかも自由選択が原則とされる。

3　再審査請求の効果

(1)　却下裁決

再審査請求が不適法である場合には、再審査庁は、裁決で再審査請求を却下する（行審64条1項）。

(2)　棄却裁決

再審査請求に理由がない場合には、裁決で再審査請求を棄却する（行審64条2項）。再審査請求は、原処分と原裁決のいずれを対象として争うことも可能であり、いずれを対象とするかは、再審査請求人の選択に委ねられるので、再審査請求人が原処分を対象とした場合には原処分について、原裁決を対象とした場合には原裁決について、それぞれ違法または不当であるか否かの判断がされる。再審査請求に係る原裁決（審査請求に対する却下・棄却のものに限る）が違法または不当である場合であっても、当該審査請求に係る処分（原処分）が違法または不当のいずれでもないときは、再審査請求を棄却する旨が規定されている（同条3項〔旧55条〕）。審査請求と同一の要件の下に事情裁決が規定されている（同条4項）。

(3)　認容裁決

1）事実行為を除く狭義の処分・裁決についての再審査請求に理由がある場合には、再審査庁は、裁決で、当該原処分・原裁決の全部または一部を取り消す（行審65条1項）。ここでは、（新法では、審査庁が最上級行政庁であることから）再審査庁が処分庁・裁決庁の上級行政庁または処分庁・裁決庁のいずれでもない行政庁であることを前提に取消裁決のみが規定され、変更裁決（同46条1項）や「一定の処分」に関する措置（同条2項）については規定されない。なお、棄却裁決（同64条3項）や事情裁決（同条4項）は、原裁決等が違法ないし不当である場合にされるものであるから、この規定からは除かれている。

2) 公権力の行使にあたる事実上の行為についての再審査請求に理由がある場合には、裁決で、当該事実上の行為が違法または不当である旨を宣言するとともに、処分庁に対し、当該事実上の行為の全部または一部を撤廃すべき旨を命ずる（行審65条2項）。なお、事情裁決（同64条4項）は、原裁決が違法ないし不当である場合にされるものであるから、この規定からは除かれている。

第3節　教　　示

1　教示制度

教示制度については、書面教示の制度（行審82条1項）、利害関係人の請求による教示（同条2項）、教示がなされなかった場合の処理（同83条1項）、誤った教示をした場合の救済（同22条1項）等、異議申立てに関する部分を除いて、旧法とほぼ同一の規定を置いている。なお、再調査の請求をすることができない処分につき、処分庁が誤って再調査の請求をすることができる旨の教示をした場合において、当該処分庁に再調査の請求がなされたときは、処分庁は、速やかに、再調査の請求書等を審査庁に送付し、かつ、その旨を再調査の請求人に通知しなければならない（同22条3項）。これらの手続により、審査請求書・再調査の請求書等が審査庁に送付されたときは、初めから審査庁に審査請求がなされたものとみなされる（同条5項）。

2　教示の種類と内容

(1)　必要的教示

不服申立てをすることのできる処分をする場合には、行政庁は、「処分の相手方」に対して、当該処分について、①不服申立てができる旨、②不服申立てをすべき行政庁、③不服申立てをすることができる期間を、「書面」で教示しなければならない（行審82条1項）。口頭で処分するときは、教示の必要はない。また、不服申立ての許されない処分の場合、その旨の教示も必要はない。教示の方法は、書面によることが必要とされる。最高裁は、「処分の相手方」に対して必要とされる教示であるから、特定の個人または団体を名宛人とするものでない処分については教示の規定の適用はないとしている（最1小判昭61.6.19判時1206.21。行政判例百選〔第7版〕Ⅱ-140）。

(2) 請求による教示

「利害関係人」から、当該処分が不服申立てをすることができる処分であるかどうか、できるとする場合に不服申立てをすべき行政庁、不服申立てをすることができる期間（原則3ヵ月の期間）について、教示を求められたときは、行政庁は、それらの事項について教示をしなければならない（行審82条2項）。書面による教示が求められた場合には、書面による教示をしなければならない（同条3項）。教示の請求は、当該処分が書面によるか口頭によるかは問わない。当該処分に不服申立ての利益をもつ者であれば「利害関係人」と言うことができ、そのような利益の保有が前提となる。現実には、利益のないことが一見明瞭な場合以外は拒否すべきではない、と考えられている。

3 教示に関する救済措置

(1) 教示をしなかった場合の救済

行政庁が上記のような教示をしなかった場合は、当該処分について不服のある者は、「当該処分庁」に不服申立書を提出することができる（行審83条1項）。この不服申立書の記載事項は、審査請求書の記載事項が準用される（同条2項・19条1項・2項）。

上記不服申立書が提出された場合、当該処分が審査請求をすることができる処分であるときは、処分庁は、その正本を審査庁に送付しなければならない（同83条3項）。上記の正本が送付された場合、当該審査庁に初めから審査請求等が成されたものとみなされる（同条4項）。

(2) 誤った教示がなされた場合の救済

審査請求ができる処分につき、処分庁が誤って審査庁でない行政庁を審査庁として教示した場合、それに従って審査請求がなされたときには、それらの審査請求書が提出された行政庁が、その責任において書類を適法な行政庁に送付し、かつ審査請求人に通知する義務を負う（行審22条1項）。送付されたときは、初めから適法な行政庁に申立てがなされたものとみなされる（同条5項）。

審査請求ができる処分のうち、再調査の請求をすることができない処分につき、処分庁が誤って再調査の請求ができる旨を教示した場合、それに従って再調査の請求がなされたときには、再調査の請求書が提出された行政庁が、その責任において書類を適法な行政庁に送付し、かつ再調査の請求人に通知する義務を負う（同22条3項）。また、再調査の請求をすることができる処分につき、処分庁が誤って審査請求をすることができる旨を教示しなかった場合、それに従って再調査の請求がなされたときには、再調査の請求書が提出された行政庁が、その責任において書類等を適法な行政庁に送付し、かつ再調査の請求人・参加人に通知する義務を負う（同条4項）。これらの請求書等が送付されたときは、初めから適法な行政庁に申立てがなされたものとみなされる（同条5項）。

処分庁が誤って法定期間よりも長い期間を審査請求期間として教示した場合は、その教示された審査請求期間内に審査請求がされたときは、その審査請求は、法定の期間内にされたものとみなされる（旧行審19条・48条、新法下においても同様に解されるべきものと思われる）。

(3) その他の注意点

不服申立てができない処分について、不服申立てができる旨の教示がなされた場合は、これによって不服申立てが可能になるわけではない。したがって、この場合でも不服申立ては却下される。ただし、教示を信じた者がこのことによって出訴の機会を失うのは公正ではないので、取消訴訟の出訴期間については、審査請求（意義申立て）に対する（却下）裁決・決定があった日から出訴期間の計算をすればよい（行訴14条3項）。

また、教示義務を怠った場合の処分の効力については、当該処分自体は、違法無効とならない点に注意すべきである。

第4節　情報提供

不服申立制度が国民によって円滑に利用されるようにその便宜に資するために、情報の提供と公表について行政庁に努力目標が定められる。

1　情報提供制度

審査請求、再調査の請求もしくは再審査請求または他の法令に基づく不服申立てにつき裁決、決定その他の処分をする権限を有する行政庁は、不服申立てをしようとする者または不服申立てをした者の求めに応じ、不服申立書の記載に関する事項その他不服申立てに必要な情報の提供に努めなければならない（行審84条）。

提供される情報は以下のようなものが想定されている。

①不服申立てをしようとする者に対して提供することが想定される情報の例として、(a) 不服申立ての記載の程度や目安、(b) 当該不服申立てにおける標準的審理期間、(c) 当該不服申立てにおける審理手続の基本的流れ（反論書や証拠書類等の提出、口頭意見陳述、参考人の陳述、鑑定や検証、審理関係人への質問、物件の閲覧等ができる旨、第三者機関への諮問、裁決等）が挙げられる。

②不服申立てをした者に対して提供することが想定されている情報の例として、(a) 反論書や証拠書類等の提出の具体的手続、(b) 参考人の陳述、鑑定や検証等の申立ての具体的手続や方式、(c) 閲覧等の求めの具体的な手続や方式、(d) 不服申立ての取下げの具体的手続や方式、(e) 審理手続終了時期の見通し、裁決の時期の見通し、が挙げられる。

2　公　　表

不服申立てにつき裁決等をする権限を有する行政庁は、当該行政庁がした裁決等の内容その他当該行政庁における不服申立ての処理状況について公表するよう努めなければならない（行審85条）。ここでの処理状況は、具体的には、各処分ごとの不服申立件数、処理件数、処理内容（認容と棄却の別等）、処理期間等が想定されている。これらが公表されることにより、不服申立ての処理についての透明性が確保され、不服申立ての適正な処理を促し、予見可能性が高められる。

第5節　不服申立前置（の見直し）

不服申立前置の制度（行訴8条1項但書）については、国民の裁判を受ける権利を不当に制限しているとの批判もあり、不服申立前置を定める個別法を一括して改正して、不服申立前置の廃止と縮小をした。見直しによってもなお存置される不服申立前置は、その認められる基準の観点から3つの形態がある。①不服申立てには裁判に係る第一審代替性があり、国民の手続的負担の軽減が図られているもの（電波法、特許法等）。この場合、審級省略により高等裁判所に提訴となる。②大量の不服申立てがあり、前置を外した場合の裁判所の負担が大きいもの（国税通則法、国民年金法等）。③第三者的機関が高度に専門技術的な判断を行うなど、前置により裁判所の負担が低減されるもの（公害健康被害補償法、国家公務員法等）。全体を通じて、裁判制度との関係性を考慮しての制度設計がなされている。

第20章
行政事件訴訟の意義

第1節　行政事件訴訟の法的性格

1　行政事件と裁判を受ける権利

日本国憲法32条は、裁判を受ける権利を国民に保障している。この「裁判を受ける権利」については、従来、私生活上の権利義務の確定にかかわる「民事事件の訴権」と、犯罪に対して刑罰を請求する「刑事事件の訴権」を意味すると解されていた（明憲24条の規定の解釈）。しかし、近代立憲主義の精神から見れば、個人の基本的人権の保障を確保し、「法の支配」を実現するには、違法な行政によって国民の権利利益が侵害され、または侵害のおそれが生じた場合には、国民から行政の適法性を追求し、権利救済を要求する手続が不可欠である。このような行政の適法性の審理判断を通じて国民と行政との紛争を解決し、国民の権利利益を回復する手続が一般に実質的な意味での行政訴訟と捉えられる。そして、日本国憲法32条の権利には、民事事件、刑事事件の裁判を受ける権利とともに「行政事件」の裁判を受ける権利が含まれていると理解されるようになっている。

2　行政訴訟と行政裁判

近代法治国家においては、行政争訟の制度を設け、違法または不当な行政作用に不服のある者に対してその救済を求めることを認めると同時に、行政作用の妥当性を保証する手段を採用した。この行政争訟の裁断に当たる機関が特に裁判所の構造を有し、訴訟の手続を用いて裁断するものを、行政訴訟または行政裁判と呼んでいる。上記のような行政争訟の内容を持っている行政上の裁断手段を「実質的な行政訴訟」と捉えるとして、実質的な行政訴訟について、どのような裁判所にどのような手続的特色を持たせるかによって司法国家型の行政（事件）訴訟と行政国家型の行政裁判が区分される。

従来、伝統的に行政裁判と呼ばれてきたものは、形式的な意味においてであり、すなわち、実質的な行政訴訟について、司法機関の外にあり、むしろ行政機関の系統に属する特別機関を設けてなされる特別手続の裁判を指してきた。この意味の行政裁判は、フランスやドイツなどの欧州大陸系の諸国に発達した。これらの国では、行政組織の系統のなかに行政裁判所が設けられ、行政権の自律性を保持しながら、行政の法に関する紛争を司法権部門によらずに解決してきた。行政裁判権は、裁判手続の形式において行われる行政機関の行為であるとさえいわれ、行政裁判所の判断が行政権を擁護する傾向に陥るのではないかという視点もある。

3　司法権行使としての行政事件訴訟

この行政裁判所を設ける行政国家型に対して、英米を中心としたアングロ・サクソン諸国では、行政事件も民事事件と同じように通常の司法裁判所で裁断する。すなわち、行政事件訴訟は、民事訴訟と同じ司法権の行使の形態を持ち、手続も通常の訴訟手続が適用され、特別な手続による扱いはなされなかった。このような裁判の形態をとる国家を司法国家と呼んできた。

この司法国家型の行政事件訴訟は、行政権の行使であっても司法権の審査に服すという観念の下に置かれるが、それと同時に司法権の限界にも服すことになる。すなわち、第一に、訴訟の対象となる事件は、「法律上の争訟」（裁３条）である必要がある。「法律上の争訟」といえるためには、①紛争当事者の間に具体的・現実的な権利義務の対立が存在していること、したがって、一般的・抽象的な問題は審査の対象とできない。②法を適用することによって解決できる紛争であること、したがって、法的評価にかかわらない政策的判断、科学的判断、学術・芸術的判断などは司法審査の対象とはならない。行政上の裁量判断も不当性の段階では審査ができず、違法性の段階において審査が可能となるのが原則である。

第二に、法律上の争訟であっても、憲法に特別な定めのある議員の資格争訟裁判（55条）や裁判官の弾劾裁判（64条）が例外とされるだけでなく、いわゆる「統治行為」の概念による司法権の限界が説かれてきた。統治行為とは、高度に政治性を有する国家行為をいい、国民主権や三権分立などの憲法原理と司法権との調整、政治的判断への司法権の自制・牽制などを理由として唱えられている概念である。最高裁判所も、内閣の衆議院の解散権の行使に関する苫米地事件（最大判昭35.6.8民集14.7.1206）、日米安全保障条約に関する砂川事件（最大判昭34.12.16刑集13.13.3225）において統治行為論を採用し、これらの事件について司法権が及ばないとしている（なお、後者の条約については厳密に解し、統治行為論の採用を否定する見解もある）。

第2節　我が国における行政裁判制度の沿革

1　明治憲法下における行政裁判制度

明治憲法の下の行政裁判制度は、欧州大陸型の制度が取り入れられた。行政事件の裁判を、特別な行政裁判所の管轄としていた。すなわち、大日本帝国憲法61条は、行政官庁の違法行為による権利傷害については、行政裁判所の裁判に属し、司法裁判所においては受理できないものとしていた。このような体制は、行政事件の専門技術的な性格に配慮した訴訟技術上の理由もあったが、行政権の特権的地位を擁護するために司法権の干渉を排除したという側面があった。

また、国民の権利救済の面から様々な問題点が指摘されていた。①出訴事項に列記主義が採用され、きわめて限定された事項のみ出訴が認められていた。②行政裁判所は東京に1ヵ所あっただけで不便であったし、組織的にも公平性が確保されているとはいい難かった。③審理手続は、職権主義の原則が採られ、当事者の手続的権利の保障は不十分であった。④行政裁判所と司法裁判所の権限を交通整理する制度がなかったので、権限が争いになったときに救済に至らないことが起こった。

2　日本国憲法下における行政事件訴訟

日本国憲法は、明治憲法下の行政裁判所を廃し、行政事件についても司法裁判所が裁判する体制にしたと解されている（32条・76条）。ただし、日本国憲法76条は、司法権が最高裁判所に連なる裁判所に属すると規定するが、何が司法権かは規定していない。そこで、裁判所法3条が「裁判所は、日本国憲法に特別の定のある場合を除いて一切の法律上の争訟を裁判し、その他法律において特に定める権限を有する」と定めて、司法権が法律上の争訟の裁判権限を意味することを明らかにしている。また、行政機関は、前審としてのみ裁判にかかわるものとされ（憲76条2項、裁3条2項）、行政事件の裁判が行政権から独立した司法判断の下に置かれることも明らかにされた。

3　行政訴訟制度の進展

日本国憲法の下では、行政事件の裁判も司法裁判所の管轄に属し、国民の権利救済を目的とする民事訴訟の手続が適用されることが原則とされた。日本国憲法の施行日の同日に、「日本国憲法の施行に伴う民事訴訟法の応急措置に関する法律」が施行されていた。この法律には行政処分の取消し・変更を求める訴えを認める1ヵ条が規定されていたが、民事訴訟の応急措置にすぎなかった。しかし、行政事件訴訟では、行政の適法性の判断という公益が関係するので、訴訟手続においても民事訴訟法の特例が必要であると考えられ、日本国憲法施行の翌年（1948〔昭和23〕年）に「行政事件訴訟特例法」が制定された。さらに、行政事件訴訟に関する判例も集積され、問題点も明らかになってきたので、1962〔昭和37〕年に民事訴訟法とは独立した「行政事件訴訟法」が制定された。

行政事件訴訟法は、制定から実質的改正もなく40年経過して、判例法理は進展したが、原告の権利利益の救済に解釈論では限界があることも見えてきた。また、現行法が環境問題や消費者問題にかかわる行政事件に対応できているかについても疑問が生じてきた。そのような背景の下、2004（平成16）年6月2日に改正案が成立し、翌2005（平成17）年4月1日に施行された。

この改正行政事件訴訟法は、抗告訴訟の形態の増設、原告適格の解釈基準の法定等の救済範囲の拡大、釈明処分の新設等の審理の充実・促進、裁判管轄・被告適格・出訴期間等の改変や教示制度の新設等の利用促進の仕組み、仮の救済制度の整備、という大きな改正の要点を踏まえていた。

4　民事訴訟の特則としての行政事件訴訟

行政事件訴訟法は、行政事件に関する一般法と位置付けられているのであるが（同法1条）、同法に定めのない事項については、民事訴訟の例によるとされている（同7条）。そこで、行政事件訴訟法の本質に反しない限り、民事訴訟に準じた扱いがなされると解されている。ただし、現実には、行政事件訴訟法に規定のない事項については、ほとんど民事訴訟法が適用されていて、行政事件訴訟法が民事訴訟法の特別法の様相を呈していることは否定できない。それでも、両訴訟が異なった手続で審理するのであるから、何を基準に区別するのかの問題は生じる。

伝統的な考えでは、公法関係から生じる事件の審理手続が行政事件訴訟で、私法関係から生じる事件の審理手続が民事訴訟とされている。原初的な公法関係は、権力関係であるから、行政事件訴訟法は、行政行為その他の行政庁の公権力の行使に対する不服の訴訟（抗告訴訟と呼ぶ）を中心に定めた。すなわち、行政庁の公権力の行使については抗告訴訟によって争わせ、民事訴訟によって争うことができないこととした（抗告訴訟の排他的管轄）。ただし、ここでの公権力の行使の概念は、公法関係という法領域から導き出されるものではなく、むしろ、実定的な行為形式によって決せられると考えられている。

なお、行政事件訴訟法は、抗告訴訟だけではなく、当事者訴訟という訴訟形態を定めている。当事者訴訟は、国または公共団体が国民・住民と対等な立場で法律関係を争う形態の訴訟であり、当該の法律関係が公法上の権利義務関係にかかわるので、民事訴訟とは区別されている。しかし、公法上の当事者訴訟と民事訴訟の審理手続はほとんど違いがないので、区分の実益がなく、現実の扱いにおいても問題とされていない。

《コラム》行政事件と民事事件の区別

我が国の現行法制は、伝統的な公法・私法の体系的二元論に基づき、行政上の法律関係は公法関係と私法関係とに二分されるとの前提に立って、公法関係で生起する紛争は行政事件、私法関係で生起する紛争は民事事件であると捉え組み立てられている。行政事件訴訟法もこうした伝統的見解に従って制定されている。行政事件訴訟法は、公法関係においては、行政庁は原則として行政行為その他公権力を行使して活動するので、公権力の行使に関する不服の訴えを抗告訴訟（3条）と構成し、抗告訴訟を行政事件訴訟の中心に据えている。ついで、公法上の法律関係に関する訴訟を公法上の当事者訴訟（4条）と呼び、これを行政事件訴訟の一種として私法上の法律関係に関する訴訟（45条）である民事訴訟と対置する。このように同法は、訴訟法上の行政事件と民事事件との区分を、実体法上の公法関係と私法関係とに対応させて設け、それぞれに規定を置いた。判例・学説の多くが、行政事件と民事事件の区分を公法・私法の区分と同列上において論じてきたのはそのためである。

しかし、実際の訴訟の運用を見ると、行政事件と民事事件との区分は、実体法上の公法関係と私法関係との区分に厳密に対応しているといえるかは疑わしい。むしろ、法律関係の性質（公法関係か私法関係か）によるのではなく、行政の個々の行為形式に着目し、行政庁が公権力を行使する形式で国民生活を規律する場合には、すなわち行政行為によって規律する場合には、これに対する不服を抗告訴訟という特殊な訴訟で争わせる。つまり抗告訴訟（特に取消訴訟）の排他的管轄に服させることとするのが、行政事件訴訟法の主な内容となっている。同法は、それ以上の機能ないし役割は果たしていないと見るほうが実態に即しているということもできる。例えば、公法関係においては、行政庁は通常、権力を行使して行政行為という形式で活動する。そのようであるから、一見すると、行政庁の公権力の行使にかかわる不服の訴えである抗告訴訟は、公法関係特有の訴訟形式であるように見える。しかし、仔細に見ると、抗告訴訟は、行政庁の公権力の行使（特に行政行為）を争う訴訟形式であるけれども、公法関係と私法関係の区分に厳格に対応していない。

具体的にいうと、国民と行政が対等な立場で対立するいわゆる私法関係の分野においても、法律に基づき、行政庁が行政行為の形式で関与する（いわゆる形式的行政行為）場合には、これらの行為の適否は抗告訴訟の手続で争われる。例えば、補助金の交付決定（東京地判昭51.12.13行集27.11-12.1790）、公営住宅の入居決定（大阪地決昭49.12.10判時770.76）、供託金の取戻請求に対する供託官の措置（最大判昭 45.7.15 民集 24.7.771。行政判例百選〔第 7 版〕Ⅱ-147）などは、実態的には私法的基盤に根ざす行為である。しかし、いずれも実定法により行政行為の形式がとられているから、これに不服のある者は抗告訴訟によって争わなければならない。他方、公法関係における行政活動であっても、行政契約などの非権力的な行為は、抗告訴訟で争うことはできない。これを見ても、抗告訴訟が公法・私法の区分に厳格に対応するものではなく、もっぱら行政の行為形式に着目した訴訟手続であることがわかる。

第21章

行政事件訴訟法の形態

第1節　行政事件訴訟とは何か―類型と特色―

1　類　　型

行政事件訴訟法は、行政事件訴訟として、抗告訴訟、当事者訴訟、民衆訴訟、機関訴訟の4種を規定している（2条。図表21-1）。抗告訴訟と当事者訴訟は、もっぱら国民の権利利益の保護を目的とする訴訟であり、原告に主観的な利益が要求されるので主観訴訟と称される。主観訴訟は、通常の民事訴訟と同様、裁判所法3条の「法律上の争訟」に該当し、当然司法権に属し、裁判所の権限とされる訴訟である。

民衆訴訟と機関訴訟は、国民の権利利益の保護を直接の目的とせず、行政

《図表21-1　行政事件訴訟の類型》

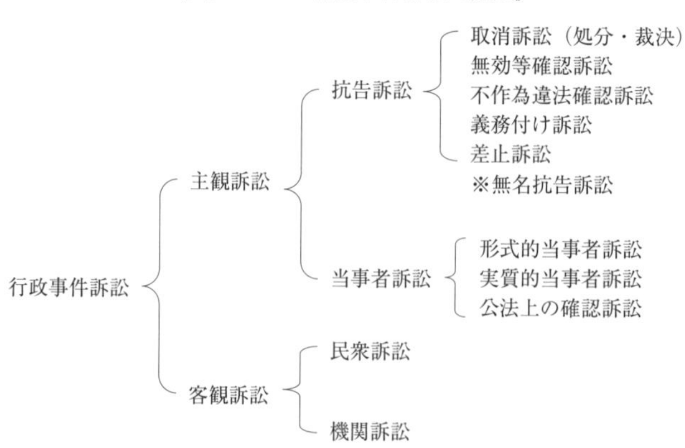

法規の適正な運用を確保することを目的とする訴訟であり、原告に主観的な利益が要求されず、客観的な一定の資格が要求されるのみである。客観訴訟と称されるゆえんである。客観訴訟は、純粋な意味の訴訟ではなく、政策的に認められる特殊な制度であり、裁判所法3条にいう「法律において特に定め」る裁判所の権限とされる。

2 抗告訴訟

抗告訴訟とは、行政庁の公権力の行使に関する不服の訴訟をいう（行訴3条1項）。もともと、「抗告」という語は、第一審の裁判を不服として争う訴訟上の手続を意味するが、行政処分をあたかも第一審の裁判のように見立てて作られた用語が抗告訴訟である。したがって、抗告訴訟は、本来行政庁の違法な処分の取消し変更を求める訴えとして設定されたものである。しかし、現行法は、抗告訴訟をそのように限定せず、行政側を被告として、その権限の行使または不行使を争う訴訟で、それらの公権力性を排除することによって、国民・住民の権利利益の保護、救済を図ることを目的とする訴訟の一切を含むものとして観念している。

行政事件訴訟法は、抗告訴訟を「行政庁の公権力の行使に関する不服の訴訟」と規定し、以下6類型の訴訟を列記している（図表21-2）。この6類型は、3条全体の規定からすると、限定されたものとは解されず、この他の抗告訴訟の類型を否定するものではない（「無名抗告訴訟」の許容性）。

《図表21-2　行政事件訴訟法上の抗告訴訟の種類》

- ・取消訴訟
  - 処分取消訴訟（2項）
  - 裁決取消訴訟（3項）
- ・無効等確認訴訟（4項）
- ・不作為違法確認訴訟（5項）
- ・義務付け訴訟（6項、2004年追加）
- ・差止訴訟（7項、2004年追加）

※無名抗告訴訟（法定外抗告訴訟）

3　当事者訴訟

(1)　概　　説

当事者訴訟とは、当事者間の法律関係を確定しまたは形成する処分または裁決に関する訴訟で法令によりその法律関係の一方を被告とするものおよび公法上の法律関係に関する確認の訴えその他の公法上の法律関係に関する訴訟をいう（行訴4条)。「当事者間の法律関係を確定し又は形成する処分又は裁決に関する訴訟で法令によりその法律関係の一方を被告とするもの」は「形式的当事者訴訟」と呼ばれる。「公法上の法律関係に関する訴訟」は「実質的当事者訴訟」と呼ばれる。そして、実質的当事者訴訟の中には「公法上の法律関係に関する確認の訴え」が含まれる（2004〔平成16〕年の改正により追加)。

当事者訴訟は、実体法上の権利義務の当事者が訴訟上の当事者（原告と被告）になるので当事者訴訟と称されるが、その意味で民事訴訟と同じ訴訟構造を持っている。民事訴訟の訴訟物と呼ばれる争いの対象が私法上の権利関係であるのに対して、当事者訴訟の場合にはそれが公法上の法律関係であるという点で両者は異なるのみである。ただ、公法上の法律関係について民事訴訟法の適用が拒否されることが予想されるので、行政事件訴訟法で当事者訴訟として、公法上の権利関係の救済のための訴訟形態を設けておく必要があったのである。

当事者訴訟は、民事訴訟と実質において異なるところがないので、民事訴訟法の例によるものとされ（行訴7条)、行政庁の訴訟参加（同23条)、職権証拠調べ（同24条）など抗告訴訟の規定が若干準用されているにすぎない（同41条)。ただし、裁判所の事物管轄は、訴額にかかわらず地方裁判所とされる（同33条1項1号・24条1項)。

(2)　形式的当事者訴訟

形式的当事者訴訟は、本来、処分や裁決の効力を争う訴訟であることからすると、実質的に抗告訴訟の性格を持つ争いについて、直接利害関係を有する法律関係の実質的な当事者を訴訟当事者として争わせるものである。この意味で「形式的」当事者訴訟と呼ばれるのである。

《図表 21-3　形式的当事者訴訟—土地収用法の補償額をめぐる争い—》

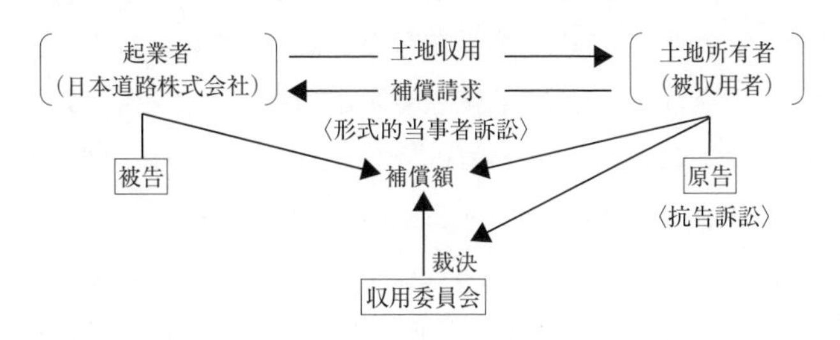

この訴訟形態は、損失補償の額等を争う訴訟に多く見られる。なぜかというと、処分の効力にあまり影響のない損失補償の金額等に関することまで抗告訴訟によって争わせる必要がないからである。むしろ、補償金について実質的に利害関係を持つ実体上の当事者を訴訟当事者として争わせたほうが訴訟経済上妥当だと判断されるからにほかならない。例えば、土地収用に基づく損失補償額について、収用委員会の裁決に不服がある場合の訴えにおいてはその裁決について抗告訴訟を提起するのではなく、起業者または相手方である土地所有者等のいずれか一方が原告となり、他方が被告となって裁決の効力である補償額を争うことになっている（収用 133 条 2 項。図表 21-3）。

このような規定は、土地収用法以外にも、著作権法、文化財保護法、自然公園法、農地法など多くの法律に見られる。特許法上の審判の審決に対する訴訟（特許法 179 条但書）もこの形態の訴訟の一つである。

(3)　実質的当事者訴訟

公法上の権利や法律関係が訴えの対象（訴訟物）になっている、法律関係の当事者間の訴訟で、民事訴訟とほぼ同一の性格を持つ。行政庁の処分や裁決が前提となっていない点で形式的当事者訴訟とも異なる。この訴訟は、法令や処分の無効、不存在を前提とする公法上の法律関係あるいは公法上の地位、身分の確認訴訟、公法上の金銭債権の支払請求訴訟などを典型的な形態とする。国立学校の学生や公務員の身分確認訴訟、公務員の給与の支払請求訴訟などがその例である。

(4) 公法上の法律関係の確認訴訟

行政立法、行政計画、通達、行政指導などについては、抗告訴訟の対象となる行政庁の公権力の行使に当たらないとされる場合が通常であり、典型的な行政作用を念頭において「行政庁の処分その他公権力の行使に当たる行為」(行訴3条2項)を対象としている取消訴訟などの抗告訴訟のみでは、国民の権利利益の実効的な救済を図ることが困難な場合が生じていた。

他方で、当事者訴訟の対象は、「行政庁の公権力の行使に関する不服」の範囲に含まれない「公法上の法律関係に関する訴訟」であり、抗告訴訟の対象とならない行政の行為を契機として争いが生じた場合であっても、公法上の法律関係に関して確認の利益が認められる場合については、当事者訴訟として確認の訴えを提起することが可能である。そこで、「公法上の法律関係に関する訴訟」の中には、「公法上の法律関係に関する確認の訴え」が当然に含まれることを明らかにし、抗告訴訟の対象とならない行政の行為も含む多様な行政の活動によって争いの生じた権利義務などの公法上の法律関係について確認の利益が認められる場合に、確認訴訟の活用を図る趣旨でこの訴訟類型が設けられた。

4 民衆訴訟

民衆訴訟とは、国または公共団体の機関の法規に適合しない行為の是正を求める訴訟で、選挙人たる資格その他自己の法律上の利益にかかわらない資格で提起するものをいう(行訴5条)。客観訴訟に属する訴訟の形態である。この訴訟は、裁判所法3条のいわゆる「法律上の争訟」に該当しないもので、政策的に認められた特殊の訴訟である。したがって、原告適格も「法律上の利益」の侵害の主張を必要とせず、別の見地から法律で定められることになっている(同42条)。

現行法上の例としては、公職選挙法による選挙または当選の効力に関する訴訟(公選203条・204条・207条・211条)、地方自治法に定める住民訴訟(自治242条の2)、最高裁判所の国民審査に関する審査無効の訴訟(最高裁判所裁判官国民審査法36条)等がある。特に、住民訴訟は、地方自治体の政治の活性化のために、その機能が注目されている。

5 機関訴訟

機関訴訟とは、国または公共団体の機関相互間における権限の存否またはその行使に関する紛争についての訴訟をいう（行訴5条）。本来、行政機関相互の争いは行政組織内部の問題であるから、上級行政庁が解決すべきであるが、権限争議などは公平な第三者の判断を仰ぐのが適当として、裁判所の役割としたのである。紛争の当事者である機関は、同一の行政主体に属するものである必要はなく、異なる行政主体に属する機関相互の間の紛争もありうる。また、異なる行政主体の機関相互の間で行政主体の権限を争うものもありうる。

現行法上の機関訴訟の例としては、地方公共団体の議会の議決または選挙に関する訴訟（自治176条7項）、地方公共団体に対する国の関与に関する紛争（自治251条の5・252条）、法定受託事務の代執行に関する訴訟（自治245条の8）、地方税の課税権の帰属に関する紛争（地方税法8条）などがある。

第2節 住民訴訟

1 意 義

住民訴訟は、「民衆訴訟」の一種であり、客観訴訟である。この制度は、1948（昭和23）年にアメリカの納税者訴訟をモデルに導入され、その後、1963（昭和38）年の法改正において、住民監査請求とは独立した条文に規定されることになった。地方自治法は、地方公共団体の財産管理や財務会計上の行為の適否を監視するために、租税負担者である住民にそれらの違法ないし不当を指摘して監査委員に監査請求をする権利を認めた（住民監査請求制度。242条）。しかし、監査委員が監査を行わず、行ってもその結果について不服がある場合には、監査請求をした住民がさらに裁判所に訴訟を提起して、違法ないし不当な行為の是正を請求する権利を認めた。これが住民訴訟である（同242条の2）。

住民訴訟は、その本来の制度機能に加えて新たな機能が問題となっている。すなわち、住民訴訟は不正な財務会計の予防矯正というだけでなく、地方公共団体の行政運営の違法一般の責任を追及する方法として拡大利用されるように、その役割も変化してきたことが確認されている。

2 訴訟要件

(1) 原告適格—出訴資格—

原告となりうる者は、監査請求を経た住民である。すなわち、監査請求前置主義が採られているので、公金の支出等があった日から原則として1年以内に監査請求を提起して（「怠る行為」については請求期間の制限はない）、この請求に基づく監査結果ないし監査委員の是正勧告に対する執行機関の対応措置に不服があるときに、住民訴訟を提起することができる。監査請求をしなかった者は、この訴訟への参加はできるが、原告になることはできない。

詳説すると、監査請求を行ったときで、以下のような場合に該当する場合に出訴できる。すなわち、①監査委員の監査結果もしくは勧告に不服があるとき、②監査委員の勧告を受けた議会・長・その他の執行機関もしくは職員の措置に不服があるとき、③監査委員が監査請求のあった日から60日以内に監査もしくは勧告を行わないとき、④監査委員の勧告を受けた議会・長・その他の執行機関もしくは職員が勧告によって示された期間内に必要な措置を講じないとき、である。

なお、監査請求が却下された場合はどうなるか。却下が適法な場合には、適法な監査請求前置を経たことにはならないから本訴も却下される。しかし、却下が違法な場合には、「監査を行わないとき」に該当し、出訴が認められる（最3小判平10.12.18判時1663.87）。

原告適格は、一身専属性を有し、原告の死亡や転居により訴えは終了ないし却下され、その相続や承継は許されない（最2小判昭55.2.22集民129.209）。

(2) 被告適格

被告適格は、訴訟の具体的形態によって決定される。地方自治法242条の2第1項の1号（行為の差止の請求）と3号（「怠る事実」の違法確認の請求）では、地方公共団体の執行機関およびその補助機関としての職員。同2号（行為の取消しまたは無効確認の請求）では、処分を行った「行政庁」。同4号（当該職員または相手方に対する損害賠償または不当利得返還の請求）では、第1段の義務付け訴訟においては、職員（公務員）個人名ではなく、行政機関名を被告の名宛人として提起する。例えば、「○○市市長」を被告とする。また、この訴訟に被告が敗訴（請求を命じる判決が確定）した場合、地方公共団体の長は、判決確定日から60日以内に、請求にかかわる損害賠償金または不当利得返還金の「支払命令の請求」をしなければならない（自治242条の3第1項）。この請求が無視され、実施されない場合、地方公共団体は、第2段の損害賠償または不当利得返還の請求を目的とする訴訟が、当該職員、当該行為または怠る事実に係わる相手方に対して提起されることになる（同条2項）。

(3) 出訴期間

訴訟形態に応じて、短期の出訴期間が規定されている（自治242条の2第2項1号～4号）。起算は、各出訴要件に応じて定められる。①監査委員の監査結果または勧告に不服がある場合は、当該監査結果または当該勧告の内容に通知があった日から30日以内。②監査委員の勧告を受けた議会、長その他の執行機関または職員の措置に不服がある場合は、当該措置にかかわる監査委員の通知があった日から30日以内。③監査委員が請求した日から60日が経過しても監査または勧告を行わない場合は、当該60日を経過した日から30日以内。④監査委員の勧告を受けた議会、長その他の執行機関または職員が措置を講じない場合は、当該勧告に示された期間を経過した日から30日以内。これらの期間は、「不変期間」（同条3項。第21章の取消訴訟の出訴期間の項目〔220頁〕参照）である。

(4) 訴訟の対象

住民監査請求の対象となった「財務会計上の行為」のうち、違法なものに限定される。最近の訴訟の実態を見ると、典型的な「財務会計事項」を超えて、行政のあり方そのものが争われているものが多い。

具体例としては以下のような事例がある。①国庫補助や改正前の機関委任事務の執行のための地方公共団体の超過負担を国に対する「不当利得返還請求」、「損害賠償請求」として争った事例（国分寺市保育所運営費国庫負担請求事件、東京地判昭 55.3.4〈事件番号〉昭和 49 年（行ウ）3）。②「請願駅」の設置費の地元負担方法が違法であるとして争った事例（東京地判昭 55.6.10 判時 961.18）。③地方公共団体の環境行政上の怠慢を批判して争われた事例（田子の浦ヘドロ事件、最 3 小判昭 57.7.13 民集 36.6.970）。④地方公共団体の公金支出が政教分離の原則の違反を理由に争われた事例（津地鎮祭事件、最大判昭 52.7.13 民集 31.4.533。箕面忠魂碑事件、最 3 小判平 5.2.16 判時 1454.41）。⑤自治体と企業との不明朗な関係を告発することを内容とする事例（政治団体補助金支出事件、最 3 小判昭 53.8.29 集民 124.503）。⑥自治体職員の宴会行政を批判して起こされた事例（市川市損害賠償請求事件、最 2 小判昭 63.11.25 集民 155.159）。⑦公務員の給与の不正受給の追及、人事行政の不透明性の告発等を内容とする事例（川崎市役所「ヤミ」給与事件、最 1 小判昭 60.9.12 判時 1171.62）。

3　請求類型

(1)　差止請求（自治 242 条の 2 第 1 項 1 号請求）

差止請求（1 号請求）とは、執行機関または職員の違法な行為の事前の全部または一部の差し止めを求める訴訟であるが、この請求が許されるのは「回復困難な損害を生じる場合」に限定される。

この請求は、行為の蓋然性、違法の蓋然性とともに損害発生の蓋然性などの要件が厳格に要求されている。したがって、単なる不作為だけでなく作為の給付をも請求できるとする見解も主張されている（最 3 小判平 12.12.19 民集 54.9.2748）。また、差止によって人の生命または身体に対する重大な危害の発生の防止その他公共の福祉を著しく阻害するおそれがあるときは、この請求をすることはできない（自治 242 条の 2 第 6 項）。

(2)　取消しまたは無効確認請求（同 2 号請求）

この請求は、「行政処分」が対象となる。したがって、抗告訴訟と同様に「処分性」が訴訟の争点となる。

(3)　怠る事実の違法確認請求（同 3 号請求）

この請求における「怠る事実」とは、法令上明示されている一定の作為義務を相当期間経過しているにもかかわらず履行しない場合をいう。

(4) 4号請求

この請求は、当該職員または当該行為もしくは怠る事実に係る相手方に損害賠償または不当利得返還の請求をすることを当該普通地方公共団体の執行機関または職員に対して求める請求である（自治242条の2第1項4号本文）。また、当該職員または当該行為もしくは怠る事実に係る相手方が地方自治法243条の2の2第3項の規定による賠償の命令の対象（会計管理者等の故意または重過失で現金や物品等を亡失、損傷した場合）である場合には、当該賠償の命令をすることを求める請求をいう（同242条の2第1項4号但書）。

この請求では、住民監査請求に基づく監査結果に不服の住民は、まず、普通地方公共団体の執行機関（知事や市町村長または担当職員）を被告として裁判を起こし、責任を負うべき首長や職員に対して、違法な行為によって生じた損害賠償責任・不当利得返還責任の履行を求める。執行機関が被告となるという点に注意を要し、首長や職員個人の責任を住民が直接問うことはできない。ただし、これらの職員等は、本件訴訟に強い利害関係を有しており、訴訟に参加の機会を与えるため、本件訴訟が提起された場合、執行機関等は、職員または当該行為もしくは怠る事実に係る相手方に対し、遅滞なく訴訟の告知をしなければならない（同条7項）。

本件訴訟で住民勝訴の判決が確定した場合、当該普通地方公共団体の長は、判決確定に日から60日以内に、責任を負うべき首長や職員個人に損害賠償請求・不当利得返還請求をしなければならない（同242条の3第1項）。これらの請求の支払いがなされない場合は、当該普通地方公共団体は、これらの請求を目的とする訴訟を提起しなければならない（同条2項）。この第2段の訴訟において、首長を相手とする場合、利害相反を避けるため、代表監査委員が当該地方公共団体を代表する（同条5項）。なお、普通地方公共団体が訴えの提起をするときには原則として議会の議決を必要とするが（同96条1項12号）、本件訴訟の提起については議会の議決は不要とされる（同242条の3第3項）。

4　訴訟手続

(1)　別訴の禁止

住民訴訟の係属中は、その地方公共団体の住民は別訴をもって同一の請求をすることはできない（自治242条の2第4項）。そのため、他の住民はその住民訴訟に訴訟参加するしかない。複数の住民が原告となる形態は、「類似必要的共同訴訟」となる（最2小判昭58.4.1民集37.3.201）。

(2)　訴額・訴訟費用

訴額の算定について、最高裁は「算定不能説」に立つ（最1小判昭53.3.30民集32.2.485。行政判例百選〔第7版〕Ⅱ-214）。したがって、現在では一律160万円

《図表21-4　形態別の公法関係事件に関する訴訟》

①公法関係事件の民事訴訟

訴訟形態	訴訟の内容
国家賠償請求訴訟	違法な公権力の行使や公物の瑕疵に対する損害賠償請求の争い
争点訴訟	行政行為の無効や不存在を前提とする私法上の法律関係の争い
公法関連民事訴訟	公法上の法律関係を前提とする私法上の法律関係の争い

②公法私法の区分を前提とする法律上の争訟

訴訟形態	訴訟の内容
民事訴訟	当事者（原告と被告）間で行われる私法上の権利義務の変動関係の争い
当事者訴訟	当事者（原告と被告）間で行われる公法上の権利義務の変動関係の争い
抗告訴訟	行政処分その他の公権力の行使に当たる行為の効力についての争い

③行政処分の効力に関する訴訟

訴訟形態	訴訟の内容
取消訴訟	行政処分等の取消しを求める争い
無効確認訴訟	行政処分等の無効の確認を求める争い
当事者訴訟	行政行為の無効や不存在を前提とする公法上の法律関係の争い
争点訴訟	行政行為の無効や不存在を前提とする私法上の法律関係の争い

④公法上の当事者訴訟

訴訟形態	訴訟の内容
実質当事者訴訟	無効の行政処分等を前提とする公法上の法律関係の争い
公法上の確認訴訟	公法上の法律関係の確認を求める争い
形式当事者訴訟	当事者の法律関係を形成・確認する処分等に関する争いで当事者の一方を被告とする争い

とされる（民事訴訟費用等に関する法律４条２項）。

４号請求訴訟に勝訴した場合、弁護士報酬の相当額を当該地方公共団体に請求できる（自治242条の２第12項）。被告職員の勝訴した場合の応訴費用については、議会の議決によりその報酬額の範囲内で相当と認められる額を負担することができる。

《コラム》訴えの形態

請求の性質・内容によって分類すると、訴えは、①給付の訴え、②確認の訴え、③形成の訴えに分けられる。これらの訴えは、訴えの提起の方式の違いがあるわけではないが、請求の同一性を考慮する上でその違いが重要であり、請求認容判決の内容や効力が異なる。

(1)　給付の訴え

原告の被告に対する給付請求権の主張とそれに対応する裁判所に対する給付判決の要求を請求内容とする訴えである。この場合の給付とは、金銭の支払や物の引き渡しだけでなく、作為や不作為が含まれる。給付判決は、被告に給付義務が存在することを確認するもので、この判断に既判力が生じる。

(2)　確認の訴え

特定の権利義務関係の存在・不存在の主張とそれらを確定する確認判決の要求を請求内容とする訴えである。権利義務関係の存否の確認を対象とするのが原則であるが、事実関係の確認も認められる。確認判決は、確認を求められた権利義務関係等の現在の存否の宣言で、この判断に既判力が生じる。

沿革的に見ると、現状に満足していない原告がその変更を求め、執行によってその目的を遂げようとする給付の訴えが原初的に認められた。現状に満足している原告が変更の防止の求め、現状を維持しようとする確認の訴えは、現存する権利義務関係を観念的に確定するだけであるから、このような権利義務関係が実定的に整備され、権利意識と遵法精神が社会に浸透した近代になって認められた。給付の訴えも執行を求めるには給付請求権の存否の確認が前提となるので、給付の訴えによって目的が遂げられるのであれば、当該の請求権の確認の訴えは無駄である。その意味で、確認の訴えは補充的な意義を持つといえる。

(3)　形成の訴え

一定の法律関係の変動（発生・変更・消滅）を求め、その変動を宣言する形成判決の要求を請求内容とする訴えである。本来法律関係の変動は、法律要件に該当する事実があれば当然に生じるのであるから、その変動が生じた後の権利義務関係を問題にすればよく、形成の訴えは必要がないはずである。なぜ形成の訴えを認めるのであろうか。形成判決の確定によってそこで宣言された法律関係の変動が生じるという仕組みは、法律関係の変動に一定の歯止めがかけられる反面、判決により変動を明確にし、無用の紛争を防止できる。すなわち、判決の形成力によって、判決の効力を第三者にも及ぼし、多数の利害関係人の間の法律関係を画一的に処することができる。さらに、法律をもって訴えを提起できる者の資格をあらかじめ制限し、出訴期間を設けることによって、法律関係の変動の可能性を制約することができる。つまり、形成の訴えを提起しなければならないとする仕組みは、法律関係の安定を図るためにある。法は、法律関係の安定や利害関係の画一的処理の必要性がある場合、その法律関係の変動について形成の訴えの方式を設けておくことになる。したがって、形式論的にいえば、形成の訴えが提起され、形成判決が確定しない限り、この訴えの対象たる法律関係の変動を何人も主張しえない。

(4)　行政事件訴訟と訴えの形態

①　争点訴訟と当事者訴訟

まず争点訴訟は、もともと「私法上の法律関係に関する訴訟」であるから、論理的には民事訴訟法における訴えの形態がすべて含まれる。

当事者訴訟については、形式的当事者訴訟は、例えば土地収用法上の補償金額（の増減）を争う訴訟（同法133条1項）の性質について、判例は、給付・確認訴訟説と形成訴訟説の2説に分かれている。給付・確認訴訟説の根拠の一つは、損失補償請求権が憲法29条3項により直接生じるという請求権発生説を前提として、収用委員会の補償裁決の処分性を否定するものである。しかし、仮に補償請求権が客観的に発生する権利であっても、行政処分によってそれを確定する制度はありうるので、補償裁決の処分性を否定することはできない。したがって、処分性の否定を給付・確認訴訟説の根拠とするのは合理性に欠ける。形成訴訟説は、補償裁決に処分性を認め、この裁決の公定力を否定して取消しないし変更を求める訴訟と考えるのである。しかし、取消訴訟の排他的管轄の仕組みも形成訴訟のもつ立法政策的性格から導き出されるものであるから、形式的当事者訴訟も例外的に取消訴訟の排他的管轄を排除する立法政策から採用された訴訟とみることもできる。

実質的当事者訴訟は、行政処分等の無効・不存在を前提に、公法上の法律関係を争う訴訟であるから、給付訴訟の類型（公法上の金銭支払請求訴訟等）、確認訴訟の類型（公法上の地位確認訴訟等）が一般的である。ただし、地方自治法9条9項の市町村の境界確定の訴えについては、確認訴訟とする説が通説であるが、形成訴訟とする有力説も出てきている。

② 抗告訴訟

新設の義務付け訴訟・差止訴訟は、行政庁に作為・不作為の義務の行使を求める訴訟であり、給付訴訟に含まれる。ただし、民事訴訟と異なり、訴訟要件や本案勝訴要件が法定されている点に特徴がある。不作為違法確認訴訟・無効等確認訴訟は、行政処分にかかわる法律関係の確認を求める確認訴訟の形態である。取消訴訟は、行政処分等の公権力の行使の取消しを求める形成訴訟である。

従来、取消訴訟の根拠として、最近では、取消訴訟の排他的管轄が設定されるという立法政策論によって説明される。すなわち、法的安定性の確保のために取消訴訟に制限するのである。このような取消訴訟を政策論的に説明するのは、そもそも形成訴訟のメリットが政策論から作出されていることと整合性がある。

第22章

抗告訴訟

第1節　抗告訴訟の類型化の意義

抗告訴訟の語は、行政処分を第一審に見立てて、再審的なものとして考えられた理論上の言葉が法定化されたものである。したがって、現在認められている取消訴訟形態以外の抗告訴訟の類型は、歴史的に、学説と判例によって積み重ねられてきたものである。その延長で捉えると、抗告訴訟の再審的な性格を強調すると否定的に考えられる義務付け訴訟のような訴訟形態も、学説判例の展開如何によっては認められる余地が出てきていたのである。行政事件訴訟法の立法者意図としては、取消訴訟を抗告訴訟の中心的な訴訟形態としつつも、「公権力の行使に関する不服の訴訟」という包括的な概念を立てることによって、抗告訴訟の拡張を学説判例の発展に委ねていると解せられる。

第2節　取 消 訴 訟

取消訴訟は、違法な行政行為の公定力による公権的拘束力を排除し、行政行為の効力を行為の成立の既往に遡って失わせる機能を持つ。

1　処分の取消しの訴え

処分の取消しの訴えは、行政庁の処分その他公権力の行使に当たる行為の取消しを求める訴訟をいう（行訴3条2項）。処分の違法事由は、取消事由に限らず、無効事由も含まれる。つまり、処分の無効を主張して、取消訴訟を提起することも認められると解されている。

2　裁決の取消しの訴え

裁決の取消しの訴えは、行政庁の処分その他の公権力の行使に関し、その処分等の相手方その他利害関係人が提起した審査請求その他の不服申立てに対して、行政庁が審理し判断裁定した行為の取消しを求める訴訟をいう（行訴3条3項)。訴訟の性質は、処分の取消しの訴えと変わらない。

3　処分取消しの訴えと裁決取消しの訴えの関係

処分取消しの訴えと裁決取消しの訴えとが異なる類型の訴訟として設けられているのは、処分の不服申立てにおいて棄却裁決を受けた場合、これに対しての取消訴訟は、原処分を対象とすべきか、それとも棄却裁決を対象とすべきかが問題となるので、その点を明確にしておくためである。行政事件訴訟法は、この問題について、原則的には選択的提起可能性、つまり、処分に対して直ぐに取消訴訟を起こしてもよいし、不服申立てをしてその結果を待ち裁決取消訴訟を起こしてもよい、また、その両者を同時に（あるいは順次に）起こしてもよい、とした。すなわち、両訴訟は、「関連請求」とされ（行訴13条3号・4号)、移送（同条）や併合（同16条・18条・19条）の対象とされている。ただし、特別法で、原処分に対して出訴を許さず、例外的に裁決の取消しの訴えのみを認める場合がある（公選203条2項、電波法96条の2等)。これを裁決主義というが、不服申立ての段階で厳格な審査がなされる事件の場合は、原処分を支持する裁決を対象とするほうが適切と考えられていることによる。

処分取消しの訴えと裁決取消しの訴えのいずれも提起できる場合、裁決の取消しの訴えでは、原処分の違法を主張することはできず、裁決に固有の瑕疵のみを主張できる（行訴10条2項)。逆に原処分の取消訴訟では、裁決固有の瑕疵を主張することはできない。このような法の調整態度を、「原処分主義」という。裁決固有の瑕疵とは、裁決の理由付記の不備等、手続上の瑕疵が主なものである。したがって、原処分の違法のみを主張して棄却裁決の取消訴訟を提起しても、取消事由となる違法性の主張がないとして却下判決が下される。

修正裁決について不服がある場合、処分取消しの訴えと裁決取消しの訴えのどちらを提起すべきかは問題である。すなわち、修正裁決を新たな処分がなされたとして、修正裁決自体を争うべきか、修正裁決はあくまで原処分が基礎となっているとして、原処分を争うべきかである。最高裁は、公務員の懲戒処分の修正裁決に関する事件において、原処分の取消訴訟によるとした（最3小判昭62.4.21民集41.3.309。行政判例百選〔第7版〕Ⅱ-138）。もちろん、そこで違法審査の対象となるのは裁決によって修正された処分である。

第3節　無効等確認の訴え

1　概　　要

無効等確認の訴えとは、処分その他の公権力の行使に当たる行為および不服申立てに対する裁決、決定その他の行為の存否または効力の有無の確認を求める訴えをいう（行訴3条4項）。したがって、形態としては、存在確認訴訟、不存在確認訴訟、有効確認訴訟、無効確認訴訟などが考えられる。行政処分の不存在ないし無効の場合、公定力は生じず、したがって不可争力は生じないので、取消訴訟と異なり出訴期間の制限はない。そこで、いつでも出訴できるため、旧法時代は、無効確認訴訟を抗告訴訟と見るか当事者訴訟と見るかについて意見が分かれていた。行政事件訴訟法は、この訴訟を抗告訴訟としたのである。

2　訴えの利益

処分が無効ということは、処分の成立時に原始的に効力が存在しないのであるから、効力が存在しないことを前提として、現時点における法律関係を争うことができるはずである。そもそも確認訴訟は、その法律関係を確認しなくても、抜本的に紛争が解決できれば、そのような解決法をとるべきで、確認するだけの客観的な利益が必要とされる。無効等確認訴訟も、無効等を確認するまでもなく、抜本的に原告の権利が救済される解決法があれば、そのような方法をとるべきである。そこで、無効確認訴訟の原告適格の制限の問題が重要となる。

行政事件訴訟法36条は、無効等確認の訴えの原告適格を制限する規定を置き、処分の無効を前提とする通常の訴訟の手続（争点訴訟＝民事訴訟または公法上の当事者訴訟）によって直接的に権利の保護が達成できるときには、無効等確認の訴えの提起を許さないとする（補充性の原則）。この補充性原則の下で提起できる訴訟の類型は、以下のようなものとされる。①「当該処分又は裁決に続く処分により損害を受ける虞のある」場合（予防的訴訟）。②「当該処分若しくは裁決の存否又はその効力の有無を前提とする現在の法律関係に関する訴えによって目的を達成することができない」場合（補充的訴訟）である。

なお、②の消極的要件（補充的要件）は、①の予防的訴訟に適用されるか、については争いがある。文理上および制度趣旨からすると、適用されるとする限定説（一元説）が妥当と思えるが、予防訴訟の要件を満たす訴えは、必然的に消極的要件も満たすということがいえるので、判例の傾向は実質的には無限定説（二元説）に近い（最3小判昭51.4.27民集30.3.384）。

また、補充性の原則を厳格に適用すると適切な救済が実現できない場合があるので、違法無効事由の主張の内容によっては、補充性の判断が緩和されることもある。例えば、土地改良事業の施行に伴い土地改良区から換地処分を受けた者が、右換地処分は照応の原則に違反し無効であると主張してこれを争おうとするときは、行政事件訴訟法36条により右換地処分の無効確認を求める訴えを提起することができるものと解するのが相当である、とした判例がある（最2小判昭62.4.17民集41.3.286。行政判例百選〔第7版〕Ⅱ-180）。

この判例において最高裁は、補充性の原則に忠実に従えば、換地処分の無効を前提として所有権に関する民事訴訟を起こせばよいことになるが、所有権に関する個別の訴訟は、相互に連鎖し関連し合う換地計画に基づく換地処分の効力をめぐる紛争の解決には適しない。また、原告が自己に有利な換地を交付すべきことを主張しているにほかならないので照応の原則に違反することを主張しており、単に所有権の回復を目的にしているのではない実体に鑑みると、換地処分の無効宣言によって直截的に原告の主張に即して解決が可能になる、としている。

第４節　不作為の違法確認の訴え

行政庁が国民住民から法令に基づく申請を受け、相当の期間に何らかの処分または裁決をすべきであるのにかかわらず、これをしない場合に、その行政庁の不作為が違法であることの確認を求める訴えである（行訴３条５項）。この訴訟は、行政庁の不作為状態が違法であることを確認するのみで、行政庁に具体的な特定の処分を請求するものではない。

不作為違法確認訴訟は、法令に基づいて処分の申請をする権利を有する者が、所定の手続に従い申請権を行使したが、不当に長期間何らの判断も得られない場合に提起できる。申請権の有無や相当期間の経過等は、違法性を構成する内容であるから、これらが欠如する場合には請求を棄却すべきであるという考えが有力である。

不作為の違法確認の判決がなされると、行政庁は速やかに何らかの決定をしなければならない（同38条１項・33条）。ただし、行政庁が何らの判断もしない状態を継続していても、判決を強制する法的手段は存在しない。訴訟物である違法の確認という訴訟形態の限界である。

第５節　義務付けの訴え

１　概　　要

義務付けの訴えは、行政事件訴訟法３条６項柱書によって、６項１号または２号のいずれかの場合において、行政庁がその処分または裁決をすべき旨を命ずることを求める訴訟をいう、と定義されている。すなわち、この訴えは、２つの形態の訴えからなる。

1号が規定する「非申請型の処分の義務付けの訴え」は、行政庁が一定の処分をすべきであるにかかわらずこれがされないとき（2号に掲げる場合を除く）において、行政庁がその処分をすべきことを命ずることを求める訴訟をいう。

2号が規定する「申請型の処分又は裁決の義務付けの訴え」は、行政庁に対し一定の処分または裁決を求める旨の法令に基づく申請または審査請求がされた場合において、当該行政庁がその処分または裁決をすべきであるにかかわらずこれがされないときにおいて、行政庁がその処分または裁決をすべき旨を命ずることを求める訴訟をいう。

なお、義務付けの訴えには、取消訴訟に関する規定の一部が準用される（行訴38条1項）。

2　非申請型の処分の義務付けの訴え

(1)　非申請型の処分の義務付けの訴えの提起要件

行政事件訴訟法37条の2において定めた救済の必要性に関する要件は、一定の処分がされないことにより重大な損害を生ずるおそれがあり、かつ、その損害を避けるため他に適当な方法がないときに限り、提起することができると定め（行訴37条の2第1項）、「重大な損害」を生ずるか否かを判断するに当たっては、裁判所は、損害の回復の困難の程度を考慮するものとし、損害の性質および程度ならびに処分の内容および性質をも勘案するものとされる（同条2項）。

(2)　原告適格

行政庁が一定の処分をすべき旨を命ずることを求めるにつき法律上の利益を有する者に限り提起することができると定め（行訴37条の2第3項）、「法律上の利益」の有無の判断については、行政事件訴訟法9条2項の規定を準用する（同条4項）。

(3)　非申請型の処分の義務付けの判決をする要件

義務付けの訴えが行政事件訴訟法37条の2第1項（救済の必要性）および3項（原告適格）に規定する要件に該当する場合において、その義務付けの訴えに係る処分につき、行政庁がその処分をすべきであることがその処分の根拠となる法令の規定から明らかであると認められ、または、行政庁がその処分をしないことがその裁量権の範囲を超えもしくはその濫用となると認められるときは、裁判所は、行政庁がその処分をすべき旨を命ずる判決をする（行訴37条の2第5項）。

3　申請型の処分または裁決の義務付けの訴え

(1)　申請型の処分または裁決の義務付けの訴えの要件

行政事件訴訟法37条の3において定める。救済の必要性に関する要件（行訴37条の3第1項本文）について、1号に掲げる要件は、当該法令に基づく申請または審査請求に対し相当の期間内に何らの処分または裁決がされないこと、2号に掲げる要件は、当該法令に基づく申請または審査請求を却下しまたは棄却する旨の処分または裁決がされた場合において、当該処分または裁決が取り消されるべきものであり、または無効もしくは不存在であること、と定める。ただし、裁決の義務付けの訴えについて救済の必要性の特例を定め、行政庁が一定の裁決をすべき旨を命ずることを求める義務付けの訴えは、処分についての審査請求がされた場合において、当該処分に係る処分の取消しの訴えまたは無効等確認の訴えを提起することができないときに限り、提起することができるとする（同条7項）。

(2)　原告適格

行政事件訴訟法37条の3第1項各号に規定する法令に基づく申請または審査請求をした者に限り提起することができると定める（行訴37条の3第2項）。

(3)　義務付けの訴えと取消訴訟等の併合提起の要件

1）併合提起の形態　救済の必要性に対応し、申請または審査請求に対し相当の期間内に処分または裁決がされないときは、その処分または裁決に係る不作為の違法確認の訴え（行訴37条の3第3項1号）を、申請または審査請求を却下しまたは棄却する旨の処分または裁決がされたときは、その処分または裁決に係る取消訴訟または無効等確認の訴え（同条3項2号）を、義務付けの訴えに併合して提起しなければならないとし（同条3項前段）、取消訴訟等の訴えに係る訴訟の管轄について他の法律に特別の定めがあるときは、義務付けの訴えについて管轄の定めがなくても、その特別の定めに従うこととされる（同条3項後段）。

2）併合提起の審理　審理については、併合して提起された義務付けの訴えと取消訴訟等の訴えに係る弁論および裁判は、分離しないで行わなければならない（行訴37条の3第4項）。ただし、裁判所は、審理の状況その他の事情を考慮して、併合提起された不作為の違法確認の訴えまたは取消訴訟もしくは無効等確認の訴えについてのみ終局判決をすることがより迅速な争訟の解決に資すると認められるときは、これらの訴えについてのみ終局判決をすることができ（同条6項前段）、取消訴訟等についてのみ終局判決をしたときは、裁判所は、当事者の意見を聴いて、判決をした取消訴訟等の訴えに係る訴訟手続が完結するまでの間、義務付けの訴えに係る訴訟手続を中止することができる（同条6項後段）。

(4)　申請型の処分または裁決の義務付けの判決をする要件

義務付けの訴えが行政事件訴訟法37条の3第1項から3項までに規定する要件（救済の必要性、原告適格、取消訴訟等との併合提起）に該当する場合において、同項各号に定める訴え〔併合して提起された不作為の違法確認の訴え、取消訴訟または無効等確認の訴え；筆者注〕に係る請求に理由があると認められ、かつ、その義務付けの訴えに係る処分または裁決につき、行政庁がその処分もしくは裁決をすべきであることがその処分もしくは裁決の根拠となる法令の規定から明らかであると認められ、または、行政庁がその処分もしくは裁決をしないことがその裁量権の範囲を超えもしくはその濫用となると認められるときは、裁判所は、行政庁がその義務付けの訴えに係る処分または裁決をすべき旨を命ずる判決をする、と定める（行訴37条の3第5項）。

第6節　差止めの訴え

1　意　　義

差止めの訴えは、「行政庁が一定の処分又は裁決をすべきでないにかかわらずこれがされようとしている場合において、行政庁がその処分又は裁決をしてはならない旨を命ずることを求める訴訟」をいうと定義される（行訴3条7項）。

なお、差止めの訴えには、取消訴訟に関する規定の一部が準用される（同38条1項）。

2 概　　要

(1) 提起要件

行政事件訴訟法37条の4において定められた救済の必要性に関する要件は、差止めの訴えは、①一定の処分または裁決がされることにより重大な損害を生ずるおそれがある場合に限り提起することができると定め（行訴37条の4第1項本文）、ただし、②その損害を避けるために他に適当な方法があるときは、この限りでないとする（同条1項但書）。「重大な損害」を生ずるか否かを判断するに当たっては、裁判所は、損害の回復の困難の程度を考慮するものとし、損害の性質および程度ならびに処分の内容および性質をも勘案するものとされる（同条2項）。

(2) 原告適格

行政庁が一定の処分または裁決をしてはならない旨を命ずることを求めるにつき法律上の利益を有する者に限り、提起することができると定められ（行訴37条の4第3項）、「法律上の利益」の有無の判断については、行政事件訴訟法9条2項の規定が準用される（同条4項）。

(3) 差止めの判決をする要件

差止めの訴えが行政事件訴訟法37条の4第1項（救済の必要性）および3項（原告適格）に規定する要件に該当する場合において、その差止めの訴えに係る処分または裁決につき、行政庁がその処分をしてはならないことがその処分もしくは裁決の根拠となる法令の規定から明らかであると認められ、または、行政庁がその処分もしくは裁決をすることがその裁量権の範囲を超えもしくはその濫用となると認められるときは、裁判所は、行政庁がその処分または裁決をしてはならない旨を命ずる判決をするものとされる（同条5

項)。

第7節　無名抗告訴訟

抗告訴訟の新たな訴訟類型として「義務付けの訴え」および「差止めの訴え」を法定したことにより、行政事件訴訟法3条2項以下に訴訟の類型が法定されていない態様の抗告訴訟、いわゆる無名抗告訴訟ないし法定外抗告訴訟が抗告訴訟として認められる可能性が否定されるものではない。

河川区域の盛土を無認可でしたことに対する除去命令・代執行に対して、自己の法律上の義務の存在しないことの確認、行政庁に法律上の権限が存在しないことの確認を求めた判例がある（河川区域盛土事件。最3小判平元.7.4判時1336.86）。

最高裁は、上記の確認の訴えについて消極的である。すなわち、「河川法75条に基づく監督処分その他の不利益処分をまつて、これに関する訴訟等において事後的に本件土地が河川法にいう河川区域に属するかどうかを争つたのでは、回復しがたい重大な損害を被るおそれがある等の特段の事情があるということはできないから、……あらかじめ河川管理者……が河川法上の処分をしてはならない義務があることの確認ないし河川法上の処分権限がないことの確認及びこれらと同趣旨の本件土地が河川法にいう河川区域でないことの確認を求める法律上の利益を有するということはできない」とされた。

公立高校教職員の起立国歌斉唱義務についての「義務不存在確認訴訟」に関して、最高裁は次のような考え方を示している（最1小判平24.2.9民集66.2.183。行政判例百選〔第7版〕Ⅱ-207）。すなわち、まず、差止の訴えについて「重大な損害を生ずるおそれ」があることを認めた上で、無名抗告訴訟としての義務不存在確認訴訟について「無名抗告訴訟は、行政処分に関する不服を内容とする訴訟であって、（略）本件確認の訴えは、将来の不利益処分たる懲戒処分の予防を目的とする無名抗告訴訟と位置付けられるものであり、法定抗告訴訟である差止めの訴えとの関係で、事前救済の争訟方法としての補充性の要件を欠き、不適法である」とする。ところで、懲戒処分のような行政処分ではない処遇上の不利益（例えば、勤務成績の評価を通じた昇給に係る不利益）の予防を目的とする「公法上の法律関係に関する確認の訴え」については、その目的に即した適切な争訟方法であり、確認の利益も肯定できるとしている。

第８節　条例・自治体内規の司法審査の態様

自治体の条例・内規の効力を争う訴訟形態についての最高裁の判断が注目されたものがある。

町の「簡易水道事業給水条例」が改正され、住民基本台帳に登録されていない別荘所有者の水道料金が大幅に値上げされ、別荘以外の給水契約者との間の基本料金に大きな格差が生じた。また、町が内規により別荘給水契約者には水道利用の一時的休止を認めないこととした。そこで、別荘所有者らが本件条例および内規が別荘所有者を不当に差別するものであるとして、それらが無効であることの確認を求めて出訴した事例における、最高裁の判断がある（最２小判平 18.7.14 民集 60.6.2369。行政判例百選〔第７版〕Ⅱ-155）。

第一審地裁判決は、民事訴訟として本件条例の無効確認の訴えを適法としたが、不当な差別にならないとして請求棄却。原審高裁判決は、本件条例に処分性を認め、行政訴訟による無効確認の訴えとして許容し、不当な差別に当たる違法な条例と認定して無効を確認した。

最高裁は、「本件改正条例は、……水道料金を一般的に改定するものであって、そもそも限られた特定の者に対してのみ適用されるものではなく、本件改正条例の制定行為をもって行政庁の法の執行として行う処分と実質的に同視することはできないから、本件改正条例の制定行為は、抗告訴訟の対象となる行政処分には当たらないというべきである」として、抗告訴訟としての無効確認訴訟は否定している。そして、「本件改正条例における水道料金の設定方法は、……基本料金の大きな格差を正当化するに足りる合理性を有するものではない。したがって、本件改正条例のうち別荘契約者の基本料金を改定した部分は、地方自治法 244 条３項に違反するものとして無効というべきである。原告らは、差額分について支払義務を負うものではないから、差額分に関する未払水道料金の債務不存在確認及び支払済みの水道料金相当額の不当利得返還等の請求は認容される」として、民事訴訟の不当利益返還訴訟は、肯定した。ただ、給水契約という継続的供給契約において、日々料金債務が発生しているのであるから、個々の水道料金について債務不存在確認を求めることは迂遠であり、より抜本的な紛争解決のためには、約款たる供給規程自体の無効の確認を求めることの意義はあるという主張も見られる。

《コラム》航空機の差止請求訴訟

2014（平成26）年5月21日横浜地方裁判所は、第4次厚木基地騒音訴訟において、自衛隊機の夜間運行を差し止める判決を下した（〈事件番号〉平成19年（行ウ）100）。すなわち、厚木基地での自衛隊機運航に関する防衛大臣の権限行使は、運航に必然的な騒音などで周辺住民に受忍を義務付けるもので、公権力の行使に当たるので、住民は差し止めを請求することが認められる、と判示した。原告らはかなりの程度高い騒音によって、睡眠妨害、会話等の生活妨害、不快感、健康被害への不安などの精神的苦痛という被害を受けている。睡眠妨害は被害の中核の一つで、かなりの地域で夜間に健康の悪影響が心配されるほどの騒音が発生している。自衛隊機の運航のうち夜間に行われるものは、差し止めの必要性が相当高い、とされた。本事件の上告審である最1小判平28.12.8（民集70.8.1833。行政判例百選〔第7版〕Ⅱ-150）は、継続的な自衛隊機による騒音被害が生じている状況について行訴法上の差止訴訟で争うことの適法性を認めつつ、その「勝訴要件」である「裁量権の範囲を超え若しくはその濫用となると認められるとき」について、防衛大臣の権限行使に裁量権の逸脱濫用は認められないとして、これを否定し、請求を棄却している。なお、米軍機に関しては、国に米国に使用を許可するといった行政処分は存在せず、国内法令にもそのような行政処分の根拠となりうる規定はなく、訴えは存在しない行政処分の差し止めを求めるものであり不適法であるとして、却下されている。

従来最高裁判所は、自衛隊機の運航に関する防衛庁長官（現防衛大臣）の権限の行使が、運航に必然的な騒音などで周辺住民に受忍を義務付けるもので、騒音等により影響を受ける周辺住民との関係において、公権力の行使に当たることは認め、民事上の請求としての差止請求は不適法としていた（最1小判平5.2.25民集47.2.643）。同判決は、大阪国際空港事件大法廷判決（最大判昭 56.12.16 民集 35.10.1369。行政判例百選〔第 7 版〕Ⅱ-241）の判旨との関係が問題とされた。すなわち、大法廷判決は、空港の離着陸のための供用は、非権力的な空港管理権と航空行政上の権限で公権力の行使の性格を持つ航空行政権とが不可分一体の行使の結果と捉え、民事訴訟による離着陸の差止請求は、不可避的に航空行政権の行使の取消し変更ないしその発動を求める請求を内包しているとして、不適法としている。第 1 小法廷判決は、飛行場の供用行為も防衛行政の一部と捉え、飛行場の設置管理と自衛隊機の運航は渾然一体かつ密接不可分に防衛行政権の行使としてなされるものであるとして、基本的に大法廷判決と同様の論旨を展開する。

第 4 次厚木基地騒音訴訟の原告は、最高裁が「行政訴訟としてはともかく、民事訴訟での請求は不適法」としている点に着目して、行政事件訴訟法 3 条 7 項の差止訴訟として訴えを構成した。差止訴訟の場合、特定性が要求される「処分」に反復継続する権力的事実行為を含むと解するのが一般であるから、自衛隊機の運航に関する指揮がこれに含まれることは問題ない。騒音被害が訴訟要件である「重大な損害」に当たるかが問題となる。ここで「重大な損害」とは、事後的な救済措置では救いきれない損害を生じるおそれがある場合をいう、と解すれば、反復継続して自衛隊機が運航している限り事後救済は無意味であるから、この場合は差止請求を認めるべきことになろう。横浜地裁の判決もそのような認識があったように思える。

第23章

取消訴訟の提起と処分性

第1節　取消訴訟の提起

1　訴訟要件の意義

裁判の審理には、以下の2つのものがある。一つは、訴えが適法に提起されたものであるかどうかの審理、これを「要件審理」という。他は、訴えの中の請求に理由があるかどうかの審理、これを「本案審理」という。そして、本案審理に対する本案判決を得るには、適法な訴えがなされる必要があり、この訴えを適法ならしめる要件を訴訟要件という。訴訟は、訴えの提起から確定判決まで、厳格な準則に則って行われる。それは、訴訟が法廷における闘争（一種の競技）であり、公正・公平な規律が要求されるからである。このことは、訴えを提起する段階においてもいえることで、訴えが認められるための厳格な準則が課せられるのである。この訴えが適法なものとされるための要件が訴訟要件であり、訴訟要件の一部でも欠ける訴えは不適法となる。不適法な訴えは、補正によって不備を正すことができないときは、これを却下しなければならない。

訴訟要件には、裁判管轄や出訴期間のような客観的、形式的に規律されているものと、請求との関係で訴訟手続によって解決するだけの実質的意義があるかどうかにかかわり、個別具体的な判断が必要なものがある。後者は、訴訟法上一般的に「訴権的利益」と呼ばれる要件であり、抗告訴訟では、処分性、原告適格、（教義の）訴えの利益がこれに当たる。前者が客観的訴訟要件と称されるのに対して、後者は、主観的訴訟要件とも称される。

2　取消訴訟の管轄

管轄とは、どの裁判所にどの事件を分担させるかに関する定めのことをいい、事物管轄と土地管轄がある。

(1)　事物管轄

事物管轄とは、第一審裁判所を簡易裁判所、地方裁判所、高等裁判所のいずれかにするかの問題をいう。行政事件訴訟では、取消訴訟だけでなくすべての訴訟が、特別法で高等裁判所を第一審裁判所と定めている場合を除き、訴訟物（請求の内容）の多寡を問わず、地方裁判所が第一審管轄裁判所である。したがって、訴訟の目的の価額が140万円を超えない請求の場合も簡易裁判所の管轄には服さないのである（裁24条1項1号・33条1項1号カッコ書き）。

(2)　土地管轄（行訴12条）

土地管轄とは、どこに所在している裁判所が事件を分担するかに関する定めをいい、一般管轄、特別管轄、特定管轄がある。

1）一般管轄　原則的な管轄裁判所については、被告の普通裁判籍（民訴4条1項。「住所＝生活の本拠地」のこと）の所在地を管轄する裁判所の管轄に属する（行訴12条1項）。なお、国の普通裁判籍は、訴訟について国を代表する官庁の所在地による（同条6項）。

ただし、処分または裁決をした行政庁が国または公共団体に所属しない場合には、当該行政庁が被告となるので、その所在地を管轄する裁判所の管轄に属する（同項）。

2）特別管轄　次の2つの場合には、特別管轄が認められ、原告は、一般管轄権を有する被告庁所在地の裁判所と、特別管轄を有する裁判所のいずれに出訴するかを自由に選択できる。

①　土地の収用、鉱業権の設定その他不動産または特定の場所に係る処分または裁決についての取消訴訟は、その不動産または場所の所在地の裁判所にも、提起できる（行訴12条2項）。

②　取消訴訟は、当該処分または裁決に関し事案の処理に当たった下級行政機関の所在地の裁判所にも、提起できる（同条3項）。

3）特定管轄　行政事件訴訟法12条1項から3項までに定める管轄

裁判所に加えて、新たに、国または独立行政法人もしくは別表に掲げる法人を被告とする取消訴訟は、原告の普通裁判籍の所在地を管轄する高等裁判所の所在地を管轄する地方裁判所（「特定管轄裁判所」という）にも、訴えを提起することができると定めた（行訴12条4項）。また、特定管轄裁判所に提起された訴訟の移送に関する制度を新設し、特定管轄裁判所に取消訴訟が提起された場合であって、他の裁判所に事実上および法律上同一の原因に基づいてされた処分または裁決に係る抗告訴訟が係属している場合においては、当該特定管轄裁判所は、当事者の住所または所在地、尋問を受けるべき証人の住所、争点または証拠の共通性その他の事情を考慮して、相当と認めるときは、申立てによりまたは職権で、訴訟の全部または一部について当該他の裁判所または12条1項から3項までに定める裁判所に移送することができると定める（同12条5項）。

取消訴訟の管轄に関する12条の規定は、取消訴訟以外の抗告訴訟について準用され（同38条1項）。民衆訴訟または機関訴訟についても、処分または裁決の取消しを求めるもの（同43条1項）、処分または裁決の無効の確認を求めるもの（同43条2項による38条1項の準用）について準用される。

3　審査請求前置主義（8条但書）

(1)　意義—自由選択主義の例外—

処分の性格によっては、まず審査請求をして、裁決を経てから取消訴訟を提起したほうがよい場合がある。次のような処分について、審査請求前置主義を採用している。

①　租税や社会保険に関する処分のように、大量に行われるもので、不服審査によって行政の統一、裁判所の負担軽減を図る必要のある処分。

②　外国為替管理に関する処分のように、専門家の手により事実関係、争点を明確にする必要がある専門技術的処分。

③　公務員に対する不利益処分のように、行政委員会等の準司法的行政機関が設置されている場合。

審査請求前置主義の下において、審査請求が却下された場合、審査庁が本案の審理をする機会を与えられなかったのであるから、審査請求前置の要件が満たされなかったことになる（最2小判昭30.1.28民集9.1.60）。逆に、適法な審査請求が誤って却下された場合には、裁判所はすでに審査請求前置の要件が満たされているものとして実体審査をすべきものとされる（最1小判昭33.5.24民集12.8.1115）。また、不適法な審査請求について裁決庁が却下せずに棄却裁決をしても裁決を経たことにはならないとされる（最3小判昭30.12.6民集9.13.1960）。

(2) 審査請求前置主義の例外

次の場合には、裁決を経ないで直ちに出訴することが認められる（行訴8条2項）。すなわち、審査請求があった日から3ヵ月を経過しても裁決のないとき（同項1号）、処分、処分の執行または手続の続行により生じる著しい損害を避けるため緊急の必要があるとき（同項2号）、その他の裁決を経ないことにつき正当な理由があるとき（同項3号）。

4 処分取消訴訟と裁決取消訴訟の関係

(1) 原処分主義の原則

原処分の違法は処分の取消訴訟によってのみ主張することができる。また、原処分を正当として審査請求を棄却した裁決の取消訴訟では、原処分の違法を主張することはできず、裁決固有の違法のみが主張できるとされている

《図表23-1 審査請求と取消訴訟との関係－自由選択主義と原処分主義の原則—》

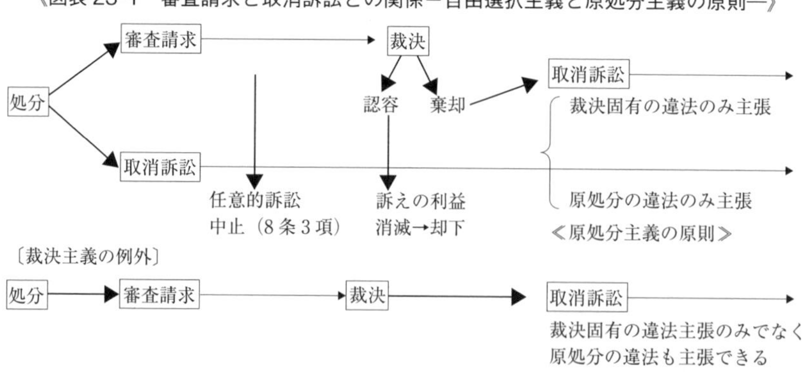

（行訴10条2項。図表23-1）。

裁決固有の違法とは、裁決の主体、手続、形式に関する違法や裁決によって新たに第三者の権利を侵害する違法を指す。

(2) 裁決主義の例外

特別法で、原処分については出訴を許さず、裁決に対してのみ出訴を認めている場合がある（労働組合法27条の19第2項など）。これを「裁決主義」というが、この場合は、原処分の違法も裁決の取消訴訟で争うことができる。

5 被告適格

(1) 原則—被告は行政主体—

被告適格とは、被告となるための資格のことであるが、原則として、被告は行政主体である。2004（平成16）年の改正により、それまでの処分または裁決をした行政庁を被告適格者とする原則を改め、処分または裁決をした行政庁の所属する国または公共団体が被告適格者となる。

処分または裁決をした行政庁（処分または裁決があった後に当該行政庁の権限が他の行政庁に承継されたときは、当該他の行政庁。以下同じ）が国または公共団体に所属する場合には、処分の取消しの訴えは、当該処分をした行政庁の所属する国または公共団体を、裁決の取消しの訴えは、当該裁決をした行政庁の所属する国または公共団体を被告として提起しなければならない（行訴11条1項）とする。

行政事件訴訟法11条2項においては、処分または裁決をした行政庁が国または公共団体に所属しない場合に、処分または裁決をした行政庁を被告適格者とする例外を定める。処分または裁決をした行政庁が国または公共団体に所属しない場合とは、例えば、弁護士会が弁護士等を懲戒処分にする場合（弁護士法56条）の弁護士会等の場合をいう。

(2) 行政庁の記載と権限

処分または裁決をした行政庁を明らかにする手続について、国または公共団体を被告として取消訴訟を提起する場合には、訴状には、処分または裁決をした行政庁を記載するものとし（行訴11条4項）、国または公共団体を被告として取消訴訟が提起された場合には、被告は、遅滞なく、裁判所に対し、処分または裁決をした行政庁を明らかにしなければならないと定める（同11条5項）。

行政庁が裁判上の行為をする権限について、処分または裁決をした行政庁は、当該処分または裁決に係る行政事件訴訟法11条1項の規定による国または公共団体を被告とする訴訟について、裁判上の一切の行為をする権限を有すると定める（同11条6項）。ただし、この規定は特則であるから、この場合の行政庁は、法務大臣（本来の国の訴訟代理人）の指揮監督を受ける（法務大臣権限法6条1項）。

(3) 準　用

取消訴訟の被告適格等に関する行政事件訴訟法11条の規定は、取消訴訟以外の抗告訴訟について準用され（行訴38条1項）、民衆訴訟または機関訴訟についても、処分または裁決の取消しを求めるもの（同43条1項）、処分または裁決の無効の確認を求めるもの（同43条2項による38条1項の準用）について準用される。

6　出訴期間

取消訴訟の排他的管轄の法理を支える行政行為の公定力に付随して、これを実質的に効果あらしめるために行政行為には不可争力が付与されている。

したがって、行政行為の効力を争う取消訴訟には出訴期間の制約がある。ただし、あまりに短期の出訴期間は、憲法32条の裁判を受ける権利の侵害となることがありうる（最大判昭24.5.18民集3.6.199）。

①　処分または裁決のあったことを知った日から起算して6ヵ月経過したときは、取消訴訟を提起することはできない（行訴14条1項）。ここで、「処分のあったこと」とは、「処分が効力を発生したこと＝告知のあったこと」（最1小判昭28.9.3民集7.9.859）、「知った日」とは、「処分の存在を現実に知った日」（最1小判昭27.11.20民集6.10.1038）をいうとされる。ただし、正当な理由があるときはこの限りではないので延長が可能となっている。すなわち、2004年の改正により不変期間（民訴96条。裁判所が伸縮できない法定期間のこと）では

なくなった。

② 処分または裁決のあった日から1年を経過したときは（その知・不知にかかわらず）原則として出訴することができなくなる（行訴14条2項）。正当な理由がある場合には出訴が適法とされる場合が認められる。

③ 誤った教示に基づいて審査請求がなされた場合の出訴期間は、審査請求に対する裁決があったことを知った日から6ヵ月、または裁決の日から1年で起算される（同条3項）。正当な理由がある場合には出訴が適法とされる場合が認められる。

第2節 取消訴訟の対象（処分性）

1 基本的な考え方

取消訴訟の対象は、「行政庁の処分その他公権力の行使に当たる行為」（行訴3条）とされている。伝統的な考え方は、抗告訴訟の対象（処分性）＝「行政行為」と考え、取消訴訟を、公定力を有する行政行為に対する排他的管轄を有する訴訟と捉えている。最高裁も、行政庁の処分を、「直接国民の権利義務を形成し又はその範囲を確定することが法律上認められているものをいう」として、このような行為には公定力があるので、特別の救済手続である取消訴訟を設置したのだと判示している（最1小判昭39.10.29民集18.8.1809。行政判例百選〔第7版〕Ⅱ-148）。

2 原則的要件と処分性の拡大化

以上のように判例が示す処分性の原則的要件は、ほぼ行政行為の概念的要素と同じである。すなわち、取消訴訟を行政行為の公定力の排除をその機能としている訴訟として、取消訴訟の対象について公定力を持つ行政庁の行為と考えるのである。したがって、「公権力の行使」という観念を中心に、行為の直接具体性、対外性、法的効果性、公権力性という各要素が吟味されなければならない。

また、実体的には公権力の行使としての性格を持たないが、国民・住民の権利利益に事実上の影響を与えたり、行政の一方的サービス活動が国民生活を他律的に規制する行為が存在し、このような行為を「形式的行政行為」と呼び、処分性を拡大しようとする学説も存在する。判例も厳格には行政行為といえない行為について、国民・住民の権利利益の救済という観点から取消訴訟の対象を広げることがある（弾力性の傾向）。そこで、従来の要素概念に即して、具体的に処分性を否定されるものと肯定されるものを検討しておく。

3　具体的検討

(1)　直接具体性の要素

取消訴訟の対象は、その行為が直接具体的に国民・住民の権利義務に影響を与えるものでなければならない。したがって、原則として、一般的、抽象的な立法行為は、処分性を否定される。また、一連の行政過程の中途にあってその効力を争うだけの具体性、成熟性に欠ける行為も処分性が否定される。

1）直接具体的に国民・住民の権利義務に影響を与えるもの　以下の事例は、最高裁が処分性を否定している。

地代家賃統制令による地代および家賃の統制額等に代わるべき額を定める建設省告示（最1小判昭56.4.24 訟月27.7.1344）。

都市計画法に基づく用途地域・高度地区の指定（最1小判昭57.4.22 民集36.4.705。行政判例百選〔第7版〕Ⅱ-153）。

なお、不特定多数の国民・住民を対象とするものでも具体的事実に関し法的規律をなす「一般処分」は、抗告訴訟の対象となる行政処分であることは否定されないが、立法行為か一般処分かの区別が争われる例は少なくない。例として、禁漁区設定の処分性が否定されたものがある（最2小判昭40.11.19 判時430.24）。

なお、建築基準法42条2項の幅員に関する道路指定に関する最高裁第1小法廷平成14年1月17日判決は、最高裁が処分性を肯定している注目すべき事例である（民集56.1.1。行政判例百選〔第7版〕Ⅱ-154）。

2）行政過程の中途の行為　一般的には行政過程の最終段階の行為が最も国民・住民の権利義務に具体的に影響を与えるわけであるから、この最終段階の行為に処分性を与えればよく、中途の行為を争いの対象とする必要はない、というのが伝統的な考え方である。「紛争の成熟性」の問題として論じられるところであり、国民・住民の権利義務への影響が具体化、顕在化しない間は裁判所の関与は控えるべきだという思想が横たわっている。しかし、判例は、このような行為であっても、不服申立ての手続が設けられているなど、法律がその行為を行政処分として構成している場合には、処分性を認めている。特に、行政上の計画の性格を持つ形式のものについては、肯定するもの、否定する者が混在し注意する必要がある。

土地区画整理事業計画決定（最大判昭 41.2.23 民集 20.2.271。いわゆる「青写真判決」）、住宅地区改良事業計画の認可（最 3 小判昭 50.11.28 集民 116.735）、第二種市街地再開発事業計画決定（最 1 小判平 4.11.26 民集 46.8.2658）等の事例では、最高裁が処分性を否定している。

このうち、最高裁大法廷昭和 41 年 2 月 23 日判決（土地区画整理事業計画事件）は、土地区画整理事業計画は、「特定個人に向けられた具体的な処分とは著しく趣きを異にし、事業計画自体ではその遂行によつて利害関係者の権利にどのような変動を及ぼすかが、必ずしも具体的に確定されているわけではなく、いわば当該土地区画整理事業の青写真たる性質を有するにすぎない」こと、「事業計画の決定ないし公告の段階で訴えの提起が許されないからといつて、土地区画整理事業によつて生じた権利侵害に対する救済手段が一切閉ざされてしまうわけではない」こと、「具体的な処分の行なわれた段階で救済手段を認めるだけで足り、直接それに基づく具体的な権利変動の生じない事業計画の決定ないし公告の段階では、理論上からいつても、訴訟事件としてとりあげるに足るだけの事件の成熟性を欠くのみならず、実際上からいつても、その段階で、訴えの提起を認めることは妥当でなく、また、その必要もない」と判示している。

しかし、その後、換地処分等の具体的処分がなされるのを待っていたのでは、事業が進展して、もはや救済が困難になることが事実上ありうることを認めて、最高裁は、判例を変更して土地区画整理事業計画の処分性を認めている（最大判平 20.9.10 民集 62.8.2029。行政判例百選〔第 7 版〕Ⅱ-152）。

その他最高裁が処分性を肯定しているものに、自作農特別創設法に基づく農地買収計画（最3小判昭24.10.18集民2.801）。土地改良事業計画（最3小判昭60.12.17民集39.8.1821）。都市再開発法に基づく再開発事業計画（最1小判平4.11.26民集46.8.2658）等がある。

このうち、最高裁第1小法廷平成4年11月26日判決（都市再開発事業計画事件）は、「都市再開発事業計画の決定は、その公告の日から、土地収用法上の事業の認定と同一の法律効果を生ずるものであるから、市町村は、右決定の公告により、同法に基づく収用権限を取得するとともに、その結果として、施行地区内の土地の所有者等は、特段の事情のない限り、自己の所有地等が収用されるべき地位に立たされることとなる。しかも、……施行地区内の宅地の所有者等は……、公告があった日から起算して30日以内に、その対償の払渡しを受けることとするか又はこれに代えて建築施設の部分の譲受け希望の申出をするかの選択を余儀なくされる。……そうであるとすると、公告された再開発事業計画の決定は、施行地区内の土地の所有者等の法的地位に直接的な影響を及ぼすものであって、抗告訴訟の対象となる行政処分に当たる」としている。

(2) 対外性の要素

行政機関の相互行為の内部行為は、国民・住民の権利義務に直接法的影響力を及ぼす行為ではないから、処分性が否定される。

行政組織内部の行為に関して否定された事例としては、①建築許可に対する消防長のした「同意拒否」（最1小判昭34.1.29民集13.1.32）。②墓地埋葬に関して上級機関が下級機関に対してした「通達」（最3小判昭43.12.24民集22.13.3147。行政判例百選〔第7版〕I-55）。③知事の市長村営土地改良事業施行の認可（最1小判昭61.2.13民集40.1.1）等がある。なお、行政組織の内部性が広く捉えられ、公団等の公法人に対する行政庁の許認可等の監督行為の事例について、行政組織の内部行為とされ処分性が否定されたものがある（最2小判昭53.12.8民集32.9.1617）。

これに関連して、公の営造物内の行為に関して、いわゆる「部分社会」の法理によって処分性が否定される例がある。

例えば、富山大学事件（最３小判昭52.3.15）においては、国立公立大学の授業科目の「単位授与（認定）」は、処分性が否定された（民集31.2.234。行政判例百選〔第７版〕Ⅱ-145）が、国立公立大学における専修科「修了認定行為」については、処分性が肯定されている（民集31.2.280）。すなわち、同判決は、「自律的な法規範を有する特殊な部分社会における法律上の係争のごときは、それが一般市民法秩序と直接の関係を有しない内部的な問題にとどまる限り、その自主的、自律的な解決に委ねるのを適当とし、裁判所の司法審査の対象にはならない」と一般論を述べ、大学は、「その設置目的を達成するために必要な諸事項については、法令に格別の規定がない場合でも、学則等によりこれを規定し、実施することのできる自律的、包括的な権能を有し、一般市民社会とは異なる特殊な部分社会を形成している」とし、「単位の授与（認定）という行為は、……当然に一般市民法秩序と直接の関係を有するものでな」く、「他にそれが一般市民法秩序と直接の関係を有するものであることを肯認するに足りる特段の事情のない限り、純然たる大学内部の問題として大学の自主的、自律的な判断に委ねられるべきものであつて、裁判所の司法審査の対象とはならないものと解するのが、相当である」としている。ただ、一般市民法関係との接点となるような行為については処分性が肯定できる場合を認めるのである。

(3)　法的効果性の要素

国民・住民の権利義務に影響を与えない行為については処分性が否定される。法律上の権利義務の変動に関して、ここでは、法律上権利義務に影響を与えるかどうかであって、事実上の影響力とは区別されるべきことが重要である。

否定された事例には次のようなものがある。海難審判庁の行う海難審判の裁決（最大判昭36.3.15民集15.3.467）。知事が監査結果に基づき行う保険医に対する戒告（最３小判昭38.6.4民集17.5.670）。関税法上の通告処分（最１小判昭47.4.20民集26.3.507）。交通反則金の通告（最１小判昭57.7.15民集36.6.1169）。公務員の採用内定の通知（最１小判昭57.5.27民集36.5.777）。都市計画法に基づく開発許可に係る公共施設管理者（市長）の同意（最１小判平7.3.23民集49.3.1006。行政判例百選〔第7版〕Ⅱ-156)。

また、肯定された注目される事例には、関税定率法上の輸入禁制品である「物品」に該当する旨の税関長の通知がある(最3小判昭54.12.25民集33.7.753)。

同判決は、「関税定率法21条2項の規定による税関長の通知は、……当該貨物についての輸入申告者自身の自主的な善処を期待してされるものであ」り、「行政庁のいわゆる観念の通知とみるべきものである」としつつ、「しかしながら、輸入禁制品について税関長がその輸入を許可するものでな」く、「通知をした場合においては、当該貨物につき輸入の許可の得られるべくもないことが明らかとなったものということができ、……のであるから、輸入申告者は、当該貨物を適法に輸入する道を閉ざされるに至つたものといわなければならない」として、「(当該通知は:筆者注)本件貨物を適法に輸入することができなくなるという法律上の効果を及ぼすものというべきであるから、行政事件訴訟法3条2項にいう『行政庁の処分その他公権力の行使に当たる行為』に該当するもの、と解するのが相当である」と判示した。

事実行為であっても「公権力の行使に当たる事実上の行為で、人の収容、物の留置その他その内容が継続的性質を有するもの」(行審2条1項)については行政事件訴訟法には明文の規定はないのであるが、処分性については肯定的に解釈されている。このような公権的事実行為としては、伝染病患者の強制隔離、退去強制送還のための収容などが挙げられる。ただし、事実行為であっても、公共施設の設置廃止や公共土木事業は、公権的事実行為とみられない。判例も処分性を否定している(ごみ焼却場設置行為について、最1小判昭39.10.29民集18.8.1809。行政判例百選〔第7版〕Ⅱ-148)。

行政指導は、一般的には、強制力がなく法的効果も生じない、いわゆる事実的行為であり、行政指導の処分性は否定されてきた。ただし、最近、医療法30条の7の規定に基づく病院開設中止の勧告について、取消訴訟の対象性を肯定した事例が出ている(最2小判平17.7.15民集59.6.1661。行政判例百選〔第7版〕Ⅱ-160)。ただ、この判例は、この勧告に従わない場合には、「相当程度の確実さをもって」、病院の開設が認められたとしても、保険医療機関の指定ができなくなるという結果をもたらす、ということがポイントとなっていた。つまり、勧告＝行政指導に対して、一般的に処分性を認めたわけではないことは注意しておくべきである。

国民・住民の法的効果に変動をもたらす行為であっても、公権力の行使たる行為でなければ処分性は認められない。私法行為は抗告訴訟の対象とすることはできない。ここでは行政行為と私法行為との区別が問題となる。

否定された事例には、国有財産の払下げ（最３小判昭35.7.12民集14.9.1744。行政判例百選〔第７版〕Ⅱ-146)、農地法80条に基づく旧地主に対する農地の売払い（最大判昭46.1.20民集25.1.1。行政判例百選〔第７版〕Ⅰ-47）がある。

肯定された事例には、供託物取戻請求却下処分（最大判昭45.7.15民集24.7.771。行政判例百選〔第７版〕Ⅱ-147)。現業国家公務員に対する不利益処分（最２小判昭49.7.19民集28.5.897。行政判例百選〔第７版〕Ⅰ-8)。労災就学援護費の支給に関する労働基準監督署長の決定（最１小判平15.9.4訟月50.5.1526。行政判例百選〔第７版〕Ⅱ-157）がある。

《コラム》検察審査会の起訴議決に対する取消訴訟の可否

現職の国会議員Ｏ氏は、自己の資金管理団体の収支報告書の虚偽記入について政治資金規正法違反の罪で強制起訴された。この事件は、当初大物政治家のスキャンダラスな「政治と金」をめぐる刑事事件として社会的に注目されていた。それが行政事件訴訟の提起にまで展開したのは次のような制度的な事情があった。Ｏ氏は政治資金規正法違反の被疑者として告発されたが、検察官は不起訴処分とした。これに対して検察審査会が「起訴相当」の議決を行ったが、検察官は再度不起訴とした。そこで検察審査会は、再度の不起訴処分の当否を審査し、起訴を相当と認めて起訴すべき旨の議決をした。この議決は「起訴議決」といい、2004（平成16）年の検察審査会法の改正により付加された制度であり、この議決書の送付を受けた地方裁判所は、当該事件の公訴の提起とそれを担当する弁護士を指定しなければならず、指定弁護士は、速やかに公訴を提起しなければならない。このように新しい制度では、検察審査会の審査は２段階となり、２段階の審査における起訴議決の法的効果として公訴提起が義務付けられることになった。そこで、Ｏ氏は、本件起訴議決を「公権力の行使」と見て、その取消しを求める訴訟を起こしたのである。

検察審査会の議決について、判例は従来、申立人または第三者の具体的権利義務ないし法律関係に対して直接の影響を与えるものではない、としてその紛争を「法律上の争訟」に該当しないとしてきた（例えば、最1小判昭41.1.13集民82.21）。しかし、それらは被疑者以外の者が拘束力のない不起訴相当の議決を争ったものであった。これに対して、本件は、被疑者が拘束力のある起訴議決を争っているものである。申立人の具体的権利義務ないし法律関係に対して直接の影響を与えるものではない、とはいいきれないのである。また、検察審査会は、広い意味では行政機関であり、その起訴議決は結果として被疑者を被告人たる地位に立たせる効果を持つのであるから、処分性を肯定できないわけではない。しかし、本件の最高裁の抗告に対する決定では、起訴議決の処分性については触れず、起訴議決の適否は刑事訴訟手続において判断されるべきで、行政事件訴訟を提起して争うことはできない、とされた（最1小決平22.11.25民集64.8.1951）。

最高裁の決定の趣旨は、このような取消訴訟の提起とその後展開される刑事訴訟との整合性を維持する規定が存在しないこと、起訴議決によって開始される刑事訴訟において議決の瑕疵を追及する機会は確保されていること、等により取消訴訟の合理性と必要性を否定しているものと思われる。しかし、一旦起訴され被告となって争うことの実質的な負担の重さを考慮すると、被告の地位に立たされる前に、被疑者の権利として起訴議決の瑕疵から保護される方途が考案されてもよいのではないかという意見も無視できない。

第24章

取消訴訟の訴権的利益

第1節　取消訴訟の原告適格

1　意　　義

訴訟は、司法権の行使であるからその対象となる請求について「争訟性」、「事件性」が要求される（憲76条、裁3条）。つまり、一定の権利利益を主張する原告がいて、その請求が真に具体的な権利利益に関するものであり、かつ法を当てはめて最終的に解決可能なものである必要がある。また、訴訟の目的に応じて請求の内容（訴訟物という）が法定されている場合には、そのような請求内容を選択しているかも検証されなければならない。このような事項は、様々な訴訟要件の中でも、裁判所を利用できるかどうかの実体的問題を含んでいるので「訴権的利益」と呼ばれている。一般的に「訴えの利益」の問題とされる。

取消訴訟の場合、抗告訴訟の主観訴訟性として、原告に具体的な権利利益の主張が必要であるし（原告適格）、判決によって解決が達成される実質的意義が存在する必要がある（狭義の訴えの利益）。前者の原告適格は、訴えの利益の主観的側面を指し、誰が訴えることができるのかという主体に着目される要件である。後者の狭義の訴えの利益は、訴えの利益の客観的側面を指し、訴えを維持することができるのかという請求自体に着目される要件である。

2　原告適格の一般的基準

行政事件訴訟法9条は、取消訴訟を提起できる者は、処分の取消しについて「法律上の利益」を持つものでなければならない、と規定する。したがって、ここでの問題は、この法律上の利益が何かの解釈であり、誰が有するかの問題である。

（1） 処分の相手方

一般に不利益処分の相手方は、処分によって直接自己の権利利益を侵された者であるから、その権利利益を回復するについて当然法律上の利益を有する。形式的名宛人だけではなく、実質的な処分当事者も含まれる。例えば、教科書検定事件においては、検定処分の相手方である出版社だけでなく、教科書の「執筆者」にも原告適格が認められる（最1小判昭57.4.8民集36.4.594。家永教科書検定第2次訴訟）。

（2） 処分の名宛人以外の者

他人への処分、特に許可認可のような利益的処分によって不利益を受けた者や公共用物の公用廃止のような一般処分によって不利益を受けた住民等が問題となる。ここでは学説の対立が法の保護する利益説と保護に値する利益説との間で生じている。

法の保護する利益説（通説）であるが、この説によれば、法律上の利益とは、実定法が保護している利益を指す。つまり、他人に対する処分によって影響された利益が、実定法（特に処分の根拠法）によってその者の利益として保護する趣旨とされているときは、「法律上の利益」として認められる。そうでない場合は、単なる「反射的利益」にすぎず、原告適格が認められていない。どちらに属するかは、実定法の目的、趣旨に照らして解釈して決定すべきものということになる。

保護に値する利益説であるが、この説によれば、法律上の利益とは、原告が処分によって被った生活上の不利益で、裁判によって保護されるだけの実質を備えているものを指す。つまり、その原告が被っている不利益が、一般国民・住民から区別して裁判という手段で保護するに値するかが判断の基準となる。視点を変えると、その者に訴訟の進行を委ねるだけの真摯かつ実質的な資格があるかどうかという観点から、個別具体的に訴えの利益の有無を判定するのである。

判例は、法の保護する利益説（通説）の立場に立ち、行政処分の根拠法規が原則として公益保護を目的とする趣旨であると読み込み、処分の名宛人以外の個々の国民・住民の受ける利益を反射的利益として原告適格を否定する傾向にあった。しかし、近年では、法の趣旨を多面的に考慮して、原告適格の要件を緩和するようになってきている。

(3) 改正法による解釈基準の拡充

行政事件訴訟法は、改正前9条を第1項として、新設の9条2項において、「裁判所は、処分又は裁決の相手方以外の者について前項に規定する法律上の利益の有無を判断するに当たつては、当該処分又は裁決の根拠となる法令の規定の文言のみによることなく、当該法令の趣旨及び目的並びに当該処分において考慮されるべき利益の内容及び性質を考慮するものとする。この場合において、当該法令の趣旨及び目的を考慮するに当たつては、当該法令と目的を共通にする関係法令があるときはその趣旨及び目的をも参酌するものとし、当該利益の内容及び性質を考慮するに当たつては、当該処分又は裁決がその根拠となる法令に違反してなされた場合に害されることとなる利益の内容及び性質並びにこれが害される態様及び程度をも勘案するものとする」と定めた。すなわち、「法律上の利益」を、①処分の根拠法令の文言、趣旨目的、利益の内容・性質だけでなく、②関連する法令の趣旨・目的、③被侵害利益の内容・性質、④侵害態様・程度、を解釈指針として判断すべきことが明示された。

具体的な事案における原告適格の判断は、裁判所が個別の事情に即して行うべきものであるが、例えば、処分の要件を定める規定が「技術上の基準」など一般的・抽象的な文言によって規定されている場合であっても、そのような法令の規定の文言のみによることなく、根拠法令の趣旨・目的や当該処分において考慮されるべき利益の内容・性質等を考慮することによって、適切に判断されることが一般的に確保され、原告適格が実質的に広く認められることになると考えられている。

なお、無効等確認の訴えの原告適格を定める36条の規定にいう「当該処分又は裁決の無効等の確認を求めるにつき法律上の利益を有する者」の判断については、9条2項の規定を準用していない。しかし、36条にいう「法律上の利益を有する者」の意義についても、取消訴訟の原告適格の場合と同義に解されている（最3小判平4.9.22民集46.6.571。行政判例百選〔第7版〕Ⅱ-162）から、9条2項の定める考慮事項を考慮して取消訴訟の原告適格が認められるべき者については、無効等確認の訴えの原告適格の判断においても、「当該処分又は裁決の無効等の確認を求めるにつき法律上の利益を有する者」に当たることを前提に原告適格の判断がされることになる。

（4） 判例の基本的立場

判例の立場は、前述したように「法の保護する利益説」に立脚するが、その範囲で肯定したものは、既存の公衆浴場業者が第三者に対する営業許可を争った事例（最2小判昭37.1.19民集16.1.57。行政判例百選〔第7版〕Ⅱ-170）。特に距離制限のような保護規定がない一般廃棄物処理業の許可処分について、既存業者の営業の利益を保護すべき個別的利益として認めた事例（最3小判平26.1.28民集68.1.49。行政判例百選〔第7版〕Ⅱ-171）、第三者に対する放送局開設予備免許を競願関係にある者が争った事例（最3小判昭43.12.24民集22.13.3254。行政判例百選〔第7版〕Ⅱ-173）などがある。

このうち、最高裁第3小法廷昭和43年12月24日判決は、競願関係にある場合、免許処分の取消しを訴求する場合はもとより、拒否処分のみの取消しを訴求する場合にも、行政庁による再審査の結果によっては、逆の処分になりうる。したがって、棄却決定の取消しが当然に処分の相手方に対する免許の取消しを招来するものでないことを理由に、本件訴えの利益を否定することはできない。そして、競願者に対する免許処分の取消訴訟において、期間満了後再免許が付与されず、免許が完全に失効した場合は格別として、期間満了後ただちに再免許が与えられ、継続して事業が維持されている場合に、これを免許失効の場合と同視して、訴えの利益を否定することは相当でない。なぜなら、訴えの利益の有無という観点からすれば、競願者に対する免許処分の取消しを訴求する場合はもちろん、自己に対する拒否処分の取消しを訴求する場合においても、当初の免許期間の満了と再免許は、たんなる形式にすぎず、免許期間の更新とその実質において異なるところはないと認められるからである、と判示している。

しかし、判例がこの通説的立場に立って原告適格を否定するものは多かった。例えば、既存の質屋が第三者に対する営業許可を争った事例（最3小判昭34.8.18民集13.10.1286）。町名変更決定に区域住民が争った事例（最2小判昭48.1.19民集27.1.1）。消費者団体が果汁製造業者に対する競争規約の認可を争った事例（最3小判昭53.3.14民集32.2.211。行政判例百選〔第7版〕Ⅱ-132。主婦連ジュース不当表示事件）。農地転用許可を隣地農地所有者が争った事例（最3小判昭58.9.6集民139.381）。公用水面埋立許可を周辺住民が争った事例（最3小判昭60.12.17集民146.323）。文化財指定解除処分を周辺住民が争った事例（最3小判平元.6.20判時1334.201。行政判例百選〔第7版〕Ⅱ-169）。

このうち、最高裁第3小法廷平成元年6月20日判決は、「本件条例及び法は、文化財の保存・活用から個々の県民あるいは国民が受ける利益については、本来本件条例及び法がその目的としている公益の中に吸収解消させ、その保護は、もつぱら右公益の実現を通じて図ることとしているものと解される。そして、文化財の学術研究者の学問研究上の利益の保護について特段の配慮をしていると解しうる規定を見出すことはできない」。したがって、上告人らは、「本件遺跡を研究の対象としてきた学術研究者であるとしても、本件史跡指定解除処分の取消しを求めるにつき法律上の利益を有せず、本件訴訟における原告適格を有しない」と判示している。

法の趣旨が公的利益の保護か個別利益の保護かの判断基準は、法の規定の仕方によっても判断される。このことについて、最高裁第1小法廷平成10年12月17日判決（民集52.9.1821。行政判例百選〔第7版〕Ⅱ-166。風俗営業許可事件）は、制限区域の基準の定めについて、特定の施設（児童福祉、教育のための施設等）の設置者の有する個別的利益を特に保護しようとする定めと、「住居が多数集合しており、住居以外の用途に供される土地が少ない地域」すなわち一定の広がりのある地域の良好な風俗環境を一般的に保護しようとする定めとを区別し、前者については、所定の施設につき善良で静穏な環境の下で円滑に業務をするという利益をも保護していると解すべきである、とする。ただし、後者については、「専ら公益保護の観点から基準を定めている」と解され、「所定の地域に居住する住民の個別的利益を保護する趣旨を含まないものと解される。したがって、右地域に居住する者は、風俗営業の許可の取消しを求める原告適格を有するとはいえない」と判示している。

第2節　最近の判例の傾向

1　概　　要

近時、最高裁は、柔軟かつ広範に原告適格を承認する傾向を見せているが、周辺住民の安全や生活環境に影響を与える処分についての事例としては、①水源涵養保安林指定解除処分を下流流域の住民が争った事例（最1小判昭57.9.9民集36.9.1679。行政判例百選〔第7版〕Ⅱ-177）。②定期航空運送事業免許を空港周辺の住民が争った事例（最2小判平元.2.17民集43.2.56。行政判例百選〔第7版〕Ⅱ-192。新潟空港訴訟判決）。③原子炉の設置許可を原子力発電所周辺の住民が争った事例（最3小判平4.9.22民集46.6.571。行政判例百選〔第7版〕Ⅱ-162）などがある。

(1)　保安林指定解除処分事件（上記①事件）

当該事件は、森林法の保安林指定処分は、一般的公益の保護を目的とする処分とみられるが、「法は、森林の存続によつて不特定多数者の受ける生活利益のうち一定範囲のものを公益と並んで保護すべき個人の個別的利益としてとらえ、かかる利益の帰属者に対し保安林の指定につき『直接の利害関係を有する者』としてその利益主張をすることができる地位を法律上付与しているものと解するのが相当である。そうすると、かかる『直接の利害関係を有する者』は、保安林の指定が違法に解除され、それによつて自己の利益を害された場合には、右解除処分に対する取消しの訴えを提起する原告適格を有する者ということができる」と判示している。

(2)　「もんじゅ」原発訴訟（上記③事件）

当該事件は、「行訴法9条にいう『法律上の利益を有する者』とは、当該処分により自己の権利若しくは法律上保護された利益を侵害され又は必然的に侵害されるおそれのある者をいうのであり、当該処分を定めた行政法規が、不特定多数者の具体的利益を専ら一般的公益の中に吸収解消させるにとどめず、それが帰属する個々人の個別的利益としてもこれを保護すべきものとする趣旨を含むと解される場合には、かかる利益も右にいう法律上保護された利益に当た」るとし、「当該行政法規が右趣旨を含むか否かの判断に際しては当該行政法規の趣旨・目的、当該行政法規が当該処分を通して保護しようとしている利益の内容・性質等を考慮して判断すべきである」と一般論をのべ、規制法（核原料物質、核燃料物質及び原子炉の規制に関する法律）24条1項3号・4号は、「単に公衆の生命、身体の安全、環境上の利益を一般的公益として保護しようとするにとどまらず、原子炉施設周辺に居住し、右事故等がもたらす災害により直接的かつ重大な被害を受けることが想定される範囲の住民の生命、身体の安全等を個々人の個別的利益としても保護すべきものとする趣旨」であり、原子炉から約58キロメートルに居住する上告人も、「本件原子炉の設置許可の際に行われる規制法24条1項3号所定の技術的能力の有無及び4号所定の安全性に関する各審査に過誤、欠落がある場合に起こり得る事故等による災害により直接的かつ重大な被害を受けるものと想定される地域内に居住する者に該当する」として、原子炉周辺の一定範囲内の住民の原告適格を認めている。

(3) 都市計画事業認可事件

当該事件（最大判平17.12.7民集59.10.2645。行政判例百選〔第7版〕Ⅱ-165）は、都市計画事業の事業地の周辺に居住する住民のうち、事業が実施されることによって騒音、振動等による健康または生活環境に係る著しい被害を直接的に受けるおそれのある者は、当該都市計画事業認可の取消しを求めるにつき法律上の利益を有する、としている（同趣旨のものとして、廃棄物処理施設設置許可についての最3小判平26.7.29民集68.6.620がある）。

2 判例解釈の総括

判例は、影響を受ける「利益の質」と原告の「特定性」によって結論を使い分けているように思える。すなわち、①地域住民等の原告適格を認めている判例においては、(a) 処分によって原告等の生命・身体・財産に重大な影響がもたらされる可能性があること、また（b）原告の範囲がある一定の特定できる場所的限定内にあること、が重要な要点となる。②否定している判例においては、（a）原告の主張する被侵害利益が経済的なものではないもの（学問上の興味や生活感情など）、経済的な利益であっても日常的なもの（鉄道料金改定の認可処分を争う鉄道使用者の事例［最1小判平元.4.13判時1313.121。行政判例百選〔第7版〕II-168］）である場合、また（b）原告の範囲が特定できないこと、さらに（c）法の目的があくまで公益の保護にあるとされること、などが重要な要点となる。すなわち、最高裁第1小法廷平成元年4月13日判決（近鉄特急料金事件）は、「地方鉄道における運賃、料金の定め、変更につき監督官庁の認可を受けさせることとしている」が、これは、利用者の契約上の地位に直接影響を及ぼすものではなく、その趣旨は、もっぱら公共の利益を確保することにあるのであって、当該地方鉄道の利用者の個別的な権利利益を保護することにあるのではない、としている。

なお、病院開設許可処分について、付近の医療施設開設者らに原告適格を認めない判例がある（最2小判平19.10.19判タ1259.197）。これは、医療法の目的から（既存の）他の医療施設開設者の利益保護の趣旨が読み取れない、ことを理由とする。顧客が減少する等の事実上の経済的利益関係は保護の対象とはならない、ということである。

3　団体訴訟

原告適格の要件が緩和されると、地域住民や消費者などが共通の利益を主張し、多数が集団となって取消訴訟等を起こすことがある。また、環境保護や消費者被害の救済の目的などを持ったNPOのような団体がその名で訴訟を起こすこともある。このような訴訟は団体訴訟と呼ばれる。

民事訴訟の分野では団体訴訟も受け入れられているが（消費者契約法12条など）、抗告訴訟の分野においては、判例は消極的である。前掲の主婦連ジュース不当表示事件では、全国消費者団体連合会の原告適格を否定している。また、前掲の文化財保護条例による史跡指定解除処分事件では、学術研究者団体の原告適格を否定している。否定説の論拠は、団体構成員の個人が出訴することで目的は遂げられること、判決の既判力が構成員個人に及ばないことによる訴訟の蒸し返しの弊害が起こること、などが挙げられている。しかし、集団的紛争解決の手法は、紛争の一挙的解決による効率性の点、団体のほうが訴訟遂行能力において優れている点、集合的な利益保護が可能である点などの利点を考慮して、積極的な導入も示唆されている。

第3節　狭義の訴えの利益

1　意　　義

行政事件訴訟法9条1項カッコ書きは、「処分又は裁決の効果が期間の経過その他の理由によりなくなつた後においてもなお処分又は裁決の取消しによって回復すべき法律上の利益を有する者」も、取消訴訟を提起できるという趣旨を規定する。そして、ここでも、「法律上の利益」が何かをめぐって、解釈上の対立がある。

2　判例の動向

判例（通説）は、原告適格の解釈と同様、「法の保護する利益説」の基準で判断している。

(1)　期間経過後も派生的な権利主張が可能な場合

処分等の有効期間の経過等によって、処分の本来的な効果を争うことは無意味になっているが、派生的効果として財産的請求権が残っている場合について、判例は、以下のような事例において「法律上の利益」を肯定している。①公務員免職処分の取消しの利益は、その公務員が地方議会議員に立候補し当選していても、給与請求権等の回復のために失われない（最大判昭 40.4.28 民集 19.3.721）。②許可の取消処分に対する取消訴訟の継続中に許可更新申請の期日が過ぎても、原告は取消処分取消しの直後に更新申請をすることができるので、訴えの利益は失われない（運転免許取消処分について、最 2 小判昭 40.8.2 民集 19.6.1393）。

(2)　法制度の変化によって主張法益が確定的に消滅した場合

判例は、この場合基本的に訴えの利益も消滅する、とする。旧保険医指定制度下の指定取消処分について、旧制度下の指定を取り消しても無意味として訴えの利益を否定する（最3小判昭41.11.15民集20.9.1792）。

(3)　対物処分について現状回復が事実上不可能となった場合

この場合の否定された事例として、保安林指定解除処分後の洪水防止設備の完成によって、訴えの利益が消滅したとされる事例（長沼ナイキ判決。最1小判昭57.9.9民集36.9.1679。行政判例百選〔第7版〕Ⅱ-177）がある。すなわち、最高裁第1小法廷昭和57年9月9日判決は、「原告適格の基礎は、本件保安林指定解除処分に基づく立木竹の伐採に伴う理水機能の低下の影響を直接受ける点において右保安林の存在による洪水や渇水の防止上の利益を侵害されているところにあるのであるから、本件におけるいわゆる代替施設の設置によつて右の洪水や渇水の危険が解消され、その防止上からは本件保安林の存続の必要性がなくなつたと認められるに至つたときは、もはや……指定解除処分の取消しを求める訴えの利益は失われるに至」ると判示している。

肯定された事例として、土地改良事業が終了し原状回復が困難になっても、土地改良事業の認可を争う利益が失われないとされた事例（最2小判平4.1.24民集46.1.54。行政判例百選〔第7版〕Ⅱ-178）がある。最高裁第2小法廷平成4年1月24日判決は、「本件認可処分後に行われる換地処分等の一連の手続及び処分は、本件認可処分が有効に存在することを前提とするものであるから、本件訴訟において本件認可処分が取り消されるとすれば、これにより右換地処分等の法的効力が影響を受けることは明らかである。そして、本件訴訟において、本件認可処分が取り消された場合に、本件事業施行地域を本件事業施行以前の原状に回復することが、本件訴訟係属中に本件事業計画に係る工事及び換地処分がすべて完了したため、社会的、経済的損失の観点からみて、社会通念上、不可能であるとしても、右のような事情は、行政事件訴訟法31条の適用に関して考慮されるべき事柄であって、本件認可処分の取消しを求める上告人の法律上の利益を消滅させるものではないと解するのが相当である」と判示している。

(4) 制裁的処分の期間満了後に処分の効果が争われる場合

運転免許停止処分について、停止期間経過後でも免許証に減点のある間は、後日の不利益処分の要件に算定されるから、訴えの利益が認められるが、減点記載の消滅後は、訴えの利益も消滅するとする事例（最3小判昭55.11.25民集34.6.781。行政判例百選〔第7版〕Ⅱ-176）がある。なお、本判例では、原告の「名誉・信用等の不利益や将来不利益を受けるおそれ」の主張は、「事実上の不利益」にすぎず、法律上の利益ではないとして、訴えの利益を否定している。

営業停止命令の取消訴訟について、処分歴を量定の加重事由とする処分基準がある場合には、（それに基づいて一定期間内に不利益な取り扱いを受けることはあり得るから）停止期間経過後にも訴えの利益は認められるとする事例もある（最3小判平27.3.3民集69.2.143。行政判例百選〔第7版〕Ⅱ-175）。

(5) 期日が経過してしまった場合

特定の期日に係わる処分の係争中に、その期日が経過してしまったため、訴えの利益がなくなるとされる場合などがその例である。

否定された例として、①皇居外苑使用不許可処分の訴訟継続中に、使用目的であるメーデー（5月1日当日）が到来してしまった事例（最大判昭28.12.23民集7.13.1561。行政判例百選〔第7版〕Ⅰ-65）。②再入国不許可処分を争っている間に、入国目的である外国祝賀行事の日程が過ぎてしまった事例（最2小判昭45.10.16民集24.11.1512）などがある。

(6) 係争事件の原告が死亡・資格喪失した場合

死亡した場合、もっぱら相続人の訴訟承継の利益の問題とされる。

否定された例として、①生活保護の一部廃止を争った事例について、処分にかかる受給権に一身専属性があって、相続人の訴訟承継の利益が否定された事例（最大判昭42.5.24民集21.5.1043〔朝日訴訟〕。行政判例百選〔第7版〕Ⅰ-16）。資格喪失の場合、②再入国許可を受けることなく出国した者は、在留資格を喪失しており、これを前提とする再入国許可処分をあらためて受ける余地はないから、再入国の不許可処分の取消しを求める訴えの利益は失われたとされた事例（最2小判平10.4.10民集52.3.677。行政判例百選〔第7版〕Ⅱ-179）などがある。

《コラム》民事責任上の「法律上保護すべき利益」と取消訴訟の原告適格

最近、都市近郊における開発紛争について、訴訟法上注目すべき判断を示す最高裁の判決が多く出されている。いわゆる「青写真判決」を変更して土地区画整理事業の処分性を認めたもの（最大判平20.9.10民集62.8.2029。行政判例百選〔第7版〕Ⅱ-152）や2009（平成21）年12月の建設中のマンションについて周辺住民が提起した建築確認の取消訴訟において、住民の原告適格を認め、さらに取消判決を下したもの（最1小判平21.12.17民集63.10.2631。行政判例百選〔第7版〕Ⅰ-84）などが典型的である。東京都国立市の「大学通り」に面して建設される高層マンションを巡る民事訴訟と行政訴訟の判断も注目すべき事例である。

都市部における開発紛争において抗告訴訟の原告適格を基礎づけるとされた権利利益は主として日照権や人格権であった。例えば、がけ崩れによる生命・身体への危険を根拠に原告適格を認めたものもあった。ところで、景観利益については、法令の規定がそれを個別に保護する趣旨を含むかどうかの問題を検討する以前に、それは反射的利益にすぎず公益に吸収されるという理解が有力であったように思われる。

2004（平成16）年の行政事件訴訟法の改正により9条2項が新設され、原告適格の認定基準が拡大された。小田急事件大法廷判決（最大判平17.12.7民集59.10.2645。行政判例百選〔第7版〕Ⅱ-165）は、個別的利益性を求める判断の枠組み自体は変更しなかった。しかし、同判決は、従前の判例を変更し、従来は個別的に保護される利益に当たらないとしていた利益侵害のおそれを理由に原告適格を認めている。したがって、同判決は、関係法令の規定や手続規定をも考慮することで個別的利益の認定の仕方を緩和したものと捉えてよい。ただし、同判決は「騒音、振動等による健康又は生活環境に係る著しい被害を直接的に受けるおそれのある者」の原告適格を認めたものであり、景観利益がこの判決の射程に入り、原告適格が肯定されるとは直ちにはいい難いかもしれない。

しかし、この後に出されたマンション上層部撤去請求訴訟の判決は、一定の場合に良好な景観の恩恵を享受する利益が法的保護を受けるとし、その侵害が不法行為となりうると判断したものである（最1小判平18.3.30民集60.3.948）。この点、民事上法的保護を受けうる利益であることが原告適格を基礎づける「法律上の利益」であることの必要不可欠の条件ではない。しかし、民事上の法的保護を受けうる利益であることは、景観利益が公益に吸収されえない個別的利益となりうることを意味する。優れた景観があればそこに近接する地域に居住し、その恩恵を日常的に享受する者が法的保護に値する景観利益を有すると認めたものである。本判決が近時差止までは容認しない趣旨であるかどうかはともかくとして、少なくとも損害賠償請求を容認するものである以上、景観利益が公益に吸収される反射的利益にすぎず、個々人の個別利益たりえないという主張はもはや成り立たないとも考えられる。このように思料すると、景観利益について原告適格を判断するに当たり問題となるのは、①当該景観が良好な景観といえるのか、②法令の規定が景観利益を個別的利益として保護する趣旨を含むか、という2点であり、利益の個別性それ自体はもはや問題とならないという、見解も主張されうる。なお、同判決は、「景観利益に対する違法な侵害に当たるといえるためには、……侵害行為の態様や程度の面において社会的に容認された行為としての相当性を欠くことが求められる」とし、14階建てのマンションの建築については、「高さの点を除けば、本件建物の外観に周囲の景観の調和を乱すような点があるとは認め難い」として違法性を否定している。

第25章

取消訴訟の審理と判決

第1節　取消訴訟の審理

1　審理の一般原則

(1)　処分権主義の原則

処分権主義には2つの内容が含まれる。第一に、取消訴訟を提起するかどうか、提起した取消訴訟を取り下げるかどうかは、原告の任意の決定による、ということ。第二に、裁判所は、原告の申し立てた訴訟物（請求の内容）に審理と判決が限定される、ということ。すなわち、裁判所は原告の申し立てている請求内容以外の内容を対象として裁判をしてはならないという原則で、後者は「不告不理」の原則とも呼ばれる。

(2)　弁論主義の原則

取消訴訟の請求の内容（訴訟物）である違法の原因をなす事実の主張と証拠の提出を訴訟当事者（原告・被告）に任せ、裁判の資料がそれらに限定される、という原則である。すなわち、裁判所は、当事者の主張・提出しない事実や証拠を裁判の資料とすることはできないのが原則である。ただし、取消訴訟は例外を設けており、裁判の公平と適正を期す必要性から、証拠について「職権主義」が加味され、裁判所に「職権証拠調べ」が認められている。

2　職権証拠調べ

(1)　職権主義の補充

裁判所は、当事者が提出した証拠のみによっては十分な心証を得ることができないと認めるときは、「職権で、証拠調べをすることができる」（行訴24条）。これは裁判所の権能であって、義務を課すものではない（判例）。また、職権証拠調べができるのは、あくまで当事者が主張した事実について、当事者が提出した証拠では十分な心証が得られない場合であり、当事者が主張していない事実についても職権で取り上げて、裁判の資料とすること（職権探知主義という）を意味するものではない。

(2) 職権証拠調べの結果

裁判所の専断を避ける趣旨から、職権証拠調べの結果について当事者の意見を聴かなければならない（行訴24条但書）。

3 証明責任（挙証責任）

弁論主義により当事者の提出した証拠に基づき、また職権証拠調べで補充した証拠に基づいて、事実（違法原因）を証明しようとしても、その存否が確定されない場合、裁判所はその事実について存在を仮定するか、存在しないものとして裁判しなければならず、これは訴訟上あらかじめ決めておかなければならない。このようにして、事実不確定によって当事者の一方が負担しなければならない危険（不利益）を証明責任（挙証責任）という。すなわち、当事者の提出した証拠と裁判所の職権証拠調べとによっても証明不能＝事実不確定（「ノンリケット」の状態という）である場合、誰がその証明できないことの不利益を負担するのかが、証明責任（挙証責任）の問題である。すなわち、挙証責任を負っている事実についてノンリケットな状態となった場合には、その事実は存在しないものとして法律関係が決せられることになる。

一般に民事訴訟では、法律効果が自己に有利に働く当事者が、その効果を基礎付ける事実について証明する責任を負うという考え方（法律要件分類説）で処理している。しかし、専門知識や資料の保有の面で被告である行政主体が有利な立場に立つ取消訴訟でこの考え方を適用すると、不合理な結果をもたらすおそれがあることは注意しておく必要がある。

判例は、無効確認訴訟の例において、処分の無効確認を求める者（原告）が、処分要件に関する処分庁の誤認が「重大かつ明白であること」を具体的事実に基づいて主張および立証することを要するものと解するべきであるとしている（最3小判昭34.9.22民集13.11.1426。行政判例百選〔第7版〕I-82）。

ただし、原子炉設置許可処分に関してであるが、原子炉設置の安全性の証明については、まず被告行政庁の側において自己の判断に不合理な点がないことを相当の根拠と資料に基づき主張、立証する必要があり、これをしない場合には、被告行政庁がした判断に不合理な点があることが事実上推認される、として原告の証明責任を軽減するものがある（最1小判平4.10.29民集46.7.1174。行政判例百選〔第7版〕I-77）。

4　訴訟参加

(1)　第三者の訴訟参加

裁判所は、訴訟の結果により権利を害される第三者があるときは、当事者もしくはその第三者の申立てにより、または職権で決定をもって、その第三者を訴訟に参加させることができる（行訴22条1項）。なお、取消判決の形成力は、その第三者にも及ぶ。したがって、第三者の利益を保証するために再審制度が置かれている（同34条）。

(2)　行政庁の訴訟参加

裁判所は、他の行政庁を訴訟に参加させることが必要であると認めるときは、当事者もしくはその行政庁の申立てによりまたは職権で、決定をもって、その行政庁を参加させることができる（行訴23条1項）。

5　釈明処分

(1)　第1項の釈明処分

「裁判所は、訴訟関係を明瞭にするため、必要があると認めるときは、次に掲げる処分をすることができる」（行訴23条の2第1項）と規定し、釈明処分として、①「被告である国若しくは公共団体に所属する行政庁又は被告である行政庁に対し、処分又は裁決の内容、処分又は裁決の根拠となる法令の条項、処分又は裁決の原因となる事実その他処分又は裁決の理由を明らかにする資料（第2項に規定する審査請求に係る事件の記録を除く。）であつて当該行政庁が保有するものの全部又は一部の提出を求めること」（同項1号）、②「前号に規定する行政庁以外の行政庁に対し、同号に規定する資料であつて当該行政庁が保有するものの全部又は一部の送付を嘱託すること」（同項2号）を定める。

(2) 第2項の釈明処分

「裁判所は、処分についての審査請求に対する裁決を経た後に取消訴訟の提起があったときは、次に掲げる処分をすることができる」（行訴23条の2第2項）と規定し、釈明処分として、①「被告である国若しくは公共団体に所属する行政庁又は被告である行政庁に対し、当該審査請求に係る事件の記録であつて当該行政庁が保有するものの全部又は一部の提出を求めること」（同項1号）、②「前号に規定する行政庁以外の行政庁に対し、同号に規定する事件の記録であって当該行政庁が保有するものの全部又は一部の送付を嘱託すること」（同項2号）を定める。

(3) 準用規定

行政事件訴訟法23条の2は、無効等確認の訴えについて準用すること（行訴38条3項）、当事者訴訟における処分または裁決の理由を明らかにする資料の提出について準用すること（同41条1項）、私法上の法律関係に関する訴訟において、処分もしくは裁決の存否またはその効力の有無が争われている場合（争点訴訟）には、当該争点について準用することを定める（同45条4項）。民衆訴訟または機関訴訟についても、処分または裁決の取消しを求めるもの（同43条1項）、処分または裁決の無効の確認を求めるもの（同43条2項による38条1項の準用）について準用される。取消訴訟または無効等確認の訴えを除くその他の抗告訴訟については、釈明処分の特則を定める23条の2の規定は、準用されない（同38条1項）。

(4) 釈明制度の趣旨

本制度は、民事訴訟法151条に定める釈明処分の特則を定め、取消訴訟その他処分または裁決の違法性ないし効力の有無が争われる訴訟において、裁判所が、行政庁に対し処分の理由を明らかにする資料の提出等を求める新たな釈明処分をすることができることとして、審理の充実および促進を図る趣旨である。民事訴訟法の釈明処分の特則を定める趣旨であるから、裁判所が職権で行い、当事者は不服申立てをすることができないなど、釈明処分の手続は、民事訴訟法の釈明処分と同じ取扱いとなる。

裁判所の釈明処分に行政庁が従わないことによる制裁の規定はない。提出を求められまたは送付を嘱託された行政庁は、第三者の利益を害する場合その他正当な理由がある場合には、提出または送付を拒むことができる。ただし、正当な理由なく提出を拒んだような場合には、他の証拠の証明力の評価に影響を及ぼすなど、裁判所の心証形成で不利益な取扱いを受けることがありうる。

6 教示制度

(1) 制度の概要

第一に、取消訴訟を提起することができる処分または裁決をする場合（処分を口頭でする場合を除く）には、行政庁は、当該処分または裁決の相手方に対し、①当該処分または裁決に係る取消訴訟の被告とすべき者、②当該処分または裁決に係る取消訴訟の出訴期間、③法律に当該処分についての審査請求に対する裁決を経た後でなければ処分の取消しの訴えを提起することができない旨（不服審査前置）の定めがあるときは、その旨、を書面で教示しなければならないと定められている（行訴46条1項）。

第二に、法律に処分についての審査請求に対する裁決に対してのみ取消訴訟を提起することができる旨（いわゆる裁決主義）の定めがある場合において、当該処分をするとき（処分を口頭でする場合を除く）は、行政庁は、当該処分の相手方に対し、法律にその定めがある旨を書面で教示しなければならないと定められている（同46条2項）。

第三に、当事者間の法律関係を確認しまたは形成する処分または裁決に関する訴訟で法令の規定によりその法律関係の当事者の一方を被告とするもの（形式的当事者訴訟）を提起することができる処分または裁決をする場合（処分を口頭でする場合を除く）には、行政庁は、当該処分または裁決の相手方に対し、当該訴訟の被告とすべき者および当該訴訟の出訴期間を書面で教示しなければならないと定める（同46条3項）。

なお、行政不服審査法による審査庁等の教示の方法については、従来方法について定めがなかったが、書面で教示しなければならないことと定められている（行審57条1項）。

(2)　制度の趣旨

本教示制度は、取消訴訟等の提起に関する事項について情報提供をすべき行政庁の義務を新たに定めることにより、国民が行政事件訴訟により権利利益の救済を得る機会を十分に確保する趣旨である。

取消訴訟等の提起に関する事項の教示の制度に従って教示をしなかった場合や実際より長期の出訴期間を教示するなど誤った教示をした場合の処分の効力については、規定されていない。教示をしなかったり、誤った教示がされたとしても、そのことのみを理由として当然に、処分が取り消されるべきものとなり、あるいは無効になるものではない。出訴期間を経過しても取消訴訟を提起することができる「正当な理由」があるかどうか（行訴14条1項但書）、原告が「重大な過失」によらないで被告とすべき者を誤ったときに当たるかどうか（同15条1項）、不服審査前置の定めがある場合に裁決を経ないで処分の取消しの訴えを提起することができる「正当な理由」があるかどうか（同8条2項3号）など、訴訟要件を誤った場合の救済の必要性の判断に当たって、教示があったかどうか、教示が適切なものであったかどうかなど、教示義務が守られたかどうかという事情が考慮されると考えられる。

第2節　取消訴訟の判決

1　終局判決の種類

(1)　訴え却下の判決

訴えが訴訟法上の要件を欠き、不適法であるとして本案審理を拒絶する判決のことである。本案審理に入らずに訴訟が終了しているのであるから、これによって処分の適法性が確定するわけではない。

(2) 請求棄却の判決

本案審理の結果、請求に理由がないとして原告の主張を排斥する判決のことである。これによって、争いの対象となった処分または裁決の効力は維持される。

(3) 請求認容の判決

本案審理の結果、請求に理由があるとして原告の主張の全部または一部を認容する判決のことである。取消判決にあっては、通常処分または裁決の全部または一部を取り消すという形をとる。

(4) 事情判決

請求に理由があれば認容判決を下すことになるが、ただし、処分等を取り消すことによって公の利益に著しい障害が生じる場合には、原告の受ける損害の程度、その損害の賠償または防止の程度および方法その他一切の事情を考慮して、裁判所は、請求を棄却することもできる(行訴31条)。これを事情判決という。事情判決は、公益擁護のための例外的な制度であるが、公益を理由に個人の利益を犠牲にしてよいということではない。事情判決を下す場合には、判決の「主文」において、処分または裁決が違法であることを宣言しなければならない(同条1項後段)。違法宣言が判決によってなされるのであるから、損害が生じている場合には、賠償請求が可能であるといえる。ただ、棄却判決によって処分の効力は維持されるのであるから、侵害は正当なものとも考えられ、むしろ「特別の犠牲」が強いられたと見て、これについては損失補償を請求するほうが適切であると考えることもできる。

2 取消判決の効力

(1) 既判力

確定判決一般に認められる効力で、確定判決の内容は当事者、裁判所を拘束し、後訴において当事者および裁判所は同一事項に関して、確定判決と矛盾した主張、判断をすることができないという効力。既判力は、判決主文で示される訴訟物に対して生じるとされ、しばしばその及ぶ範囲が問題となる。

(2) 形 成 力

取消の判決が確定すると、その処分や裁決は行政庁があらためて取り消すまでもなく、遡及的に効力を失い、はじめから効力がないものとして扱われる。

また、形成力は、訴訟の当事者に及ぶとともに、訴訟外の利害関係者である第三者にもその効力を及ぼす（対世的効果。行訴32条1項）。対世的効果を認めると訴外の第三者においてもその権利利益に影響を受ける者が出てくる。そこで、第三者の訴訟参加（同22条1項）や第三者の再審の訴え（同34条）を認めることにしている。

(3) 拘 束 力

取消判決は、その事件について、当事者たる行政庁その他の関係行政庁を拘束する（行訴33条1項）。この拘束力は、消極的効果と積極的効果の発生を内容としている。

(a) 消極的効果：この効果は、行政庁が同一事情の下で、同一理由に基づいて、同一人に対して、同一内容の処分を再度行えないという不作為義務を負うことである。

(b) 積極的効果：この効果は、申請もしくは裁決申請を却下あるいは棄却した処分もしくは裁決が判決によって取り消された場合は、あらためて申請をする必要はなく、行政庁が判決の趣旨に従いあらためて申請に対する処分または審査請求に対する裁決をしなければならないという作為義務を負うことである（同33条2項・3項）。

第3節　抗告訴訟の仮の救済

1　執行停止制度の意義

この制度は、訴訟による事件の終局的解決にいたるまでの間の当事者間の法的状態の暫時的な安全を保持し、かつ、訴訟の結果の価値および効果を失わせないことを目的とする。民事訴訟の仮処分の制度に類似するが、行政権の効果の停止という行政作用に強い影響を与えるものである関係上、特殊な配慮をして、特別な制度設計をしたのである。

行政事件訴訟法は、行政処分の取消訴訟が提起されても、処分の効力、処分の執行または手続続行を妨げない（行訴25条1項）と規定して、執行不停止の原則を採用している。すなわち、①行訴法が民事保全法上の「仮処分」を排除していること（同44条）に連動して、一定の要件を満たす場合（同条2項・3項）以外は、行政庁の処分の執行を妨げないことを原則とする。そして、②裁判所が決定をもって、処分の効力、処分の執行、手続の続行の全部または一部の停止をすることができるという制度にしている。

2　執行停止の要件

執行不停止の原則を貫くと、処分が執行されて取り返しのつかない状態になり、原告の権利救済が不可能になる場合がある。これでは後日、原告の請求が理由ありとされ勝訴しても意味がなくなる。そこで、法は一定の要件の下に、執行停止を認める規定を置く。その要件は、3つの積極的要件と2つ消極的要件から成る。

(1)　積極的要件

①適法な本案訴訟（取消訴訟）が継続していること。②「重大な損害」をさけるため緊急の必要があること（行訴25条2項）。なお、裁判所は、前項に規定する「重大な損害」を生ずるか否かを判断するに当たっては、損害回復の困難の程度を考慮するものとし、損害の性質および程度ならびに処分の内容および性質をも勘案するものとする（同条3項）。さらに、③執行停止の対象となる処分の効力が存在し、これを停止することによって現実の権利の保全が図られること（停止の利益の存在）が必要とされる。したがって、執行が完了してしまうと停止の利益が失われる（最1小決平14.2.28判時1781.96は、退去強制の執行がなされると、収容令書の執行停止の利益は失われるとする）。また、申請に対する拒否処分に対する執行停止は論理的にありえない（通説）。

ところで、2004（平成16）年の改正法は、執行停止の要件について、損害の性質のみならず損害の程度や処分の内容および性質が適切に考慮されるようにするため、従来の「回復の困難な損害」の要件を「重大な損害」に改めるとともに、重大な損害を生ずるか否かを判断するに当たっての考慮事項を定めた。個別の事案における判断は、裁判所が具体的な事情に即して判断すべきものであるが、執行停止の要件について、損害の性質のみならず、損害の程度ならびに処分の内容および性質をも適切に考慮することにより、例えば、金銭賠償の可能性も考えると損害回復の困難の程度が必ずしも著しいとまでは認められない場合であっても、具体的な処分の内容および性質をも勘案した上で、損害の程度を勘案して「重大な損害」を生ずると認められるときは、執行停止を認めることができることになるものと考えられる。

(2) 消極的要件

①執行停止をしても、公共の福祉に重大な影響を及ぼすおそれがないこと、②本案について理由がないと見えないこと、が挙げられる（行訴25条4項）。

これらの要件は、原則として個々に吟味されるが、総合的な判断の下で、執行停止の可否が決定されることは認められる。したがって、消極的要件のどちらかが欠けていても、損害がきわめて大きい場合には、執行停止を認める場合はありうる。

3 執行停止の手続と効果

(1) 手　　続

執行停止は、裁判所の当事者の申立てによる「決定」をもって行われる（行訴25条2項）。裁判所の職権による執行停止決定は認められない。

不服のある者は、高等裁判所に即時抗告（同条7項）できる。即時抗告は、執行停止決定の執行を停止する効力を有しない（同条8項）。

(2) 効　　力

処分の効力の停止は、処分の執行または手続の続行の停止によって目的を達することのできる場合にはすることができない（行訴25条2項但書）。

執行停止の決定は第三者に対しても効力を有し（同32条2項）、その事件について当事者行政庁その他の関係行政庁を拘束する（同33条4項）。

4　事情変更による執行停止の取消し

執行停止決定確定後に、その理由が消滅し、その他事情が変更したときには、裁判所は、相手方の申立てにより、決定をもって、執行停止の決定を取り消すことができる（行訴26条1項）。

取消決定または却下の決定に対しては、当事者から即時抗告をもって不服を申し立てることができる（同条2項）。この取消決定の形成的効果も第三者に対して効力を及ぼす。

5　内閣総理大臣の異議の制度

執行停止の申立てがあったとき、内閣総理大臣は、裁判所に対して執行停止決定の前後を問わず、異議を述べることができる（行訴27条1項）。

異議があったときは、裁判所は、執行停止をすることができず、また、すでに執行停止の決定をしているときは、これを取り消さなければならない（同条4項）。異議には公共の福祉に重大な影響を及ぼすおそれのある事情を示した「理由」が付記されなければならない（同条2項・3項）。

6　仮の義務付け・仮の差止め

(1)　仮の義務付け

義務付けの訴えの提起があった場合において、その義務付けの訴えに係る処分または裁決がされないことにより生ずる償うことのできない損害を避けるため緊急の必要があり、かつ、本案について理由があると見えるときは、裁判所は、申立てにより、決定をもって、仮に行政庁がその処分または裁決をすべき旨を命ずること（仮の義務付け）ができると定められている（行訴37条の5第1項）。

(2)　仮の差止め

差止めの訴えの提起があった場合において、その差止めの訴えに係る処分または裁決がされることにより生ずる、償うことのできない損害を避けるため緊急の必要があり、かつ、本案について理由があると見えるときは、裁判所は、申立てにより、決定をもって、仮に行政庁がその処分または裁決をしてはならないことを命ずること（仮の差止め）ができると定められている（行訴37条の5第2項）。

ただし、仮の義務付けまたは仮の差止めは、公共の福祉に重大な影響を及ぼすおそれがあるときは、することができない（同37条の5第3項）。

(3)　準用、その他

そのほか仮の義務付けまたは仮の差止めに関する事項については、執行停止に関し適用または準用される規定を準用している（行訴37条の5第4項）。仮の義務付けの決定に基づいて行政庁が処分または裁決をした後に決定が取り消された場合における処分または裁決の取扱いについては、即時抗告についての裁判または事情変更による取消しの決定によって仮の義務付けの決定が取り消されたときは、処分または裁決をした行政庁は、仮の義務付けの決定に基づいてした処分または裁決を取り消さなければならないと定める（同37条の5第5項）。

手数料の額は、執行停止に準じ、仮の義務付けまたは仮の差止めの申立てについて、2000円（民事訴訟費用に関する法律8条・別表第1の11の2ハ）、仮の義務付けまたは仮の差止めの決定の取消しの申立てについて、500円（同8条・別表第1の17ホ）と定める。

《コラム》取消判決の第三者効

取消判決は、当事者（原告・被告）以外の第三者に対しても効力を有する（行訴32条1項）。この第三者効については、一般に判決の形成力の効果としているが、ただ、どのような類型の第三者に効力が及ぶかについては議論がある。効力が及ぶ第三者という場合、原告と対立関係にある第三者と原告と利益を共通にする第三者とでは異なる状況にあるので、分けて論じられるのが一般的である。前者の原告と対立関係にある第三者についてはどうか。例えば、ある処分の取消訴訟を競願関係のある一方が提起し勝訴した場合、その取消判決の効果が他方に及ばないとしたら、この取消訴訟の意義はほとんど無に帰してしまう。この場合の競願者は紛争の実質的な当事者といえるので、このような原告の対立的第三者に第三者効が及ぶことに異論はない。

問題は、原告と利益を共通にする第三者に取消判決の効果が及ぶかについてである。この問題は特に道路指定のような一般処分について影響を受ける不特定多数者、特定者に対する処分に対する取消訴訟の原告適格が一部利用者等に認められた場合における他の利用者等において生じる。まず、これらの処分の効果が実体的に可分なものであれば、当該取消の効果を第三者に及ぼすのは妥当ではなく必要性もない。不可分なものであれば取消の効果を第三者に及ぼす意義は強まる。次に、処分の効果が実体的に不可分なものであったとして、その処分の取消判決の効力が原告と被告の間の通用力を超えて第三者に及ぶか（行訴32条1項をどう解釈するか）は、別途判断されなければならない。否定説は、行訴法は取消訴訟の関連請求について移送（同13条5号）と併合（同16条1項）を定めているが、特に別訴を禁じているわけではないし、そもそも取消訴訟は原告の個別の利益の保護を目的としているので取消判決もその範囲で充足されている、等を理由とする。これに対して、肯定説は、取消訴訟の機能を個別利益の保護と並んで処分の適法性の保障にもおき、このような訴訟では画一的な法効果を認めるのが合理的であると主張する。

最高裁第1小法廷平成21年11月26日判決（民集63.9.2124）は、市条例による保育所の廃止処分について保護者が提起した取消訴訟において、以下のような判断をした。まず、本件保育所の廃止を内容とする条例の制定行為は、当該保育所に現に入所中の児童およびその保護者という限られた特定の者らに対して、直接、当該保育所において保育を受けることを期待しうる法的地位を奪う結果を生じさせるものであるから、行政庁の処分と実質的に同視しうるものである、として条例による保育所廃止の処分性を認めた。その上で、保護者が保育所を廃止する条例の効力を争って民事訴訟ないし当事者訴訟を提起して勝訴したとしても、訴訟当事者である当該保護者と市との間にのみ判決の効力が生じるにすぎない。これでは保育所の存続の帰趨について混乱をきたすのみであるから、処分の取消判決や執行停止決定に第三者効が認められている取消訴訟において争えるとすることは合理的であると判示した。本判決は、保育所の存廃に関する条例制定行為が原告と他の保護者との間で不可分のものであることを前提に、その行為の取消判決が保育所の全利用者に及ぶこと（絶対的効力があること）を示している。

参考文献

阿部泰隆『事例解説行政法』(日本評論社　1987 年)
市川正人・酒巻匡・山本和彦著『現代の裁判〔第 7 版〕』(有斐閣　2017 年)
今村成和・畠山武道補訂『行政法入門〔第 9 版〕』(有斐閣　2012 年)
上田徹一郎『民事訴訟法〔第 7 版〕』(法学書院　2011 年)
宇賀克也『行政手続三法の解説〔第 2 次改訂版〕』(学陽書房　2016 年)
宇賀克也『行政法概説Ⅰ　行政法総論〔第 7 版〕』(有斐閣　2020 年)
宇賀克也『行政法概説Ⅱ　行政救済法〔第 6 版〕』(有斐閣　2018 年)
宇賀克也『行政法概説Ⅲ　行政組織法／公務員法／公物法〔第 5 版〕』(有斐閣　2019 年)
宇賀克也・交告尚史・山本隆司編『行政判例百選Ⅰ・Ⅱ〔第 7 版〕』(有斐閣　2017 年)
大西芳雄『憲法と行政争訟』(有斐閣　1977 年)
大橋洋一『行政法Ⅰ　現代行政過程論〔第 4 版〕』(有斐閣　2019 年)
大橋洋一『行政法Ⅱ　現代行政救済論〔第 3 版〕』(有斐閣　2018 年)
金子正史『まちづくり行政訴訟』(第一法規　2008 年)
北村喜宣・川崎政司・渡井理佳子編『行政法事典』(法学書院　2013 年)
塩野宏『行政法Ⅰ　行政法総論〔第 6 版〕』(有斐閣　2015 年)
塩野宏『行政法Ⅱ　行政救済法〔第 6 版〕』(有斐閣　2019 年)
塩野宏『行政法Ⅲ　行政組織法〔第 4 版〕』(有斐閣　2012 年)
芝池義一編『判例行政法入門〔第 6 版〕』(有斐閣　2017 年)
杉村章三郎・山内一夫編『行政法辞典〔5 版〕』(ぎょうせい　1980 年)
杉村敏正・兼子仁『行政手続・行政争訟法　現代法学全集 11』(筑摩書房　1973 年)
杉本良吉『行政事件訴訟法の解説』(法曹会　1963 年)
須藤陽子『行政強制と行政調査 (立命館大学法学叢書)』(法律文化社　2014 年)
高木光・宇賀克也編『行政法の争点 (ジュリスト増刊　新・法律学の争点シリーズ 8)』(有斐閣　2014 年)
田中二郎『行政行為論』(有斐閣　1954 年)
田中二郎『司法権の限界』(弘文堂　1976 年)
田中二郎『新版行政法　上巻〔全訂第 2 版〕』(弘文堂　1974 年)

田中二郎『新版行政法　中巻〔全訂第2版〕』(弘文堂　1974年)
田中二郎『新版行政法　下巻〔全訂第2版〕』(弘文堂　1970年)
田中二郎・原龍之助・柳瀬良幹編『行政法講座第3巻　行政救済』(有斐閣　1965年)
田中二郎・原龍之助・柳瀬良幹編『行政法講座第6巻　行政作用』(有斐閣　1966年)
中川剛『行政権の研究〔第2版〕』(良書普及会　1983年)
日本弁護士連合会行政訴訟センター編『実例解説行政関係事件訴訟』(青林書院　2009年)
橋本博之『解説改正行政事件訴訟法』(弘文堂　2004年)
橋本博之・青木丈・植山克郎著『新しい行政不服審査制度』(弘文堂　2014年)
林修三『法令用語の常識』〔第3版〕(日本評論社　1975年)
林修三・高辻正己・吉国一郎・真田秀夫編『法令用語小辞典〔新版〕』(学陽書房　1980年)
原田尚彦『訴えの利益』(弘文堂　1973年)
原田尚彦『行政判例の役割』(弘文堂　1991年)
原田尚彦『行政法要論〔全訂第7版補訂2版〕』(学陽書房　2012年)
藤田宙靖『行政組織法』(有斐閣　2005年)
藤田宙靖『行政法Ⅰ(総論)〔第4版改訂版〕』(青林書院　2005年)
藤田宙靖『行政法入門〔第7版〕』(有斐閣　2016年)
南博方『行政手続と行政処分』(弘文堂　1980年)
南博方編『注釈行政事件訴訟法〔第2版〕』(有斐閣　2000年)
南博方・小高剛『注釈行政不服審査法』(第一法規出版　1981年)
室井力『特別権力関係論―ドイツ官吏法理論史をふまえて』(勁草書房　1998年)
室井力・浜川清・芝池義一編著『行政手続法・行政不服審査法(コンメンタール行政法1)〔第3版〕』(日本評論社　2018年)
山村恒年編『市民のための行政訴訟制度改革』(信山社出版　2000年)

判例索引

大審院

最高裁判所

事項索引

サ 行

タ　行

ナ　行

ハ　行

マ　行

ヤ 行

ラ 行

【著者紹介】

金井洋行（かない・ひろゆき） **第 11 章〜第 25 章**

駒澤大学大学院法学研究科（公法専攻）博士課程
現在　高崎健康福祉大学非常勤講師
専門　行政法
著作　『行政法』（文教出版会　2012 年）
『アトラス法学憲法』（共著　文教出版会　2014 年）
『やさしく学ぶ行政書士の教科書』（共著　オーム社　2010 年）

新田浩司（にった・ひろし） **序章〜第 10 章**

駒澤大学大学院法学研究科（公法専攻）博士課程
現在　高崎経済大学地域政策学部　教授
専門　憲法、行政法、航空法
著作　『景観法と地域政策を考える』（共著　勁草書房　2014 年）
『公法基礎入門』（共著　八千代出版　2007 年）
『地域政策と市民参加』（共著　ぎょうせい　2006 年）

プロローグ行政法
[増補改訂版]

2015 年 3 月 25 日　第 1 版 1 刷発行
2021 年 2 月 15 日　増補改訂版 1 刷発行

著　者 — 金井洋行・新田浩司
発行者 — 森　口　恵美子
印刷所 — 三光デジプロ
製本所 — グ　リ　ー　ン
発行所 — 八千代出版株式会社

〒101-0061　東京都千代田区神田三崎町2-2-13
TEL　03(3262)0420
FAX　03(3237)0723
振替　00190-4-168060

＊定価はカバーに表示してあります。
＊落丁・乱丁本はお取り替えいたします。

ISBN978-4-8429-1794-8